한국 교실에 적합한
교육연극 모형의 개발과 적용

DIE 논쟁 학습 모형의 개발과 효과 검정

한국 교실에 적합한 교육연극 모형의 개발과 적용

구민정 · 권재원 지음

한국학술정보(주)

21세기가 문화의 시대라는 말은 이제 너무 흔하게 들려와 거의 진부한 표현이 되어 버렸다. 21세기의 성장 동력이 '창의성'이라는 말도 이제는 거의 무의식적인 주문처럼 아무 곳에나 붙는 표현이 되었다. 이에 따라 곳곳에서 문화를 진흥한다는 슬로건을 내거는 단체들이 난립했다. 정부도 이 행렬에 결코 빠지지 않아서 문화관광부는 기존의 문화예술위원회와는 별도로 문화예술교육진흥원까지 발족시켰다.

이 창의성의 주문은 교육에도 예외 없이 적용되었다. 많은 학교들이 너 나 할 것 없이 '창의적 인재 육성'이라는 모토를 학교 곳곳에 붙여 놓았다. 교육부나 교육청의 각종 계획서에도 '창의성 신장'이라는 용어가 춤을 추듯 널려 있다. 이제 창의적인 청소년의 육성은 장차 국가의 존망과 관련된 초미의 관심사가 되었다.

'민주시민성 함양'이라는 주문으로부터 벗어날 수 없는 사회과는 여기에 다시 한 번 전율한다. 민주시민성이라는 것 자체가 이미 수많은 '좋은' 덕성들의 집합체처럼 되어 있는 상황이다. 그런데 여기에 창의성까지 보태지는 것이다. 그러니 참여적 정향, 관용성에 이어 창의성까지 사회과가 목표로 삼아야 하는 민주시민의 자질에 집어넣어야 한다.

첫 번째 이유는 창의성이란 관료제 시스템의 관료적 정책을 통해 신장할 수 있는 것이 아니기 때문이다. 한국의 교육 관료들에게 '창의성 신장'은 구호로만 존재했을 뿐 이를 위한 '창의적인 노력'을 하지 않았다. 어떤 면에서는 교육 당국이 시세에 밀려 창의성을 강조했을 뿐 실제 창의적인 청소년의 육성을 전혀 원하지 않았으리라는 의심까지 가는 상황이다. 창의적인 청소년을 육성하려면 창의적인 교사가 필요하며, 창의적인 교사가 활동하려면 관료적인 학교체제가 바뀌어야 한다. 그렇게 되면 가장 입지가 좁아지는 사람들이 바로 교육 관료들이다. 그러니 그들이 진정 창의적인 교육을 바랄 까닭이 없는 것이다. 기실 '국가의 이익과 장래를 위해'라는 조건절 자체가 대단히 비창의적이다. 창의성이란 어떤 조건에도 매이지 않는 자유로운 사고에 기초하는 것이기 때문이다.

두 번째 이유는 창의성은 창의성 그 자체를 목표로 하는 단기간의 특별한 훈련에 의해 향상되는 것이 아니라는 것이다. 단기간의 훈련이나 특별한 목적을 가진 프로그램으로 향상시킬 수 있는 능력은 수치화가 가능하고 좁은 차원의 정의가 가능한 그런 종류의 능력들이다. 예컨대 청소년의 지구력이나 근력을 향상시키기 위한 특별한 프로그램의 구성은 가능하며, 실제 효과를 볼 수도 있다. 그리고 수학이나 언어능력도 어느 정도는 이러한 프로그램이 가능하다. 그러나 창의성은 명확한 기준은커녕 어느 정도 좁은 차원의 정의도 불가능한 대단히 폭넓은 개념이다. 창의성은 그 결과는 비교적 분명하지만 그것이 발휘되는 과정은 매우 모호하다. 예술가의 창의성이 발현되는 순간 혹은 영감의 순간에 대한 수많은 심리학적 연구들이 있어 왔지만 만족할 만한 대답은 아직 없다. 따라서 창의성을 향상하는 구체적인 프로그램을 구성한다는 것 자체가 어떤 의미에서는 언어도단일 수 있다. 유일한 방법은 창의적인 작업을 많이 하는 것 그리고 창의적인 결과물들을 많이 접해 보는 것이다. 그 과정과 메커니즘은 알지 못하지만 어쨌든 결과는 나오기 때문이다. 따라서 창작과 감상이 사실상 유일한 창의성 함양의 방법인 셈이다.

이런 의미에서 한국 청소년의 현실은 창의성 함양과는 전혀 거리가 멀어 보인다. 한국 학교는 이른바 국민 공통교과와 선택과목이라는 획일적인 교과편성을 가지고 있다. 각 교과는 각 학년별로 배울 내용, 그 순서 등이 표준화된 교육과정과 검인정 교과서를 통해 미리 정해져 있다. 요컨대 한국에서 교육을 받는다는 것은 이렇게 미리 정해진 내용을 머릿속에 집어넣고 암기하는 것이다. 심지어 음악, 미술 같은 예술교과마저 이렇게 미리 정해진 교육과정과 교과서에 의해 지배받으며, 미리 정해진 내용의 암기를 측정하는 일제고사를 통해 점수를 매긴다. 게다가 학교가 끝난 이후에도 학원 등 각종 사교육기관에서 이 획일적인 내용을 다시 반복 학습한다. 단지 반복 학습하는 것이 아니라 이를 더 패턴화하고 더 획일화해서 더 노골적으로 암기한다. 이런 상황을 거부하고 학원을 다니지 않는 청소년이라 해서 별 뾰족한 수가 있는 것도 아니다. 그들이 예술 활동이나 스포츠 활동을 할 공간은 턱없이 부족하다. 거의 없다고 해도 과언이 아니다. 이러니 간혹 창의적인 인재가 나타나기는 하지만 이는 교육의 덕분이 아니라 순전히 우연이거나 아니면 선천적인 능력일 뿐이다.

물론 학교교육이 보다 유연해지고, 각종 사회교육기관이 청소년에게 창의적 활동의 계기를 마련해 주는 것이 가장 이상적일 것이다. 하지만 이런 상황으로 한순간에 바뀔 것을 기대하기는 어렵다. 그렇다면 현실적인 차선책은 학교의 교과교육 시간에 창의적인 활동을 보장하는 교수-학습 방법을 개발해서 교사들에게 보급하는 것이다. 즉, 이미 정해져 있는 교과내용이라 할지라도 이를 최대한 창의적인 방법으로 가르치자는 것이다. 교수-학습 방법의 개발과 적용은 현재 한국 교사들에게 남아 있는 유일한 자율적 권리이기에 이는 더욱 현실적인 방법이다.

이 책은 바로 이러한 취지에 부응하는 것을 목적으로 하고 있다. 여기에서는 일선 학교 교과교육 시간에 적용할 수 있는 창의적인 교수-학습 방법으로서 DIE(Drama in education)를 적용하는 방안을 탐색하였고, 또 적용 가능한 모형을 개발하고, 이 모형의 효과를 검정하였다.

물론 저자들은 일선 학교 교사들이 이 책을 보고서 당장 DIE를 활용할 수 있으리라는 지나치게 낙관적인 기대는 하지 않는다. DIE는 많은 훈련과 시행착오를 거쳐야 능숙하게 다룰 수 있는 수업 모형이기 때문이다. 하지만 따지고 보면 가장 손쉽게 활용되고 있는 강의라는 수업 모형도 많은 훈련과 시행착오를 거쳐야 한다는 점에서는 전혀 다르지 않다. 어쩌면 분명한 매뉴얼이 존재하는 DIE가 뚜렷한 매뉴얼이나 절차가 없이 순전히 경험과 감각에 의존하는 강의식 수업보다 한결 다루기 쉬운 수업 모형일 수도 있다.

저자들은 2003년부터 3년간 꾸준히 사회과의 다양한 단원과 영역에서 DIE의 적용 가능성을 탐색해 왔고, 외국에서 개발된 수업 모형을 한국 교실에 적용할 때 나타나기 마련인 무수한 시행착오 끝에 마침내 한국 교실에서 적용 가능한 DIE모형을 개발하는 데 성공했다. 모쪼록 많은 교사들이 이 모형을 익혀서 청소년들이 교실 안에서나마 창의적인 경험을 할 수 있는 계기가 마련되었으면 하는 것이 저자들의 작은 소망이다.

마지막으로 어려운 출판계의 사정에도 불구하고 이 책의 출판을 선뜻 맡아 주신 한국학술정보(주) 임직원 여러분께 감사의 말씀을 드리며, 어색한 머리말을 마치고자 한다.

2008년 2월
구민정, 권재원

목 차

서 론

제1부 사회과와 창의성 교육

제1장 사회과에서 창의성의 의미와 그 함양 / 30

제2장 창의성 교육과 예술적 경험 / 62

제3장 한국 청소년의 예술체험 실태 / 72

제4장 학교 수업에서 예술적 요소 도입의 효과와 한계 / 82

제2부 교육연극의 이론과 실제

제3부 사회과와 교육연극

결 론 / 271

서 론

1. 창의성과 민주시민교육

1990년대 이래 교육계에서 가장 남용된 용어들 중 하나가 아마 창의성일 것이다. 이 창의성이란 말은 각급 학교 중앙 로비를 장식하기 마련인 '학교장의 경영지표' 따위에서도 또 학교 교문이나 벽면을 장식하기 마련인 거대한 간판에서도 단골로 사용되는 용어가 되었다. 민주적이고 자율적이면서 창의적인 인재 육성은 한국 학교가 반드시 완수해야 할 필사의 과업이 되었다. 그리고 그 인재가 시민인 한, 시민교육을 자신의 존립 근거로 삼고 있는 사회과의 입장에서는 창의성이라는 새로운 과업을 자신의 기존 인지 틀에 녹여 넣어야 하는 어려운 과제를 받게 되었다.

그런데 이렇게 창의성이라는 말이 준법정신, 질서 등의 전통적(?) 교육지표를 제치고 최고의 슬로건으로 등장한 배경은 사실 매우 불순하며 비창의적이다. 여기에는 인간자본론의 전제와 생산력 지상주의의 그림자가 어둡게 비치고 있기 때문이다. 예컨대 1990년대 할리우드 블록버스터 영화의 직배가 시작되면서 알려진 엄청난 흥행수입은 당시 "쥬라기 공원 1편이 현대자동차 몇 대와 맞먹는다."라는 식의 비유와 함께 새로운 돈줄로서의 창의성을 부각시켰다. 또 문화, 예술은 중국 등의 추격으로 전통적인 산업에서 성장한계에 부딪힌 한국 경제의 새로운 성장 동력으로 과도한 기대를 받으며 각급 학교에 강요되기 시작했다. 그 이후 삼성이나 대우 같은 재벌 자본들이 밀물처럼 영화, 음반 등에 투자했다가 썰물처럼 빠져나간 코미디를 방불케 하는 상황도 발생하였다. 이러한 이른바 문화예술 국력론은 이후에도 영화 타이타닉의 기록적 흥행, 해리포터 열풍, 한국 영화의 엄청난 흥행, 뮤지컬 열풍 등의 현상이 나타날 때마다 거푸 제기되었다.

그 태생상 사회과는 이러한 세상의 변화가 일 때마다 항상 현란하게 춤을 춘다. 적지 않은 사회과 교사가 믿는 바와는 달리 사회과는 세상을 바꾸는 과목이 아니라 세상의 변화가 반영되는 과목에 더 가깝다. 창의성이 요구되는 사회라면 당연히 '창의성'은 사회과 상점에 부착된 새로운 주문표가 된다. 물론 21세기가 문화의 시대이며, 문화산업이 새로운 성장 동력임은 부정하기 어렵다. 그리고 사회과가 새롭게 바뀐 사회상을 반영해야 하는 것도 옳은 일이다. 지금은 당연한 사회과의 목표로 젊은 사회과 교사 혹은 사회과 교사 지망생이 인사처럼 읊조리는 '비판적 사고력 함양'이란 말을 20년 전 사회과 교사들 중 누가 감히 입 밖에 낼 수 있었겠는가? 창의성이 요구되는 세상이면 사회과가 목표로 삼는 시민의 여러 자질에 창의성이 당연히 포함되어야 한다.

문화가 생산력이라고 호들갑을 떠는 집단들이 종종 망각하는 것은 문화의 저변에는 이를 창조할 수 있는 사람이 필요하며, 창조하는 사람은 또한 이를 수용할 수 있는 사람을 필요로 한다는 사실이다. 따라서 각종 문화예술 진흥책을 편다고 해서 문화예술이 진흥되는 것이 아니며, 이는 한낱 요령 좋은 예술인의 눈먼 돈이 되기 십상이다. 이런 일을 감당할 수 있는 사람, 즉 창의적인 시민을 육성하는 것이 문화예술 진흥책보다 우선되어야 한다.

그렇다면 문화를 창조하고 또 수용할 수 있는 사람은 어떻게 육성되는가? 당연히 교육을 통해서다. 그리고 문화적 소양, 예술적 취향이라고 하는 것은 감수성이 예민한 청소년기 때부터 계발되어야 함은 상식적으로도 유추할 수 있는 사실이다. 물론 정부 당국도 이 점을 간과하지 않아 '문화예술교육진흥원'을 설립하고 각종 문화예술 '교육' 프로그램들을 지원하였다. 이에 따라 각종 문화단체, 예술단체, 지역단체들이 정부의 지원을 받아 학교 방과 후 활동이나 계발 활동 시간 등을 이용하여 다양한 교육 프로그램을 진행하였다.

그러나 이런 프로그램들이 진행되었다 해서 문화 저변이 확대되고 창조적 인간이 육성될 것으로 보이지는 않는다. 창의성이라는 것이 이런 이벤트성 행사에 몇 번 참가했다고 해서 단번에 성장하는 그런 종류의 능력이 아니기 때문이다. 다른 목표를 가진 교육 프로그램도 마찬가지지만 창의성을 개발하기 위해서는 정교한 교육 프로그램이 필요하다. 그저 막연히 어른의 눈에 창의적인 경험인 것처럼 보인다 해서, 이것을 마치 공습하듯 학생들에게 뒤집어씌운다고 해서 창의력이 향상되는 것이 아니다. 더구나 이런 공습이 잠깐 하고 마는 것이 되어서는 더욱 안 된다.

물론 창의성을 함양하기 위한 특별한 프로그램을 개발하는 것은 매우 비창의적인 발상이다. 창의성을 함양하는 길은 다양한 창의적 경험을 하는 것밖에 없음은 물론이다. 하지만 이러한 경험은 일회적이거나 특별한 것이 아니라 일상적이면서 꾸준한 것이라야 한다. 이는 청소년들이 하루 중 대부분의 시간을 보내는 학교 교실에서 창의적인 경험을 해야 한다는 의미이며, 학교 수업이 창의적인 경험을 제공하는 그런 시간이 되어야 한다는 의미다.

현행 〈7차 교육과정〉에는 이런 다양한 경험을 제공하라고 문서상으로 되어 있다. 사회과는 사회적 사실들과 정보를 문자를 통해 습득하고 암기하는 과목으로는 물론 되어 있지 않다. 당연히 정규 수업이 진행되는 속에서 청소년들에게 문화적, 미적 체험을 가능하게 하는 다양한 교수-학습 모형이 개발되는 것을 우리의 교육과정은 적극 권장하고 있다. 이를 위해 수많은 돈을 들여 교실마다 멀티미디어 장비를 설치하지 않았는가? 이것은 수업과 예술을 결합하고, 청소년들이 수업을 통해 미적 체험을 하도록 만들라는 강한 압력이다.

그러나 하드웨어와 문서상의 강조만으로 정규 교과 교수－학습 모형에 예술적 요소를 도입한다는 것이 쉽게 일어나는 것은 아니다. 여기에는 두 가지 난점이 있다.

첫 번째 난점은 사회과가 매우 복합적인 과목이며, 주지적(개념적)인 측면이 강한 과목이기도 하다. 수업의 예술적 요소는 사회과의 가치 지향적 측면에는 잘 부합하지만 개념적 측면에는 부합되지 않거나 시간낭비가 될 가능성이 크다고 보이기 쉽다. 더구나 현행 중등교육에서 사회과 교사가 영어, 수학 시간에 비해 턱없이 모자란 시간 동안 가르쳐야 하는 개념의 목록은 나머지 과목들을 모두 합친 것만큼 많다. 심지어 순전히 가치 지향적인 도덕과의 존재로 인해 상당수 사회과 교사들이 자신들의 정체성을 개념학습 쪽으로 몰고 가는 경향조차 있다.[1]

두 번째 난점은 예술이라고 하는 것은 항상 그것을 향유하기 위해 숙달되어야 하는 기본적인 기능을 요구한다는 것이다. 이를 진입장벽이라고 일컫는다. 물론 이런 기본적인 기능을 익히기 위해 정규 교과목으로 음악이나 미술 과목이 개설되어 있지만, 이 과목들을 이수했다고 해서 청소년들이 특별히 음악이나 미술의 기본적인 기능을 익혔다고 보기는 대단히 어렵다. 이러한 기능이 있다고 보기 어렵기는 사회과 교사들의 경우도 마찬가지다. 역사를 소재로 만화를 그릴 수도 있고, 소설을 쓸 수도 있다. 다 좋은 시도다. 그러나 많은 학생들은 그림 그 자체, 글쓰기 그 자체의 기능이 없다. 또 교사들의 처지도 그리 다르지 않다. 그러니 어떻게 사회 시간에 예술적 요소를 활용하는 수업

---

[1] 특히 역사나 지리를 전공한 교사들이 그런 경향이 강하다. 이들은 사실의 습득을 다른 무엇보다도 중요하게 생각한다.

을 쉽게 할 수 있겠는가?

결국 정규 사회교과 시간에 청소년들에게 미적, 예술적 체험을 제공함으로써 창의성마저 갖춘 시민을 함양하고자 한다면 다음과 같은 조건들을 충족시키는 교수–학습 모형들이 개발되어야 한다.

첫째, 이 교수–학습 모형은 사회과의 학습 목표를 달성하는 데 기존의 다른 교수–학습 모형보다 우수해야 한다. 그래야 교사로 하여금 강의식, 개념학습 등 기존 교수–학습 방법보다 번거로운 창의적 수업을 선택하도록 동기화할 수 있다.

둘째, 이 교수–학습 모형은 예술과 수업이 적절하게 결합되어 있어야 하며, 학생들의 예술적, 창의적 활동을 보장해야 한다. 이 수업이 학습 목표의 달성뿐만 아니라 창의성의 함양까지 목적으로 하고 있기 때문에 예술적인 요소가 결합될 때 본연의 목적을 달성할 수 있을 것이다.

셋째, 그럼에도 불구하고 이 교수–학습 모형은 특별한 예술적 기능이 진입장벽으로 작용해서는 안 된다. 즉, 평범한 학생들과 교사가 다룰 수 있는 범위 내에서 예술적 요소가 활용되어야 한다. 사실 이 조건이 가장 까다롭다. 통상 진입장벽이 낮을수록 미적, 문화적 가치가 떨어지기 때문이다. 그러나 이 조건이 충족되지 않으면 학생과 교사가 그 과실을 따먹기도 전에 포기하고 말 것이다.

2. 이 책의 구성과 개요

이 책은 바로 앞에서 제시한 세 가지 조건을 충족시키는 교수-학습 모형을 개발하고자 수없는 시행착오를 거쳐 완성한 결과물을 그 개발과정, 배경 이론과 함께 소개하고자 하는 것이다. 이 책에서 소개하게 되는 DIE-논쟁학습 모형은 교사와 학생이 모두 익히기 어렵지 않으며, 수업이 진행되는 동안 많은 자발적 학습이 이루어지면서 동시에 창의성을 포함한 여러 능력을 함양할 수 있는 수업 모형이다. 이 모형은 단순한 아이디어나 노하우가 아니라 지속적인 고민과 모색 그리고 시행착오의 결과물이다. 저자들은 이 모형이 교육연극(DIE) 분야에서 독창적인 기여를 할 수 있는 한 영역을 개척했다고 충분히 자부하고 있다.

이 책은 다음과 같이 구성되었다.

1부에서는 먼저 창의성에 대한 의미를 정밀하게 탐색하는 데서부터 시작하였다. 예민한 독자들이라면 이 창의성에 대한 챕터가 이 책 전체의 논지에서 논리적으로 어긋나거나 따로 돌고 있다는 느낌을 받을 것이다. 그럼에도 불구하고 창의성에서부터 논의를 시작하는 것은 정당화의 문제 때문이다. 즉, 창의성의 함양이라는 목표가 민주시민교육이라는 사회과 교육에 포함될 수 있는, 그리고 포함되어야 하는 정당화가 필요하기 때문이다. 만약 이 정당화에 실패한다면 창의성 함양에 해당되는 예술적 요소의 수업은 별도의 목표를 가진 별도의 교과에서 이루어지거나, 달리 담당할 과목이 없어서 사회과에서 담당하게 될 것이다. 즉, 교실 수업에 연극을 도입한 수업 모형을 개발하고자 한 동기가 어떻게 하면 창의성과 사회과 학습 목표를 동시에 달성할 수 있을 것인가 하는 것이었으며, 이를 정당화하기 위해서는 창의성과 사회과의 목표가 조화를 이루어야 하는 것이다. 그런데 창의성이라는 개념 자체가 매우 모호하고 논쟁적이기 때문에 이것을 분명하게 정의해 두지 않으면 이후의 모든 연구가 혼란에 빠지게 된다. 따라서 먼저 창의성의 정의, 이것을 함양할 수 있는 교육적 방안에 대한 이론적 탐색이 연구의 머리를 차지하는 것은 당연하다.

2부에서는 교육연극에 대한 이론적인 배경을 주로 설명하였다. 여기에는 연극의 교육적 효과, 그리고 수많은 예술적 요소들 중 하필 연극을 선택한 이유를 체계적으로 제시하였다. 이를 위해 교육학에서 출발하여 연극에 이르는 지점, 그리고 연극에서 출발하여 교육에 이르는 지점을 추적하였으며, 또 교실 수업에 연극을 적용할 경우의 실용적인 효과에 대해서도 살펴보았다. 이러한 바탕하에 교육에 적용하는 것을 목적으로 특별히 고안된 연극인 교육연극의 개념, 효과 그리고 그것의 여러 가지 유형을 소개하였다.

2부가 연극의 입장에서 교육, 특히 사회과 교육을 바라보았다면 3부는 사회과 교육의 입장에서 연극을 바라보았다. 여기에서는 사회과에 교육연극이 도입되어야 할 정당성, 그럼에도 불구하고 그것을 어렵게 만드는 한계, 그리고 그것을 극복할 수 있는 방안에 대하여 살펴보았다.

4부에서는 저자들이 이러한 배경하에 실제로 개발한 DIE-논쟁학습 모형을 소개하였다. 먼저 개발과정과 개발의 동기를 상세히 제시하였고, 다음은 이 모형의 절차와 사용방법을 상세하게 기술하였다. 물론 전문적인 사회과 교사는 4부만 참고함으로써도 충분히 이 수업 모형을 교실에 적용할 수 있다. 그러나 1~3부를 충분히 고찰한 연후에야 단순한 모방이 아니라 창조적인 응용이 가능할 것이다.

5부는 저자들이 개발한 DIE-논쟁학습 모형이 실제 효과가 있음을 통계적으로 검정한 부분이다. 날카로운 독자들이라면 이 부분에서 어째서 종속변인에 창의성이 포함되지 않았는가를 지적할 수 있을 것이다. 이는 논리적인 문제다. 애초에 사회과에 예술적 요소를 도입한 것은 창의성에 도움이 되기 때문이다. 그런데 그것을 주저하게 만든 것은 그 요소가 사회과의 기존의 학습 목표에도 도움이 되는지 확신할 수 없었기 때문이다. 이 책의 독자들은 우선 사회과 교사들이다. 따라서 이들에게는 창의성에의 효과 여부보다는 기존 사회과 학습 목표에의 효과 여부를 증명시킬 필요가 있다. 사실 교육연극이 창의성 함양에 도움이 된다는 연구 결과는 굳이 따로 제시할 필요도 없을 정도로 많다. 미국에서는 교육연극이란 말 대신 아예 창의적 연극(creative drama)이라는 용어를 사용한다. 창의성에 대해서는 전제되고 있다.

3. 이 책에서 무엇을 얻을 수 있나?

혹시 있을지 모르는 성미 급한 독자들을 계속 붙잡아 두기 위해 이 책을 통해서 얻을 수 있는 것을 미리 정리해 보고자 한다.

첫째, 무엇보다 먼저 이 책에서 얻을 수 있는 것은 저자들이 개발한 DIE-논쟁학습 모형의 사용법이다. 그리고 이 모형이 시간낭비가 아니라 사용할 만한 가치가 있음을 입증하는 경험적 자료도 함께 제시하였다. 물론 실천 지향적 독자들에게는 경험적 자료가 중요하지 않을 수도 있다. 그러나 더욱 귀중한 자료가 될 수 있는 것은 모형 자체 혹은 그것의 효과 검정이 아니라 이 모형을 개발하기 위해 저자들이 겪었던 시행착오의 경험들이다. 이 경험들 속에서도 여전히 잘 다듬으면 다르게 활용할 수 있는 좋은 아이디어들이 나올 수 있기 때문이다.

둘째, 교육연극에 대한 이론적인 정리다. 사실 교육연극이 우리나라에 소개되기 시작한 역사도 10년이 넘었다. 그럼에도 불구하고 교육연극의 이론적 배경, 근거 그리고 그 종류와 장단점에 대해 체계적으로 정리한 책으로서 번역서가 아닌 책은 충분하지 않다. 특히 구체적 교실 사례와 함께 제시된 책은 더욱 드물다. 이는 우리나라에 교육연극을 도입한 사람들이 교사가 아니라는 데서 기인한다. 사범대, 교육대 교수들의 경우 교실경험이 부족하거나 전무하며, 더군다나 연극에 대해 잘 알고 있는 것도 아니다. 반대로 연극영화과 교수의 경우는 교육에 대한 이해가 부족하다. 이 두 집단이 서로 교류하여 부족한 부분을 채우면서 통일된 이론적 이해로 나아가고 이를 교사의 실천과 결합하고, 그 결과를 체계 있게 정리하여 출판할 필요가 있다.

이런 현실에서 저자들은 교육연극을 사회과에 적용하기 위해 체계 없이 천지 사방에 흩어져 있는 교육연극 관련 문헌들을 수집했으며, 이를 공동으로 학습했고, 체계적으로 정리하는 작업을 고되게 수행해야 했다. 이 책에는 그 결과물이 보다 상세한 설명과 함께 제시되어 있다. 따라서 이 책은 교육연극을 처음 접하고 이를 처음 사용해 보고자 하는 교사들에게 입문서의 역할도 겸할 수 있을 것이다.

셋째, 이 연구에서 상세하게 제시하고 있는 질적 자료의 분석과 소개는 한국의 과밀한 교실에서 교육연극을 활용할 경우 일어나는 교실의 맥락적 상황을 구체적으로 제시하고 있다. 대개 새로운 교수-학습 모형을 소개하는 책의 경우 그 이론적 배경을 제시하고 그 모형을 활용하는 지침을 제공하는 핸드북의 형태가 많다. 그러나 이 책에서는 상세한 질적 자료도 함께 제시함으로써 이 수업 모형을 적용할 경우 접할 수 있는 다양한 상황에 대한 사전 지식도 함께 제공하고 있다. 게다가 이러한 다양한 상황적 자료들을 통해 비단 사회과뿐만 아니라 다른 교과에서도 교육연극을 적용 할 수 있는 방안에 대한 다양한 모색의 단초를 제공할 수 있을 것이다.

4. 이 책의 한계는 무엇인가?

임마누엘 칸트는 지성이 외람되게 자기 한계를 벗어날 가능성에 대해 호되게 비판하고 선을 그어 줌으로써 철학을 정초하였다. 어느 모로 보나 칸트보다 많이 못 미치는 저자들 역시 이 보잘것없는 책이 무궁무진한 가치를 가지고 있다고 강변하지 않는다. 이 책은 다음과 같은 한계를 가지고 있기 때문에 해석상의, 또 적용상의 주의를 요구한다.

첫째, 이 책에서는 민주시민성을 정치문화로 협소하게 정의하였다. 민주주의는 철학적이고 역사적인 개념이기 때문에 참여형 정치문화를 민주시민성과 등치하는 것은 위험하다. 그러나 이 연구에서 목표로 삼는 능력은 사회적 쟁점이 되는 사안의 정책 결정과정에서 시민으로서 그 내용을 이해하고, 서로 다른 입장에 대해 대화하는 과정을 통해 합리적으로 의사를 결정하는 능력과 태도다. 따라서 여기에서 지식보다는 문화가 보다 중요하기 때문에 민주시민성 역시 정치문화로 한정하였다.

둘째, 이 책에서는 교육연극이 아무리 공연 자체가 목적이 아니라 학생들의 참여와 체험이 목적이라 하더라도 '연극이라는 예술의 장르'가 수업에 활용되는 과정이라는 점을 충분히 고려하지 못하였다. 이는 전문연극인이나 교육연극 지도자가 실험과정에 적극적으로 참여하지 않았다는 뜻이다. 따라서 이 연구의 결과는 사회과의 학습 목표를 연극을 활용하여 탁월하게 성취함은 비교적 정확하게 입증할 수 있지만, 예술적인 의미의 연극을 교육함으로써 창의성을 함양한다는 측면에 있어서는 한계를 지닌다. 물론 창의성은 검정의 대상이 아니라 전제되어 있는 것이기는 하지만, 아무리 그렇다 하더라도 바로 그 점이 이 연구의 한계가 된다. 경우에 따라서 DIE-논쟁학습 모형이 민주시민성 함양에는 효과적일 수 있지만 엉뚱하게 창의성에 대해서는 효과가 없을 수도 있는 것이다. 그러나 변명 아닌 변명을 좀 하자면, 창의성을 측정한다는 것 자체가 대단히 자가당착적이라는 것, 그리고 민주시민성에 요구되는 역지사지의 능력이나 개방성 등은 이미 창의성을 전제하고 있다는 점 등을 좀 늘어놓고자 한다.

셋째, 이 책에서 다루고 있는 사회과는 일선 학교에서 소위 '일반사회'라고 부르는 영역이다. 도대체 정치, 경제 등이 아니라 '일반사회'라는 모호한 영역이 어떤 의미가 있는지 저자들은 전혀 이해하지 못하지만, 어쨌든 지리과와 역사과는 이 책에서 다루는 사회과의 범위에서 일단 배제한다. 따라서 이 책에서 소개하는 수업 모형이 지리, 역사 영역에서도 효과적으로 적용될 수 있을지 여부에 대해서는 별도의 연구로 확인해야 할 것이다.

5. 용어 정리와 일러두기

1) 용어 정리

이 연구는 추상적인 연구에만 몰두하는 학자가 아니라 교육 현장에서 실천하는 교사들에 의해 수행되었다. 따라서 이 연구에서 사용되는 용어들은 저자들의 교육 실천 속에서 통용되는 용어지, 이른바 사회과 교육학계[2]에서 공식적으로 사용되는 용어가 아니다. 따라서 이 책을 이해하기 위해서는, 또 소모적인 논쟁을 피하기 위해서는 다음의 몇몇 용어들을 저자들이 어떤 맥락에서 사용하고 있는지 미리 약간의 안내가 필요하다. 그 외의 용어들은 해당 분야에서 통상적으로 사용되는 의미로 사용하였다.

① 사회적 쟁점(social issue)

여기에서 사회적 쟁점은 사회적으로 문제가 되고 논쟁거리가 되는 것을 모두 의미하는 것이 아니다. 여기에서 사회적 쟁점이란 사회적으로 다양한 이해관계에 따라 대립되는 주장이 있는 문제를 말한다. 정보화 혁명 이후 사회가 다원화되어 감에 따라 다양한 이해관심들이 표출되며, 그 결과 이러한 이해관심들이 첨예하게 대립되는 쟁점으로 나타나기도 한다. 물론 이런 충돌은 때로는 대화와 타협으로 합의점을 찾아가기도 하지만, 때로는 극한의 대립으로 치닫기도 한다. 예컨대 끝내 폭력 충돌로 진행되고 만 평택 주한미군 기지 이전 문제, 천성산

---

2) 도대체 사회과 교육학 이런 식의 학문이 성립 가능하다고는 전혀 생각하지 않지만

고속철도 터널 공사나 새만금 간척 사업에 따르는 지역 어민의 생존권 문제 및 환경 보전의 문제 등이 그것이다. 여기에서 관심을 가지는 사회적 쟁점은 이렇게 뚜렷한 합의점을 찾지 못한 채 이해관계들이 평행선을 이루고 있는 것들이다.

　② 교육연극

　원래 교육연극, 교육에 연극이 활용되는 수업 일반을 가리키는 말이다. 여기에는 DIE(Drama IN Education), TIE(Theatre IN Education) 등 다양한 종류가 있다. 이 각각의 모형에 대해서는 교육연극에 대해서는 이론적 배경에서 다시 자세하게 정리하였다. 그러나 이 연구는 주로 DIE 활용에 대한 연구이며, 따라서 특별한 제시 없이 교육연극이라는 용어가 사용되었을 경우 이는 DIE를 의미하는 것이다.

　③ 민주시민성(citizenship)

　민주주의에 대한 수많은 정의와 마찬가지로 민주시민성에 대해서도 수많은 정의가 있다. 그러나 이 수많은 정의들을 종합해 보면 결국 민주주의 정치체제에서 필요로 하는 생활태도와 생활양식을 갖춘 시민으로서의 자질을 의미한다. 이 자질에는 정치문화, 정치지식, 가치관, 태도 그리고 효능감 등이 모두 포괄된다. 민주시민성과 관련한 다양한 정의와 배경 이론들에 대해서는 뒤에서 보다 자세히 논의하겠지만 이 연구에서는 민주시민성을 정치문화로 협소하게 정의하였음을 일단 밝혀 둔다.

　사실 민주주의는 철학적이고 역사적인 개념이기 때문에 참여형 정치문화를 민주시민성과 등치하는 것은 위험하다. 그러나 이 연구에서 목표로 삼는 민주시민성 향상은 사회적 쟁점이 되는 사안의 정책 결정과정에서 시민으로서 그 내용을 이해하고, 서로 다른 입장에 대해 대화하는 과정을 통해 합리적으로 의사를 결정하는 능력과 태도를 함양하는 것이다. 따라서 여기에서 지식보다는 문화가 보다 중요하기 때문에 측정하고자 하는 민주시민성의 범위를 정치문화로 한정하였다.

④ 의사결정 능력(decision making ability)

의사결정 능력이란 문자 그대로 자신의 의사를 결정할 수 있는 능력을 의미한다. 의사결정이란 여러 가지 대안 중에서 이성적인 선택(reasoned choice)을 의미한다. 여기에서 '이성적인 선택'이란 적절하고 건전한 정보와 의사결정자의 가치를 토대로 한 선택을 의미한다.(Cassidy & Kurfman, 1997, p.1.) 의사결정이란 어떤 문제나 상황에 직면했을 때 판단을 해서 결론에 도달하는 행위 또는 과정을 의미하는 것으로 사태를 파악하고, 필요한 사실 정보를 확인하고, 사태에 관련된 가치를 인식하고, 행위의 대안을 생각하는 기능 또는 지식, 가치분석 및 명료화 예상, 지식과 가치의 종합에 의한 행위과정의 확인이라고 하기도 한다.(Banks, 1976, 윤세철, 1993, pp.81-82.)

물론 Banks(1976)는 의사결정 능력 그 자체와 합리적 의사결정 능력을 구분하여 사용하고 있지만 이 연구에서 의미하는 의사결정 능력은 사회과에서 계발하고 연습시키고자 하는 합리적인 의사결정 능력을 의미하며 문제를 해결하기 위해 의사결정을 할 때 이성에 바탕을 둔 반성적 사고과정을 통해서 결정하는 것을 말한다.

⑤ 관용성

여기에서 관용성이란 문화관용성을 의미한다. 문화관용성이란 다른 문화집단 혹은 민족의 문화들 중 혐오스럽거나 어색함에도 불구하고 이를 문화 다원주의의 입장에서 받아들일 수 있는 능력 혹은 그러고자 하는 태도를 의미한다. 즉, 이는 관용(tolerance)이 문화 영역에서 관철되고 있는 것을 의미한다. 특별한 부가 설명이 없는 한 이 책에서는 관용성을 문화관용성의 의미로 사용하며, 정치적 관용성의 의미로는 사용하지 않는다.

2) 일러두기

이 책의 주석과 문헌목록은 다음과 같은 원칙에 따라 제시되었다.

① 원칙적으로 모든 주석은 APA 방식을 사용하였다.

② 최종 판본이 매우 오래되었거나 너무도 보편적인 고전으로 인정되는 문헌의 경우는 본문에 특별히 연도를 표시하지 않고 저자명으로만 표시하고 해당 저자의 저서가 두 권 이상일 경우는 a, b와 같은 식으로 부기하였다.

예) Kant(a, p.76.)는 이렇게 주장하였다.

③ 문헌 목록에 원본과 번역본이 같이 제시되어 있을 경우 원본의 쪽수를 본문 중에 표시함을 원칙으로 하고, 번역본을 제시한 경우는 번역본의 연도를 표시하였다.

제1부

사회과와 창의성 교육

제1장

사회과에서 창의성의 의미와 그 함양

1. 창의성(creativity)이란 무엇인가?

21세기는 문화의 세기라는 주장은 그동안 각종 매체를 통해 널리 홍보되고 또 상업적으로도 이용된 바 있다. 여기에서 더 나아가 문화 콘텐츠가 바로 국가 경쟁력이며 새로운 성장 동력이라는 호들갑스러운 외침들도 이제는 거의 진부하게 느껴질 정도가 되었다. 물론 이런 조류에 따라 미래의 주역이 될 청소년들의 창의성을 높일 수 있는 교육 방안이 나와야 한다는 주장들도 굳이 인용할 필요가 없을 정도로 곳곳에서 들려왔다.

그러나 이런 수많은 주장들과 호들갑에도 불구하고 막상 창의성이 무엇인가에 대한 논의는 부족했다. 이 근본적인 논의가 부족한 상황에서 당연히 창의성의 여러 측면들은 무엇이며 어떻게 발현되며, 또 창

의성을 함양하고 교육하기 위해서는 어떤 경험들이 제공되어야 하는
지에 대한 진지한 성찰과 논의는 부족한 것은 당연한 노릇이다.

이렇게 선전과 실제의 불균형이 야기된 것은 무엇보다도 창의성이
란 개념이 워낙 넓은 범위의 개념이라 이것을 정의하기가 매우 어렵
다는 것에서 기인한다. 정의가 어렵기 때문에 숫제 이를 정의하지 않
은 상태에서 때로는 정치적인 이유에서 때로는 단지 상투적인 관용어
로 사용되었던 것이다. 이렇게 관용어로 사용될 경우 사람들은 그 용
어에 쉬 피로를 느끼며 결국은 그 말을 잊어버리게 된다. 창의성이 이
런 식으로 유행을 타다 잊혀져도 마땅한 종류의 것은 당연히 아니기
때문에 이는 좀 심각한 상황으로 받아들여져야 한다.

물론 창의성을 정의하려는 시도가 없었던 것은 아니다. 그러나 창
의성의 정의는 너무도 다양하며 이 정의들 중 어떤 것들은 너무도 기
발하여 심지어는 창의적이기까지 하다. 따라서 이러한 다양한 창의성
의 개념을 살펴보지 않으면 창의성 함양을 위한 교육연극의 활용이라
는 이 연구의 주제는 출발부터 혼돈에 빠지게 될 것이다. 이 책은 먼
저 창의성을 구성하는 여러 요소들 혹은 창의성의 정의라고 주장되어
온 여러 측면들을 살펴보면서 시작하고자 한다.

1) 풍부한 영감

창의성에 대한 관점들 중 가장 일반적이고 또 오래된 관점은 창의
성을 영감과 연결시키는 것이다. 영감은 무에서 유를 창조하는 기발한
발상이며, 어떤 순차적인 단계를 거칠 필요 없이 순간적으로 떠오르는
발상이다. 이 관점에서 창의성은 바로 이런 영감이 쉽게 떠오르도록
하는 능력이다(Winner, 1972).

이때 영감은 순간적으로 떠오르는 모든 것을 의미하는 것이 아니다. 그것은 구체적인 착상으로 연결될 수 있는 것이라야 하며, 그 착상은 그 이전에 전혀 존재하지 않은 새로운 것이라야 한다.

여기에서 유추되는 창의성의 정의는 결국 전에 없던 새로운 것을 생각해 낼 수 있는 기발한 착상의 능력이다. 결국 이런 거친 정의가 가능해진다. 창의성이란 영감의 순간이 자주 떠오르게 만드는 능력이다. 즉, 창의적인 인간은 영감이 쉽게 떠오르는 인간이다. 창의성 교육은 영감이 자주 떠오를 수 있는 상태를 만드는 훈련을 시키는 것 혹은 영감을 떠올리는 훈련을 시키는 것이다. 그런데 영감이 떠오르는 과정과 원인은 아직 밝혀지지 않았고, 밝혀질 수도 없기에 결국 창의성은 천재의 것이며, 타고나는 것이다.

실제로 훌륭한 창의적인 업적을 남긴 많은 천재들은 그러한 착상을 가능케 한 영감의 순간들에 대해 많은 언급을 남겼다. 영감의 순간은 고요한 명상의 순간에 마치 신의 음성처럼 찾아오기도 하고, 메시아를 작곡하던 헨델처럼 완전히 포기하려고 하던 그 순간에 찾아오기도 하며, 벤젠의 화학구조를 연구하던 케쿨레의 경우처럼 심지어는 꿈속에서 찾아오기도 한다. 물론 꿈속에서 악마가 연주하는 바이올린 소리를 듣고 새로운 소나타를 작곡했다는 타르티니의 이야기도 **빼놓을** 수 없다.

이들의 회고담은 어떤 공통점을 가진다. 이 영감의 순간은 매우 짧은 순간, 그야말로 찰나지간이었다. 또 영감의 순간은 의식적이고 순차적인 과정을 거치지 않았으며, 그럼에도 불구하고 유래 없는 업적을 남길 수 있는 결정적인 계기를 제공하였다. 많은 예술가들이나 학자들은 이 영감의 순간을 애타게 갈구했으며, 영감의 순간을 만나기 위해 산책을 하거나(베토벤, 칸트), 기도를 하거나(하이든), 섹스를 하거나(폴 고갱, 에곤 실레), 아니면 약물에 취하기도 하였다(지미 헨드릭스).

또한 이들의 회고담에서 찾을 수 있는 공통점은 영감은 창작과정에서 나타나는 것이 아니라 창작에 대해 잊고 다른 작업을 하고 있을 때, 매우 우연한 다른 계기에 의해 별안간 떠오른다는 것이다. 영감을 설명하는 회고담의 이런 부분이 그동안 창의성을 신비와 무의식의 영역에 있는 것으로 간주하는 근거가 되어 왔다. 이렇게 될 경우 창의성은 신의 선물이거나 신의 저주가 된다.3) 신의 축복이나 저주를 받은 자는 '천재'라는 신비한 호칭을 받게 된다. '천재(Genius)'는 단지 재능이 뛰어난 '영재(gifted & talented)'와는 질적으로 다른 존재로 그에 대한 합리적인 설명은 불가능하거나 해서는 안 되는 것으로 받아들여진다. 물론 에드가 앨런 포우는 이런 식으로 영감을 설명하는 것이 시인들이 의도적으로 자신들을 신비화하려는 음모라고 비판하기도 했다.(Rothenberg & Hausman, 1976, p.57.)

물론 이러한 신비로운 영감의 순간에 대해 언급하지 않은 천재들도 있다. 모차르트는 단 한 번도 기발한 착상이 도둑처럼 떠오른 영감의 순간에 대해 언급하지 않았다. 이는 아인슈타인도 마찬가지다. 모차르트는 헨델과 같이 신들린 경험을 하지 않았고, 아인슈타인에게는 뉴턴의 사과의 순간이 특별하게 존재하지 않았다. 그럼에도 불구하고 그들의 창의적인 업적은 해당 분야의 최고 경지를 이루었다. 이런 점을 미루어 본다면 영감은 창의성의 필요조건이기는 하지만 충분조건이라고 보기는 어려울 것이다. 따라서 오늘날의 심리학이나 학습이론도 영감을 창의성 발현의 전부로 보지는 않는다. 다만 창의성이 발현되는 과정에서 중요한 한순간을 이룬다고 본다.

---

3) 눈을 뜨나 감으나, 무슨 일을 하나 어디선가 들려오는 합창소리 때문에 잠시도 쉴 수 없었다는 로베르트 슈만의 진술로 보아 축복이라고 보기는 좀 어렵다.

영감을 창의성 발현의 중요한 순간으로 취급하는 이론들 중 가장 선구적인 이론은 왈라스(Wallas, 1926)의 창의적 작업의 단계이론이다. 그는 창의적 작업, 창조의 과정을 4단계로 정리하였다. 그가 정리한 창조의 4단계란 준비(preparation), 부화(incubation), 조명(illumination), 검증(verification)이다.(Winner, 1982, p.74에서 재인용.)

준비 단계에서 창조자는 자신의 창의적 작업을 자극하는 일련의 문제, 동기를 만나게 된다. 이러한 문제와 동기가 명료해지면 그는 창의적 작업을 위해 문제에 정신을 집중한다. 부화 단계는 작업의 진행이 지지부진해지거나 불가능해 보이기까지 하면서 창조자의 정신이 문제에서 벗어나 있는 단계다. 그러나 무의식 세계에서는 여전히 문제에 대한 다양한 해결방법이 부화되고 있다. 이렇게 부화된 아이디어는 어느 순간 갑작스럽게 떠오르는데 그것이 바로 조명 단계이며 그 아이디어는 영감으로 나타난다. 일단 영감이 떠오르면 남은 과제는 그것을 구체화하고 검증하는 것이다. 왈라스의 이론은 이후 많은 영향을 주었고 다양한 후속연구를 이끌어 내었는데 특히 영감이 떠오르기 직전 단계로서 무의식 속에서 아이디어가 숙성하고 있는 부화 단계가 창의적인 영감에 주는 영향에 연구들이 집중되었다(Kris, 1952, Kubie, 1958).

크리스(Kris, 1952)는 이 부화 단계를 보다 정교하게 이론화하였다. 왈라스의 부화 단계는 다시 둘로 나뉘는데, 그것은 무의식으로의 퇴행이 이루어지는 1차 단계와 의식적 정교화가 이루어지는 2차 단계다. 그리고 영감은 1차 단계와 2차 단계의 경계를 이루게 된다. 이 중 특히 무의식으로의 퇴행이 강조된다. 그러나 문제는 정신병자 역시 무의식으로의 퇴행이라는 현상을 보여준다는 것이다. 따라서 이를 구별하기 위해 크리스는 '자아 통제하의 퇴행'(regression in the service of ego)이라는 용어를 사용하였다.

그런데 그것이 정신병이든 자아통제하의 퇴행이든 간에 일단 이런 퇴행이 이루어지고 나면 논리적인 사고는 상당히 퇴화된다. 논리적 사고가 퇴화된다는 것은 단순히 비합리적이 된다는 의미가 아니다. 오히려 이 상태에서는 '모순에 대한 관용'이 증가하기 때문이다. 이 모순에 대한 관용이야말로 틀에 박힌 생각을 벗어나게 만드는 강력한 조건을 형성하게 된다. 이 '모순에 대한 관용' 상태에서 창의적인 사람, 특히 예술가들은 기존의 것들을 파괴하거나 재조합하면서 완전히 새로운 아이디어를 만들어 낼 수 있다. 다만 창의적인 사람과 광인의 차이는 이렇게 절반쯤 미친 상태에서 다시 논리와 이성이 살아 있는 2차 사고로 돌아올 수 있는가 여부에 있다. 실제로 많은 위대한 예술가들이 냉철한 지성인과 광인의 모습을 동시에 지니고 있는 경우가 많았다는 사실이 이 이론을 상당 부분 지지해준다.

그러나 이런 영감으로서의 창의성에 대한 반론도 만만치 않다. 이 반론들은 우선 무엇보다도 섬광처럼 찾아오는 신비로운 영감의 순간이라는 것을 부정한다. 이 반론들의 요지를 정리해 보면 창의성은 그리고 창조의 과정은 어떤 신비하고 찰나적인 영감의 순간에 의존하지 않는다는 것이다. 그리고 그 영감의 순간이라는 것도 과학적으로 설명하기 어려운 어떤 신비의 순간이 아니다. 영감의 순간이라는 것은 단지 매우 빠르게 진행되는 연속적 사고의 과정이며, 이런 찰나적인 사고의 과정이 가능한 것은 그만큼 숙달되고 훈련되고 숙고해 왔기 때문이라는 것이다. 다만 이 과정이 워낙 빠르게 진행되기 때문에 마치 찰나에 이루어지는 것처럼 착각될 뿐이다(Arnheim, 1962, Hecker, 1963). 영감을 매우 빠르게 진행되는 연속적 사고과정으로 본다는 것은 창의성을 모호하고 신비스러운 것으로 포장하는 것을 반대한다는 의미다. 만약 단일한 순간으로서 영감을 받아들이게 되면 창의성은 매우 특별한 정신작용에 의존하는 것이며, 이는 훈련으로 성장시킬 수 있는 것이 아니라 타고난 천재에 의존할 수밖에 없는 것이 되기 때문이다.

아른하임(1962)은 피카소가 불후의 명작 게르니카를 착상하고, 밑그림을 그리고 마침내 이를 완성할 때까지의 기록과 습작들을 분석하였다. 그 결과 그 하늘의 섬광같이 갑자기 찾아오는 번득이는 영감의 존재를 부정하게 되는 증거들을 수집할 수 있었다. 그의 분석에 따르면 게르니카의 아이디어는 번득이는 영감에 의해 갑작스럽게 얻어진 것이 아니라 오랜 세월 마음속에서, 또 수많은 습작 속에서 계속해서 다듬어진 결과다. 즉, 창의적 과정은 영감과 같은 우연한 순간에 갑자기 이루어지는 것이 아니라 오랜 시간을 소요하는 일련의 계획적, 의식적, 논리적인 사고과정이며 시행착오의 과정이다. 다만 사람들은 기나긴 노고의 순간보다 결정적인 아이디어를 얻은 순간을 좀 더 쉽게 기억할 뿐이다. 하지만 그 결정적인 아이디어는 기나긴 노고의 시간 속에 잉태된 것이다. 실로 천재는 99%의 노력과 1%의 영감인 것이다.

이와 비슷한 방법으로 한슬리크(Hanslick)는 헨델의 메시아의 악상들이 그의 초기 작품들과 어떤 연관을 가지고 있는지 상세하게 분석하였다. 그 결과 메시아는 섬광처럼 한순간에 작곡된 것이 아니라 그의 여러 이전 작품들에서 싹텄던 아이디어들이 맹아가 되었음을 밝혀내었다.

퍼킨스(Perkins, 1981)는 과정 추적법이라는 독특한 실험을 통해 실제 영감의 순간이 존재하는지 그리고 존재한다면 그 순간에 어떤 일이 일어나고 있는 것인지 밝히려고 하였다. 그는 실험 참가자들에게 시를 짓거나 그림을 그리도록 하고 매 5초마다 자신의 생각을 진술하게 하였다. 이를 통해 그는 영감이라고 불리는 갑작스러운 조명의 순간에 어떤 일이 일어나고 있는지 자료를 수집할 수 있었다. 그 결과

그가 내린 결론은 영감이란 일련의 논리적 사고 단계라는 것이었다. 이 실험 결과에 따르면 통찰의 순간은 신비의 순간이 아니라 다만 매우 신속한 추론의 연속에 불과하였다.

이런 여러 실험 결과들은 창의성이 갑작스럽게 발현되는 것이 아니라 꾸준한 논리적 작업의 누적된 바탕 위에 발현되는 것임을 거푸 증명하고 있다. 창의적인 사람이 논리와 상식을 뛰어넘는 괴짜가 아니라 오히려 합리적이고 꾸준한 사람들 중에 발견될 가능성이 더 큰 것이다.

그럼에도 불구하고 부정하기 어려운 사실은 창의적인 사람은 다른 사람보다 더 많은 아이디어를 가지고 있다는 것이다. 그리고 그것이 신비로운 천재성에 의해 샘처럼 솟구치는 영감이든 아니면 잘 훈련되어 효과적이고 신속한 사고의 과정이건 간에 다른 사람에 비해 더 빠른 속도로 아이디어를 떠올린다는 것이다. 따라서 영감설을 부정하든 긍정하든 받아들여야 하는 것은 창의성은 많은 아이디어를 생산하는 능력과 밀접한 관계가 있다는 것이다. 그리고 또 하나 받아들여야 하는 것은 이런 많은 아이디어를 생산하기 위해서는 관용성이 필요하다는 것이다. 특히 불합리, 부조리, 모순에 대한 관용성이 부족하면 창의적인 여러 아이디어들이 발현되기 어렵다.

2) 비전형적 사고

창의성을 신속한 착상, 그리고 다양한 착상과 연결짓는다면 어떤 생각이라도 심지어는 진부한 생각이라도 그저 신속하게 많이 떠올리기만 하면 창의적이라고 부르는 엉뚱한 결과가 나올 수도 있다. 이렇게 되면 창의성은 결국 빠른 기억력과 인출능력으로 환원되는 결과가 된다. 창의성을 이렇게 양으로 환치시키는 것은 상례와도 어긋나는 일이다. 그것을 착상이라고 하던, 아니면 영감이라고 하던 간에 그것만으로는 아이디어의 양만으로는 창의성을 이루는 충분조건이 되지 못한다. 그 착상과 영감이 창의적이라는 말을 들을 수 있으려면 그것은 새로운 것이라야 한다. 즉, 창의성은 보통 사람의 상식을 뛰어넘는 새로움을 창출하는 능력이다. 바로 여기에서 창의성을 이루는 또 다른 요소인 참신성, 즉 비전형적 K고의 아이디어가 도출된다. 비전형적 사고로서 창의성의 개념을 가장 철저하게 추구한 학자는 인지심리학자인 길포드(Guilford, 1976)였다.

길포드(1967)는 우선 인간의 사고를 수렴적 사고(convergent think-ing)와 확산적 사고(divergent thinking)로 나누었다. 그리고 그는 이중 확산적 사고가 창의성과 관련이 깊다고 주장하였다. 물론 길포드가 확산적 사고와 창의성을 동의어로 사용한 것은 아니다. 그는 창의성이 단일한 하나의 기능이라고 생각하지는 않았고 여러 사고 기능의 복합체라고 생각했다. 심지어는 수렴적 사고 역시 창의성이 발현되기 위한 조건의 생성을 위해 중요한 기능을 한다고 하였다. 그럼에도 불구하고 그가 창의성을 근본적으로는 확산적 사고와 깊은 관련이 있다고 생각한 것은 분명해 보인다.

수렴적 사고는 다양함을 통일하여 핵심으로 정리할 수 있는 사고를 의미한다. 수렴적 사고가 작동하면 여러 다양한 아이디어와 심상들은 이들의 공통된 특성들을 중심으로 몇 개의 핵심적 요소들로 정리된다. 따라서 수렴적 사고는 분석능력과 밀접한 관련이 있으며, 칸트의 용어를 빌리자면 지성의 영역이다. 반면 확산적 사고는 이와 반대로 소수의 자극에서 점점 더 다양한 반응을 이끌어 내거나 새로운 표상들을 생성해 낼 수 있는 능력을 의미한다. 역시 칸트의 용어를 빌리자면[4]

---

4) 사실 이는 루소의 용어이며 더 거슬러 올라가면 로크의 용어다.

감성의 영역이다. 수렴적 사고는 무질서 속에서 질서를 찾아내는 능력
이며 확산적 사고는 단순함에서 다양함을 창출하는 능력이라고 할 수
있다. 이 둘은 창의적 과업을 달성함에 모두 중요한 기능을 하지만 적
어도 길포드에게는 확산적 사고가 더 중요했다. 왜냐하면 지성은 개념
적으로 사고하며 개념은 명증하기는 하나 새로운 것을 만들어 내지
못하기 때문이다. 새로운 것을 만들어 내는 것은 직관의 소관이며 이
는 감성의 영역이다(Kant, 1911). 따라서 길포드의 입장에서 창의성이
란 단순함을 다양함으로 바꾸는 능력과 사실상 동의어로 사용되었다.

그는 확산적 사고를 좀 더 정교화하여 독창성, 유창성 그리고 융통성
이라는 세 가지 차원의 능력들의 조합으로 정리하였다. 여기에서 독창
성이란 문자 그대로 얼마나 전형적인 것과 거리가 먼, 새롭고 독특한 발
상을 할 수 있는가 하는 것으로 새로움이라는 중요한 영역을 담당한다.

유창성이란 동일한 자극에 대해 많은 횟수의 반응을 보일 수 있
는가 하는 것이다. 즉, 같은 상황에서 더 많은 단어를 활용해서 많은
표현을 할 수 있다면 이는 유창한 것이다. 이는 앞서 착상의 생성능력
을 강조한 영감이론이 반영된 것이다. 융통성은 많은 횟수의 반응이
서로 달라서 다양함을 의미한다. 즉, 반응이 많을 뿐만 아니라 반응의
종류도 많은 것이다. 따라서 길포드가 생각한 창의성이란 동일한 조건
에서 더 많고 다양한 착상을 할 수 있고, 그 착상이 전형적이지 않고
독특함을 의미한다.

길포드는 실제로 이러한 이론에 근거하여 창의성을 측정하는 척도
를 개발하였다. 지금까지 살펴본 그의 이론적 경향에서 짐작할 수 있
는 일이지만 그의 창의성 검사 도구는 확산적 사고능력을 중심으로
구성되어 있으며, 비전형적 사고를 매우 중요시하고 있다.

이 검사는 똑같은 자극을 동일한 시간에 주었을 때 얼마나 많은 반

응을 보이는가를 측정하여 유창성으로, 그리고 이 반응들의 종류가 얼마나 다양한 유형인지 측정하여 융통성, 그리고 이 반응들 중 전형적인 것을 벗어나는 것이 얼마나 되는지 측정하여 독창성의 점수를 부여한 뒤 이를 합산하도록 구성되어 있다. 이때 주로 자극으로는 여러 개의 질문이 주어진다. 피검사자는 이 질문들에 대해 자유로이 응답하며, 이 응답을 반응으로 수집하여 측정한다.

그러나 확산적 사고를 사실상 창의성과 동등하게 취급한 길포드의 이론과 단지 반응의 양과 종류의 개수를 창의성과 등치한 그의 창의성 척도의 타당도에 대한 반론도 만만치 않다. 그의 이론대로라면 대중 소설 수십 편을 발표한 스티븐 킹이 단 한 편의 소설을 발표한 샐린저보다 유창성과 융통성에서 앞서기 때문에 더 창의적인 미국 소설가라는 결과가 나오며, 단 두 편의 희곡만을 남긴 게오르크 뷔히너는 지극히 비창의적인 작가라는 결과가 나오는데 이는 통념상 선뜻 받아들이기 어려운 결과다.

따라서 창의성을 인간의 특성에 의해 발현되는 것으로 볼 것이 아니라 사회적, 문화적 맥락이 함께 고려되는 복합적 개념으로 보아야 한다는 주장이 설득력 있게 대두되었다. 즉, 발현되는 분야가 어떤 종류인가에 따라 창의적이기 위해 필요한 조건이나 특성도 서로 다르다는 것이다.

실제로 시각예술의 경우를 보면 확산적 사고가 발달한 사람이 창의적이라고 인정받거나 그런 업적을 남긴 경우가 많다(Lowenfeld & Beittel, 1959). 실제로 많은, 위대한 화가들은 사고가 확산적인 정도를 벗어나 거의 광인에 가까운 경우가 흔하게 있다. 그러나 건축가나 작곡가 같은 경우는 확산적 사고력과 창의적 업적과 아무런 상관관계도 발견되지 않았거나 도리어 부정적인 상관관계가 나타났다(MacKinnon,

1961). 자신의 광기를 과장하여 표현하는 것을 즐겼던 바그너의 경우를 제외하면 대부분의 위대한 음악가들은 매우 치밀하고 분석적인 사람들이 많았다.5) 심지어 다양한 생각을 하고 분방한 사람은 예술가가 되기는커녕 남의 예술의 소재나 되기 알맞다는 독설에 가까운 주장도 있다(Dalhaus, 1967). 이는 확산적 사고력이 발달할수록 오히려 예술가로서의 성공 가능성이 낮아진다는 보다 점잖은 표현에 의해서도 경험적으로 충분히 지지된다(Getzels & Csikszentmihalyi, 1976).

하지만 이와 같은 결과들이 길포드의 이론을 완전히 뒤집었다고 보기는 어렵다. 길포드에 대한 반론들은 창의성과 창의적이라고 평가받는 업적을 구별하지 않았기 때문이다. 길포드는 분명히 창의성 일반에 대해 연구한 것이지 창의적인 영역에서 성공한 사람들 혹은 창의적인 업적에 대해 연구한 것이 아니었다.

사실 어떤 사람의 성과가 창의적인 것으로 평가받는 것과 실제 그 사람이 창의적인 것 사이에는 반드시 정적인 상관관계가 성립된다고 확신하기는 어렵다. 창의적인 사람이 창의적 분야에서 꼭 성공하는 것은 아니기 때문이다. 더군다나 예술가로서의 성공과 창의성의 상관관계는 더욱 모호하고 확신할 수 없는 일이 될 것이다. 실제로 많은 예술가들은 성공을 위해 필요한 것은 창의성이 아니라 작가의 정치적 능력이라고 생각하고 있다. 사실 오늘날 대단히 창의적이라고 평가받고 있는 많은 예술가들도 사실은 살아생전에는 실패한 예술가였다.

따라서 높이 평가받고 있는 작품 혹은 사회적으로 성공한 예술가를 일단 창의성이 높다고 미리 전제한 뒤, 그 작가나 예술가의 특성을 조사해서 이를 창의성과 연결시키는 것은 매우 부당한 추론이다. 사실상 이는 선후관계가 완전히 뒤바뀐 것이다. 길포드가 말한 유창함, 비전

---

5) 바그너도 실제 행적을 보면 매우 냉정하고 계산이 빠른 사람이었다.

형성, 유연함을 창의성을 이루는 요인으로 간주하여 실제 이를 측정하는 것과 어떻게 이런 특성을 가진 사람이 창의적인 영역에서 성공할 수 있는가 하는 것은 전혀 별개의 주제로 이는 인지심리학의 주제가 아니라 예술사회학의 주제가 되어야 할 것이다.

정작 길포드가 비판받아야 할 점은 다른 데 있다. 그것은 유창함, 비전형성, 융통성에서 높은 점수를 받은 사람을 창의성이 높다고 판정하기에는 구성 타당도가 모자란다는 것이다. 문자 그대로 이 측정은 유창함, 비전형성, 유연함을 측정한 것일 뿐 창의성을 측정한 것은 아닐 수도 있다. 그렇다면 이 세 가지를 창의성의 구성요소로, 즉 왜 이 세 가지의 합이 창의성이라고 정의 내릴 수 있도록 하는 근거가 필요한데, 이렇게 되면 다시 창의적이라고 인정받는 사람들의 속성이 이 세 가지이기 때문이라는 원점으로 되돌아가기 십상이다.

하지만 이 책에서 일단 관심을 가지고 있는 것은 잠재적인 능력으로서 창의성 일반이며, 예술가로서 성공한 사람이 가진 특성으로서의 창의성이 아니다. 이 책에서 개발하려는 수업 모형은 보편적인 시민성의 함양이며, 그 시민성에 창의성이 중요하게 대두된 21세기적 맥락을 반영할 뿐이지 결코 성공하는 예술가를 양성하고자 하는 것이 아니다.

따라서 그 창의성이 어떤 분야에서 어떻게 발현되는가 하는 것은 이 책의 관심 범위를 크게 벗어나는 것이다. 다만 잠재적인 능력으로서 창의성을 함양하는 것이 이 책에서 목표로 삼는 것이다. 따라서 이 연구에서는 비전형성, 유창성, 다양성, 즉 확산적 사고가 비록 타당도는 부족하더라도 그 자체로도 의미 있다고 간주한다. 왜냐하면 뒤에서 살펴보겠지만 이런 다양하고 유연한 사고는 복잡한 현대 민주주의 사회를 살아감에 있어, 또 지식·정보 사회를 살아감에 있어 대단히 중요한 자질이기 때문이다.

3) 새로운 조합과 응용으로서 창의성

영감으로서의 창의성이나 비전형성(확산적 사고력)으로서의 창의성은 모두 새롭다는 것을 강조하고 있다. 다만 새롭다는 것의 의미에서는 차이를 보인다. 영감으로서의 창의성은 기존의 것에 대한 관심이 전혀 없으며, 비전형성으로서의 창의성은 기존의 것과 오직 대립물로서만 관계를 가진다.

그러나 "하늘 아래 새로운 것은 하나도 없다."라는 오래된 격언이 있다. 혹은 유명한 학자들이 특히 창의적인 업적을 남길수록 더욱 겸손을 드러내기 위한 수단으로 잘 사용하는 '거인의 어깨'라는 은유도 있다. 이 격언과 은유가 드러내는 것은 어떤 창의적인 업적도 기존의 것과 무관하거나 혹은 기존의 것을 단지 다름을 보이기 위한 배경으로만 사용해서는 나올 수 없음을 강조하고 있는 것이다. 이 격언들이 내포하고 있는 지혜를 따라간다면 창의성은 새로운 것, 비전형적인 것을 만들어 내는 능력이라기보다는 기존에 존재하는 것을 새롭게 사용하거나 혹은 이를 새로운 방식으로 조합하는 능력이 된다. 즉, 창의적인 인간은 '거인의 어깨에 잘 올라타고', '거인의 어깨에서 다른 방향을 바라볼 줄 아는' 사람이다.

가드너(Gardener, 1996)는 '거인의 어깨에 잘 올라타는' 사람들도 창의적이라는 것을 강조했다. 그는 창의적인 업적을 남긴 인간들을 분석하고 그들을 master와 maker라는 두 유형으로 분류하였다. 마스터는 자신이 몸담고 있는 영역의 기존의 유산들을 통달하고 이것을 자신의 목적에 맞게 자유자재로 활용할 수 있는 사람을 의미한다. 메이커는 자신이 몸담고 있는 전통적인 영역을 벗어나 완전히 새로운 영역을 만들어 내거나 전통적인 영역을 전도시키는 사람을 의미한다. 은유를 계속 사용하자면 마스터는 거인을 잘 다루고 조종할 줄 아는 사람이며 메이커는 거인을 쓰러뜨리거나 새로운 거인을 육성하는 사람이다.

가드너에 따르면 가장 대표적인 마스터는 모차르트이고, 가장 대표적인 메이커는 프로이트라고 한다. 모차르트는 독일의 심각한 음악, 이탈리아의 선율적인 음악, 프랑스의 우아한 음악, 영국의 장중한 음악을 모두 섭렵했으며 이 다양한 음악 양식들을 새롭게 융합하여 자신만의 독특한 양식으로 확립했다. 즉, 모차르트는 기존의 것에서 출발하였고 기존의 것들을 잘 조합하고 개량하였지 완전히 새로운 것을 내놓거나 개척하지는 않았다. 하지만 이런 이유로 모차르트를 악극이라고 불리는 새로운 장르를 개척한 바그너보다 혹은 새로운 음계를 창안한 쇤베르크보다 창의적이지 않다고 말하는 사람은 없다. 따라서 완전히 새로운 것을 만드는 것뿐만 아니라 기존의 것들을 새롭게 사용하고 조합하는 능력 역시 대단히 창의적인 것으로 평가받아야 한다. 창의성은 친근한 것 속에서 새로운 것을 발견하는 것이며, 익숙한 것들을 새로이 적용하거나 조합할 수 있는 능력인 것이다(Csikszentmihalyi, 1997).

91명의 창의적인 인물들을 상세하게 조사한 칙센트미하이(1997)는 창의적 인간의 특징을 다음과 같이 정리하였다. 창의적인 사람은 1) 대단한 활력을 가지고 있으면서도 조용히 휴식을 취한다. 2) 명석하지만 천진난만한 구석이 있다. 3) 장난기와 극기, 책임감과 무책임이 혼재된 모순된 모습을 하고 있다. 4) 상상과 공상을 좋아하지만 이를 구현하는 지극히 현실적인 수단도 알고 있다. 5) 매우 겸손하면서도 자존심이 강하다. 6) 전형적인 성 역할에서 벗어나 있다. 7) 반항적이고 개혁적이면서 동시에 보수적이면서 전통적인 성향을 가지고 있다. 8) 자신의 일에 열정적이면서도 객관적이 될 수 있다. 9) 외향성과 내향성의 상반된 성격을 동시에 가지고 있다. 10) 개방적이고 감성적인 성향으로 인해 종종 어려움을 겪는다. 여기에서 시종일관 확인되는 것은 바로 모순이다. 이 모순은 결국 새로운 것과 오래된 것 사이의 모순이다. 창의적인 사람은 결코 끈 떨어진 연처럼 새로움만 찾아 날아가는 것이 아니다. 어떤 면에서 창의적인 사람은 보통 사람들보다 전통적인 것에 더 능하며 더 강한 애착을 가지고 있다. 다만 그는 그것을 어떻게 사용하는가에서 남다른 것이다.

물론 가드너나 칙센트미하이가 주장하는 바가 새로운 것을 창출하는 능력인 비전형적 사고로서 창의성을 부정하는 것이 아니다. 어떤 마스터라 할지라도 궁극적으로는 새로운 것을 만들어야 하기 때문이며, 아무리 기존의 것을 조합했다 하더라도 그 조합 자체가 비전형적이고 새로운 방식일 것이기 때문에 어떤 경우든 기존의 것과 충돌은 불가피하기 때문이다. 예컨대 마르크스의 사상이 독일 관념론과 영국 자유주의 경제학의 새로운 조합이라고 해서 헤겔을 전공한 보수적인 철학교수나 아담 스미스를 신봉하는 기업가의 용서를 받는 것은 아니다. 마르크스의 핵심은 새로운 사상이 아니라 기존의 사상들을 새롭게 조합한 데 있기 때문이다.

이를 입증하는 흥미로운 실험 결과들이 있다. 메드닉(Mednick, 1970)은 창의적이라고 인정받은 사람과 그렇지 않은 사람들 간의 차이를 연구했는데, 창의적인 사람은 무엇보다도 서로 무관한 것들 사이에서 관련을 만들어 내는 능력에서 뛰어났다. 그는 원거리 연관법(remote associate test)이라는 독특한 실험을 실시했다. 이는 전혀 관련이 없거나 관계가 먼 단어들을 이용하여 다양한 연합을 만들어 내는 실험이다.

그 결과 창의성이 뛰어난 사람은 보통 사람들이 전혀 무관하다고 생각했던 것들끼리도 교묘하게 다양한 연합을 만들어 내었다. 또 평범한 사람들이 차이점만을 발견한 관계에서 오히려 유사성을 발견하였고,

또 반대로 유사함을 발견한 속에서 차이점을 발견하였다. 이는 길포드의 이론과 대척되는 것이 아니라 오히려 창의적으로 결합할 수 있다. 즉, 이 둘을 조합해 볼 때 창의성이란 완전히 새로운 것은 아니지만 기존의 것들을 비전형적으로 조합하는 능력이라고 말할 수 있는 것이다.

로텐버그(Rothenberg, 1971)는 이런 능력을 '야누스적인 사고(Janusian thinking)'라고 불렀다. 이를 우리말로 적절하게 옮기기는 매우 어렵다. 굳이 옮긴다면 '청개구리 사고'라고 거칠게 표현할 수 있다. 로텐버그는 반대말 채워 넣기 실험을 통해 창의적인 사람은 보통 사람에 비해 완전히 동떨어졌다고 생각되는 단어들 사이에서도 반대나 유사성을 찾아내는 경향이 있음을 밝혀내었는데, 이는 대체로 메드닉이 했던 것과 비슷한 실험 결과다.

이러한 결과들은 한결같이 창의성이란 완전히 새로운 것뿐만 아니라 기존의 것들을 독특하게 활용하는 능력과도 밀접하게 연관되어 있음을 보여주고 있다. 즉, 창의성이란 아주 유별나고 전혀 새로운 것을 만들어 내는 능력이라기보다는[6] 기존의 것을 일단 충분히 숙달한 바탕 위에 나타날 수 있는 새롭고 비전형적으로 조합의 능력, 즉 일종의 응용력인 것이다.

이를 지지하는 증거로 창의성과 지능의 관계에 대한 바론(Barron, 1963)의 하한선 법칙이라는 것이 있다. 이 법칙은 "창의성이 반드시 아주 높은 지능을 요구하지는 않지만 최소한 요구되는 지능의 하한선은 있다."라는 것이다. 이 하한선은 검사 종류에 따라 달라지겠지만 가장 일반화된 스탠포드-비네 방식의 지능검사를 기준으로 한다면 IQ 120 정도라고 한다. 즉, 일단 IQ가 120이 넘는 사람들끼리는 지능

---

6) 물론 전혀 아닌 것은 아니다. 하지만 완전히 새로운 것을 창안하는 일이 그리 흔하겠는가? 더군다나 이 빽빽한 현대사회에서?

과 창의성이 의미 있는 상관관계를 보이지 않지만, IQ 120 이하와 이
상인 사람의 창의성은 현격한 차이가 난다는 것이다. 비유하자면 IQ
130인 사람이 IQ 160인 사람보다 창의성이 높을 수는 있지만 IQ 100
인 사람이 IQ 130인 사람보다 창의적이기는 대단히 어렵다는 것이
다.7) 이는 창의적이기 위해 아주 높은 지능을 필요로 하지는 않지만
어느 정도의 지능은 필요하다는 의미다. 이 어느 정도의 지능은 바로
새로운 조합이 가능한 수준까지 기존의 것들을 숙달하는 데 필요한
지능이라고 보아야 할 것이다.

그런데 창의성이 발휘되기 위해 필요한 조건에 어느 정도 수준의
지능만 있는 것이 아니다. 기존의 것들에 대한 비전형적인 조합이라는
것은 이미 기존의 방식을 전제하고 있고, 이는 여러 사람들에게 보편
화되었음을 의미하며, 즉 개인적인 차원이 아니라 사회적 차원임을 의
미한다. 즉, 창의성은 개인적 개념이 아니라 사회적 개념인 것이다.

이런 견지에서 칙센트미하이(1996)는 창의성이 발현되기 위해서는
재능(gift), 영역(domain), 분야(field)의 세 조건이 충족되어야 한다고
하였다. 재능은 당연히 창의성을 발현할 수 있는 선천적·후천적 능력
이다. 이 능력이 영감이 되었든, 빠른 인지과정이 되었든, 비전형적인
사고 혹은 조합능력이 되었든 간에 창의성이 어떤 두드러지는 능력을
요구한다는 것은 분명하다.

영역은 창의성을 발현할 대상이 명백히 하나의 활동 영역으로 존재
해야 한다는 의미다. 즉, 음악, 미술과 같이 사회적으로 보편화된 어떤
활동 양식이 존재해야 한다. 아무리 창의적인 재능을 가지고 있더라도

---

7) 이 IQ 수치에 지나치게 민감할 필요는 없다. 스탠포드-비네 방식의 지능
검사는 웩슬러 방식이나 더스톤 방식에 비해 명백히 지능지수가 과대 추
정되는 경향이 있기 때문에 여기에서 120이 특별히 높은 수치는 아니다.

그 재능이 현재 존재하거나 가치 있게 여겨지지 않는 영역의 재능이라면 창의성은 소멸된다. 물론 가드너가 말한 메이커의 경우는 오히려 새로운 영역을 만들어 내기도 하지만 그 경우에도 메이커는 어떤 영역에서 상당한 내공을 쌓은 다음에 새 영역을 만든다.

분야는 사회적인 의미로서 어떤 영역의 행위들이 사회적으로 관행화되어 있고 사회적으로 공인된 공간을 점하고 있으며 여기에 동조하는 일련의 사람들이 존재해야 함을 의미한다. 즉, 음악계, 미술계 등의 구체적인 사회적 공간이 존재해야 한다는 뜻한다. 이는 창의성이라고 하는 것이 무작정 새롭고 비전형적이기만 해서 될 일은 아님을 의미한다. 창의적 작업은 단지 새로운 것이 아니라 어디까지나 사회적 맥락 내에서 새로워야 한다. 만약 사회적 맥락을 완전히 벗어난다면 아무리 새롭고 비전형적이라 하더라도 그 새로움이 수용되고 이해되고 발현될 공간을 찾을 수 없기 때문에 아무런 의미가 없게 되거나 아니면 광기로 치부될 것이다.

이상의 논의들을 정리하면 창의성은 기본적인 능력과 그것이 발휘될 사회적 영역과 공간을 필요로 한다. 따라서 창의성을 발휘하기 위해서는 새로움을 혹은 비전형성을 추구하기에 앞서 먼저 사회적 맥락에 들어서야 하며 창의성을 발휘하고자 하는 분야의 관례와 사회관계를 익혀야 하며, 그 영역의 기본 기술에 숙달되어야 한다.

제 아무리 메이커라 하더라도 이런 바탕이 없으면 결코 창의적인 작업을 해내지 못할 것이다. 프로이트 역시 기존의 정신의학을 충분히 숙달한 바탕에서 자신의 이론을 전개하였고, 바그너 역시 고전음악의 기본 기능을 가혹한 훈련을 통해 익혀야 했다. 이런 의미에서 가드너(1996)는 창조적 인간은 먼저 10여 년의 전문성(expertise)의 시기를 거쳐야 비로소 새로운 것을 제기한다고 하였다.[8]

4) 의식적인 문제해결과정으로서 창의성

지금까지 창의성을 새로움의 측면에서 바라보는 관점과 조합과 응용에서 바라보는 관점에 대해 살펴보았다. 그런데 이 두 관점은 결국은 모두 새로움이라는 공통점을 가지고 있으며 근본적으로 큰 차이가 없다고 볼 수 있다. 완전히 새로운 것을 창의성으로 정의하나 조합·응용론에서 주장하고 있는 것처럼 상대적으로 기존의 것에 대한 꾸준한 숙달의 중요성을 강조하기는 하나 비전형적인 조합과 사용법을 창의성으로 정의하나 근본적인 차이는 없는 것이다. 어쨌든 이 둘은 모두 길포드가 강조한 비전형적 사고로 포괄될 수 있다. 어쨌든 핵심은 그것이 새롭다는 데 있기 때문이다. 창의성은 그것이 완전한 새로움이든 응용이든 간에 어쨌든 기존의 것과 다른 것을 내어 놓는 것이다.

그러나 이렇게 새로움을 강조하는 창의성의 개념은 몇 가지 난점에 부딪힐 수 있다. 제일 먼저 부딪히게 되는 문제는 새로움이라고 하는 것이 의미하는 바가 대단히 모호하다는 것이다. 애초에 새롭다는 개념 자체가 상대적인 개념이다. 길포드가 비전형성이라고 이를 정의했지만 비전형성 역시 전형성을 먼저 정의한 뒤에 나오게 되는 상대적인 개념이라는 점에서 사정이 달라지지 않는다. 결국 이 새로움이라는 용어는 사회적인 개념으로 환원되거나 종족주의적 개념으로 환원된다. 즉, 해당 사회 구성원의 대부분이 생각하고 행하는 바와 방식에서 벗어나는 것 혹은 인류라는 종족의 전형적이고 특징적인 방식에서 벗어나는 것이 새로움, 비전형성인 것이다. 하지만 이런 식의 비전형성이라면

---

8) 이는 위대한 사상가들이 그의 첫 번째 대작을 세상에 내놓기 위해 공부해야 했던 시간과 얼추 비슷하다. 루소가 인간불평등기원을 쓰기 위해, 칸트가 순수이성 비판을 쓰기 위해, 마르크스가 자본론을 쓰기 위해 십여 년의 시간을 그 기초가 되는 이론을 익히고 고민하는 데 사용해야 했다.

광인 역시 충분히 비전형적으로 생각하고 행동한다. 아무리 천재를 광인과 비교하는 유비가 전통적으로 성행했다지만 그렇다고 정말 광인을 창의적인 존재로 인정할 수 있겠는가?

창의성을 새롭고 비전형적인 것으로서 정의할 때 부딪히게 되는 두 번째 문제는 단지 새롭다는 것만으로 그것을 창의적이라고 할 수 있는가 하는 것이다. 물론 새로운 것, 비전형적인 것은 경직된 사고와 관행에 대해 신선하고 긍정적인 자극을 주는 기능을 한다. 하지만 모든 새로운 것 혹은 모든 새로운 조합들을 창의적인 것으로 인정한다면 실제로 이 세상은 지나치게 많은 창의성의 홍수에 빠져들게 될 것이다. 게다가 일상생활 속에서 다양한 창의적인 지혜가 발휘될 가능성을 배제할 수는 없다. 또 창의성이 특별하고 거창한 곳에서만 발휘되는 것은 아니며 오히려 세세하고 소소한 곳에서 발휘될 가능성이 더 크다. 하지만 비전형적인 젓가락 사용법, 특이한 신발 끈 매는 법, 남들과 다른 샤워 방법 등 생활 속에서 발견할 수 있는 수많은 새로운 것들을 모두 창의적이라고 부를 수 있는가? 이들이 단지 새롭고 비전형적이라는 이유만으로 모두 창의성이라는 말로 포괄한다면 정작 우리가 21세기의 성장 동력으로 삼으려는 의미 있는 창의성은 도대체 무엇을 말하는 것인가?

즉, 어떤 새로운 산출이 창의적이라는 접두 수식어를 받기 위해서는 새롭다는 속성만으로는 부족한 것이다. 중요한 것은 어떤 새로움인가 하는 것이며 어떤 비전형성인가 하는 것이다. 한마디로 그 새로움은 의미 있는 변화와 새로움이라야 한다. 하지만 여기에 '의미 있는'이란 수식어를 붙인다 하더라도 상황이 크게 호전되는 것은 아니다. 의미라는 말 역시 새로움이라는 말만큼이나 폭이 넓기 때문이다. 더군다나 의미는 다분히 주관성을 내포하고 있는 말이기도 하다. 따라서 여기에서 도대체 어느 정도 범위의 변화를 야기해야 그것은 의미 있는 새로움이며 따라서 창의적이라고 불릴 수 있는가 하는 문제가 새로 야기되어 버린다.

바로 이 지점에서 창의성을 새로움이라는 측면에서만 파악할 때 야기되는 세 번째 문제가 등장한다. 이는 창의성 자체와 그것이 발현되어 만들어진 창의적 산물의 전후가 도치될 가능성이 있다는 것이다. 아무 새로움이나 다 창의적이라고 부를 수 없다면 의미 있는 새로움만이 창의성이 발현된 것으로 인정해야 할 것이다. 그런데 이 의미라고 하는 것은 사물에 내재된 본질이 아니라 사회적으로 형성되고 부여되는 것이다. 이렇게 원인과 결과가 도치된다면 순환논리에 빠지게 될 위험이 높아지게 된다. 새롭다고 하는 것은 어떤 형태든 산출이 나와야 확인할 수 있는 것이다. 따라서 새로움으로 창의성을 바라본다면 이는 일단 산출이 나온 다음 그 산출이 기존의 것에 비해 얼마나 새로운가를 따져서 결정하는 일이 되어 버리고 말 것이다. 이렇게 되면 창의성은 인간의 인지나 정서상의 어떤 특성에 의해 정의되는 것이 아니라 만들어진 산출의 특성에 의해 정의되게 된다. 창의적인 산출을 가능하게 하는 능력이 창의성이 아니라, 일단 사회적으로 혹은 통상적으로 창의적이라고 판단되는 산출을 생산하게 되면 그제야 그 사람이 가지고 있는 능력이 창의성이 된다. 그렇다면 다시 출발점으로 돌아가 창의적인 산출이란 무엇인가? 그것은 창의성이 발현되어 생산된 산출이다. 그렇다면 무엇이 창의성인가? 바로 이 지점에서 기나긴 순환논리의 고리가 나타난다.

이렇게 창의성을 새로운 것에 결부시키기 때문에 야기되는 난제들은 간단하게 해결될 성질의 것이 아니다. 새롭다고 하는 것은 종종 기괴함과 연결되고, 그 결과 이런 식으로 창의성을 받아들이게 되면 아무리 벗어나려 해도 일종의 신비화의 덫에 빠지지 않을 수 없게 된다. 물론 창조의 과정은 종종 신비의 과정이며 인간의 이성이 작동하지 않는 초자연적인 상태와 연결되는 것처럼 여겨지기도 한다. 하지만 이 렇게 되어서는 창의성을 파악할 수도 없고, 창의성을 함양하고자 하는 의식적인 노력인 교육을 실시할 수도 없다. 또한 우리가 21세기에서 희망하는 민주시민의 자질에 창의성을 집어넣은 것은 괴기스러운 행동과 생각을 하는 그런 시민을 원해서가 아니다.

따라서 창의성을 새롭고 특이한 산출에 결부시킬 것이 아니라 현실적인 문제의 해결과정에서 도움이 되는 쪽으로 바라보아야 할 필요성이 생긴다. 즉, 창의성을 인지과정이나 문제해결력의 측면에서 바라보려는 관점이 필요한 것이다.

창의성에 대해 직접적으로 언급하지는 않았지만 블룸(Bloom, 1956)은 여기에 보탬이 되는 이론적 바탕을 제공하였다. 블룸은 인간의 사고를 지식, 이해, 적용, 분석, 종합, 평가의 6가지 사고 수준으로 나누었다. 이 6가지 사고 수준은 가장 단순한 것에서부터 가장 복잡한 것에 이르기까지 위계를 이루고 있다. 각 단계 사고의 특징을 정리하면 〈표 1〉과 같다.

〈표 1〉 블룸이 정의한 각 인지 수준의 특징

인지 영역	인지 영역의 특징
지식	정보를 암기하고 이를 파지할 수 있다.
이해	암기하고 파지한 지식을 설명할 수 있다.
적용	설명할 수 있는 지식을 이와 유사한 상황에서 사용할 수 있다.
분석	지식을 전체와의 관계를 확인하고 분류·기술할 수 있다.
종합	분리된 부분들을 새로운 방식으로 조합할 수 있다.
평가	학습한 지식과 정보를 바탕으로 주어진 상황에서 판단을 내릴 수 있다.

지식은 단순히 암기와 인출 파지라는 인지 능력만 작용하는 수준이다. 지식수준에서 정보는 저장되며 필요할 때 인출된다. 지식수준에서 우수하다고 하는 것은 결국 정보를 오래 기억하고 또 빨리 인출할 수 있음을 의미한다. 그 의미를 알고 있는가 하는 것은 중요하지 않다. 그것은 이해의 영역이다. 이해는 여기에서 한 단계 더 나아가 단지 정보를 저장, 인출만 하는 것이 아니라 이를 인과적으로 설명할 수 있는 정도로 알고 있는 수준을 의미한다. 대부분의 학과 공부는 이 수준에서 그친다. 심지어 대학입학 수학능력 평가도 결과적으로 이 수준에서 그치고 만다. 적용은 기억할 수 있고 설명할 수 있는 수준을 넘어선다. 적용 수준에서는 지식을 학습했던 당시와 동일한 상황에서뿐만 아니라 이와 유사한 다른 상황에서도 지식을 사용하고 응용할 수 있게 된다. 동일한 개념을 가지고 시험문제를 출제해도 교과서 밖에서 보기를 가지고 오면 아우성을 치는 한국의 학생들과 학부모들은 적용 수준에 전혀 이르지 못했다고 보아야 한다. 하지만 이 단계까지도 지식은 구체적인 수준에서 벗어나지 않는다. 따라서 블룸은 여기까지를 구체적인 사물, 대상을 전제하는 수준으로 보아 저차 사고력이라고 부른다.

그러나 분석 수준에 이르면 추상적인 수준으로 가게 된다. 따라서 분석 이후를 고차 사고력이라고 부른다. 분석은 지식을 구성요소별로 분해할 수 있는 능력이다. 또한 이를 그 지식이 포함되어 있는 전체와의 관계 속에서 바라볼 수 있는 능력이다. 따라서 분석 단계에 이르면 학습자는 자신이 획득한 지식들의 어떤 공통의 특성을 근거로 추상적인 전체 집합들을 설정한다. 이런 식으로 전체 집합들을 설정한 뒤 구체적인 정보들을 그것들의 특성들을 바탕으로 해당되는 추상적인 전체 집합들로 분류한다. 따라서 분석할 수 있다는 것은 가장 특징적인 속성들을 추상할 수 있다는 의미이며, 어떤 사물이나 지식을 여러 속성들로 분해할 수 있다는 의미이며, 인식론 용어를 빌린다면 연역할 수 있다는 의미이다.

종합은 분석에서 한 걸음 더 나아간다. 분석을 하기 위해서는 전체와의 관계를 파악하기 위해 지식이나 정보를 여러 구성요소들로 분해하게 되는데, 종합은 이 분해된 구성요소들을 다시 전체로 만드는 것이다. 그런데 이 전체로 만드는 조합이 원래대로가 아니라 서로 다른 요소들을 새롭게 조합하는 것이다. 즉, 분석을 통해 분해한 요소들을 새로이 조합하여 지식을 생성할 수 있는 능력이 바로 종합이다. 이렇게 지식을 생성할 수 있는 수준에까지 이르게 되면 구체적인 현상에 대한 평가도 가능해진다. 평가는 최종적으로 이런 능력들을 활용하여 어떤 종합적인 상황 속에서 최종적인 판단과 평가를 내릴 수 있는 능력을 의미한다. 창의성은 이 중 고차 사고 수준인 분석, 종합, 평가, 특히 종합과 밀접한 관련을 가진다고 볼 수 있다.

블룸이 오해받는 많은 경우가 바로 이 저차 수준의 인지와 고차 수준의 인지를 상호 독립적인 것으로 간주함으로써 야기되는 것이다. 심한 경우는 저차 수준의 인지를 고차 수준의 인지가 포괄하는 것으로 착각하거나 저차 수준의 인지가 고차 수준의 인지로 진화하는 것으로 착각하여 교육의 목표를 저차 사고력에서 고차 사고력으로 학생들을 진보(?)시키는 것으로 삼자는 엉뚱한 주장이 나오기도 한다(차경수, 1997). 고급 사고력 함양이니 고등 정신 기능 함양이니 하는 의미를 알 수 없는 괴이한 신조어가 여기에 해당된다.

그러나 고차 사고력에 해당되는 분석, 종합, 평가는 저차 사고력에 해당되는 지식, 이해, 적용의 누적 없이는 불가능하며 절대적으로 의존하고 있다. 또 고차 사고력을 활용할 수 있게 되었다고 해서 저차 사고력을 사용하지 않게 되는 것도 아니다. 고차 사고력은 처리과정이며 저차 사고력은 원료수집과정이다. 칸트의 용어를 빌리자면 저차 사고력은 감성과 직관이며 고차 사고력은 지성과 이성이다. 따라서 창의성 역시 정보를 수집하고 저장하는 지식, 이해 기능이 충분히 발휘된 바탕 위에서 발휘 가능하다. 창의성은 저차 사고력에 의해 수집된 지식과 정보를 혹은 분석에 의해 새로 추출해 낸 지식의 요소들을 새로운 방식으로 종합하고 새롭게 적용하는 기능이라고 볼 수 있다. 이는 창의성이라고 하는 것이 독립적으로 존재하는 단일한 정신 기능이 아니라 인간의 여러 인지능력들 간의 상호 조합방식에 해당됨을 시사한다.

일단 이렇게 고차 사고력과 확산적 사고와 평가적 사고를 창의성의 중요한 구성요소로 받아들이게 된다면, 여기에서부터 창의성을 함양하기 위한 교육에 대한 중요한 시사점을 어렵지 않게 끌어낼 수 있다. 이는 바로 경험과 훈련의 중요성이다.

여기서 자연스럽게 추론되는 결과는 창의성을 함양하기 위해 확산적 사고와 고차적 사고를 실제로 수행할 수 있는 경험, 그리고 이를 표현할 수 있는 경험이 제공되어야 한다는 것이다. 가장 이상적인 것은 사회의 다양한 분야에서 다양한 방식의 사고와 작업들을 경험하는 것이다. 그러나 미성년자인 청소년들의 경우는 실제 사회에 직접 참여할 기회가 많지 않기 때문에 예술 활동을 통한 간접적인 체험과 다양한 자기표현 기회가 이러한 경험을 가능하게 하는 가장 현실적인 기회가 된다(김미윤, 2001).

5) 여러 이론의 종합

지금까지 창의성과 관련한 여러 이론들을 두루 고찰해 보았지만, 결론으로 여전히 창의성에 대한 명확한 정의는 어렵다는 것 이상 내릴 수 없는 입장이 되고 말았다. 하지만 이러한 불명확성이 우리가 논의를 시작해야 할 출발점이다.

> *여기가 로두스다. 뛰어라. 여기 장미가 있다. 춤을 추어라.(Hegel)*

그러나 이러한 고찰이 전혀 무의미한 것은 아니다. 창의성이 단순 개념이 아니라 복합개념임을 알게 되었기 때문이다. 여러 이론들을 고찰함으로써 확인할 수 있는 창의성의 요소들은 결국, 새로운 착상, 비전형적 사고, 기존의 것들을 새롭게 조합하거나 응용함, 그리고 고차 사고력을 활용하여 의식적으로 문제를 해결함이다.

이들은 모두 제각각인 것처럼 보이지만 공통점들을 가지고 있다. 이들은 모두 유창하고 유연한 사고와 관련한다. 원칙에 얽매이고 고집스러운 사고방식은 여기에 설 자리가 없다. 또한 이러한 유연한 사고들은 모두 다른 것에 대한, 새로운 것에 대한 관용을 중요시한다. 새로운 것에 대한 호기심, 낯선 것에 대한 배타성의 배제는 창의성과 관련한 이 사고 유형들 모두에게 절대적으로 요구되는 것이며 또 포함되어 있는 것이기도 하다. 따라서 이들을 모두 조합하여 창의성의 정의를 내리는 것을 딱히 창의적이라고 할 수는 없어도 결코 무리한 발상이라고 할 수는 없을 것이다.

> "창의성이란 기존의 지식과 정보를 새롭게 응용하고 조합하여 비전형적인 것을 생산해 내며, 이를 이용하여 기존의 문제를 새롭게 해결하는 의식적인 인간 작용의 능력이다."

2. 민주시민의 자질로서 창의성

창의성이란 무엇인가 하는 문제는 어느 정도 해결되었다. 그렇다면 다음에 제기되는 문제는 사회과에서 창의성에 관심을 가져야 하는 이유는 무엇인가 하는 것이다. 즉, 사회과가 목표로 삼는 민주시민의 자질로서 창의성은 어떤 의미를 가지는가 하는 것이다. 만약 창의성이라는 것이 고귀하고 가치 있는 것이기는 하나 민주시민의 자질과는 별 상관이 없다면, 이는 사회과에서 굳이 힘들여 추구할 목표는 되지 못할 것이며, 밀접한 관계가 있다면 사회과는 창의성을 증진하기 위해 여러 방법을 강구해야 할 것이다.

사실 그동안 민주시민성의 범주에서 창의성은 그리 중요하게 다루어지지 않았다. 공동체주의자들에게는 창의성보다는 이타성과 공공의식이 훨씬 더 중요한 자질이었으며, 자유주의자들에게는 관용과 합리성이 가장 중요한 자질이었다.9) 불행히도 이러한 시민성은 오늘날 구현되기 어렵다. 공동체주의자들이 주장하고 있는 철저하게 이타적이고 공공성으로 무장된 그런 시민은 혹은 차이를 인정하고 공존의 슬기를 보여줄 수 있는 그런 시민은 노예노동에 기생하며 생업의 부담이 없는 팔자 좋은 고대 그리스에서나 육성 가능하며 근대 사회에서 육성되고 살아갈 수 있는 그런 종류의 인간이 아니다.

이런 의미에서 루소는 『에밀』 서론에서 시민교육과 인간교육은 절대 양립할 수 없으며, 자신은 차라리 시민교육을 포기하겠다고 말한 것이다. 그렇다면 개인주의에서 출발하여 합리적 선택으로 인해 결과적으로 공공의 이익을 추구하게 되는 그런 자유주의적 시민, 즉 합리

---

9) 민주시민성에 대한 보다 상세한 논의는 3부에서 하기로 하자.

적 이기주의에 기반을 둔 그런 시민은 성립 가능할까? 안타깝게도 이 역시 성립되지 않는다. 합리적인 선택이 반드시 올바른 실천을 이끌어 내지는 않기 때문이다.

아는 것과 행하는 것은 다른 일이다. 대단히 합리적인 사람도 결국 은 전혀 합리적이지 않은 행위를 하는 경우를 우리는 많이 보아서 알 고 있다. 따라서 합리적인 선택을 할 수 있는 사람이 결국 민주시민으 로 행동할 것이라는 보장은 누구도 할 수 없다. 그런 도구적 합리성의 맹신이 오늘날 수많은 소외와 억압의 그리고 마침내 근대성의 우울한 쇠창살의 원인이 되었음은 주지의 사실이 아닌가?(Horkheimer, 1946)

따라서 시민성을 정의 내리고 아는 것과 시민성 교육은 별개의 문 제를 가지고 있다. 시민성의 내용을 아는 것과 실제 그것을 내면화하 고 실천에 이르게 하는 것은 별개의 일이기 때문에 경우에 따라서 논 란의 여지는 많겠지만 시민성 교육은 경우에 따라 시민성의 내용은 전혀 다루지 않는 것이 더 타당할 수도 있다. 단지 올바른 시민성을 찾아낼 수 있는 내면의 능력을 길러 주는 것이 시민성 교육일 수도 있는 것이다. 이 능력을 반성적 사고력이라고 불러도 좋고, 비판적 사 고력이라고 불러도 좋지만 어쨌든 메타인지적인 사고능력 그 자체가 민주시민성 교육, 즉 사회과의 목표가 되어야 한다는 주장은 그리 드 물지 않다.(Banks, Barth et al.,)

아렌트(Arendt, 1982, pp.126-128.)는 정치 영역에서 논리적 기능 은 상식·분별력(common sense)의 바탕 위에서 발휘된다고 하였다. 즉, 자연과학과 같이 단지 논리적 이성만으로는 정치적 판단에 이를 수 없다. 그런데 이 상식은 결국 개인의 취향의 문제다. 실제로 정치 문제를 판단함에 있어 순수 논리적, 합리적으로 따져서 선택한다는 것 은 환상적인 생각이다.

하지만 그 바탕이 취향의 문제라면 순전히 주관적인 것이 되어 어떤 토론도 소통도 불가능하지 않은가? 그렇다면 정치는 다시 홉스의 리바이어던을 요구하는가? 민주주의는 환상에 불과한가? 여기에 대한 해답은 바로 상상력이다. 상상력은 비존재를 현존하게 할 수 있는 능력이다. 정치의 영역에서, 공공의 영역에서 각 개인은 자신의 인식 속에 들어 있지 않은 타자의 취향을 마치(as if~)[10] 감각된 대상인 것처럼 변형시킬 수 있다. 또한 상상력을 이용하여 어떤 판단의 대상의 재현과정을 의식 속에서 떠올릴 수 있다. 이 상상력을 이용하여 각 개인은 타자성을 획득하며 타자의 입장에서 생각할 수 있는 공통감각(통각)을 획득하는 것이다. 이런 능력이 없다면 각 개인은 저마다 자기 입장에서 생각하고 자기 입장만 주장할 뿐 어떤 합리적인 토론도 합의도 가능하지 않을 것이다.

바로 이 지점에서 왜 사회과가 창의성을 중요시해야 하는가 하는 문제의 답이 나온다. 창의성은 민주시민성에 대해 대단히 중요한 기능을 하는, 사실상 가장 근본이 되는 그런 능력이 되기 때문이다. 반성적 사고 혹은 비판적 사고는 다양한 가능성에 대한 상상력이 뒷받침되지 않고서는 제대로 행해질 수 없는 것이다. 듀이(Dewey, 1933)가 강조하는 반성적 사고와 아렌트의 상상력은 결국 그 과정을 보면 사실상 동일하다. 반성적 사고라는 것이 결국 기호, 상징, 기타 여러 경험적 소재들을 상상력을 발휘하여 머릿속에서 다양하게 조합하고 응용하는 과정이기 때문이다.

듀이(1937)는 여기에서 더 나아가서 오늘날 여러 가지 정치적, 도덕적 문제는 결국 근대 도덕이 고대의 도덕과 달리 그 미적 성질을 잃어버리고 의무의 요구에 대한 양보가 되었기 때문이라고 주장한다.

---

10) 이 as if~는 이후 매우 중요하게 사용될 것이다.

그런데 아무리 의무에 굴복하여 그 일을 꾸역꾸역 하더라도 거기에서 미적 가치를 느끼지 못하면 인간은 결코 그 일을 완전성에 이루도록 해내지 않는다. 다만 외부 압력에 굴복하고 회피하고 타협할 뿐이다. 즉, 미적 가치가 아니라 논리적으로 강압된 일은 결코 실천에 이르지 못한다는 것이다.[11]

여기에서 듀이가 공격하고 있는 것은 명백히 칸트 윤리학으로 보인다. 그러나 듀이는 칸트를 오해했다. 칸트 역시 윤리의 영역을 개인의 실천으로 한정지었을 뿐이다. 그는 결코 도덕을 담당하는 실천이성에게 정치적 기능을 부여하지 않았다. 실천이성은, 즉 도덕은 개인적 차원의 행동을 결정하는 명령일 뿐이다. 그는 공공영역에서 내려야 할 판단을 담당하는 영역을 일종의 심미적 기능으로 보았다. 심지어 순수이성이나 실천이성처럼 선험적인 것도 아니라 경험과 상호 작용하는 심미적 판단력으로 보았다.(Arendt, 1982)

사실 민주주의를 합리적이고 명석판명한 법칙에 의해 운용하고자 하는 시도는 모두 광포한 테러로 막을 내렸다.[12] 오늘날 민주주의에 대하여 우리의 실천이성이 내리는 유일한 정언명령은 "다양성을 인정하라" 그뿐이다. 민주주의와 전제의 차이는 구성원이 공유하는 공동의 관심사가 다양한가, 아닌가, 그리고 그들이 사회적 관습에 얽매이지 않고 창의성을 발휘할 수 있는가, 아닌가에 있다.

민주주의는 다양성의 터전에서 자란다. 민주주의는 정치제도가 아니라 삶의 방식이며 획일적인 통제에서 자유로운 다양한 생각, 표현, 의

---

11) 민주주의가 아무리 좋은 것이라도 그 좋음이 논리적이고 합리적으로 제시되었더라도 전혀 매력을 주지 못한다면 대중들은 보다 매력적으로 보이는 다른 정체를 선택할 수도 있다. 이는 따분한 바이마르 공화국을 버리고 그럴듯하고 멋있어 보이는 나치를 선택한 1930년대 독일인들이 증명하였다.
12) 칸트 역시 말년에 그 광포한 테러의 공포를 경험한 사람이다.

사소통, 경험의 공유방식이다. 따라서 민주주의는 구성원 모두를 독창성, 자발적 성향과 적응능력을 가지도록 교육해야 한다(Dewey, 1921).

이런 의미에서 본다면 창의성은 민주시민성 그 자체는 아니지만 민주시민성이 발현하기 위한 기반이라고 볼 수 있다. 아무리 민주주의에 대한 신념이 강하고, 인권과 공동체에 대한 올바른 관점을 가지고 있어도 창의성이 부족하다면 주어질 다양한 상황에 대해 사고할 수 없으며 결국 상급자의 지시를 기다리는 갑갑한 존재가 되고 말 것이다.

제2장

창의성 교육과 예술적 경험

　지금까지 창의성의 의미가 무엇인지, 그리고 그것이 민주시민의 자질로서 왜 중요한지 살펴보았다. 그렇다면 자연스럽게 제기될 다음 문제는 어떻게 창의성을 교육할 것인가 하는 것이다.

　사실 창의성은 교육될 수 있는가 하는 질문은 오래전부터 많은 교육학자들과 교육자들을 괴롭혀 온 질문이다. 만약 행동주의자라면 이 질문에 대해 창의적 반응을 유도하는 자극을 계속함으로써 이를 강화할 수 있다고 대답했겠지만, 실제로 창의성을 강화하는 자극의 패키지가 개발되었다는 보고는 일부 영재학원들의 광고문구 외에서는 찾아보기 어렵다.

1. 사고의 훈련: 창의성의 형식도야

창의성을 구성하는 여러 정신 기능들을 살펴보았던 1장의 앞부분을 상세히 읽어 본 독자들이라면 여기에서 해당되는 그 정신 기능들을 훈련시키는 것이 창의성 교육이라는 생각을 쉽게 떠올릴 것이다. 요컨대, 영감, 확산적 사고력, 고차 사고력이 증진되도록 해당 사고 기능을 계속 자극하거나 연습을 시키는 것이 그 방안이 될 것이다. 각 사고 기능에는 거기에 해당되는 적절한 연습 방법을 개발하면 된다. 이렇게 개발된 연습 방법을 체계적으로 적용하면 결국 창의력 전반의 향상이란 결과를 가져올 수 있을 것이다. 그러나 이렇게 사고를 훈련함으로써 창의성이 증진될 것이라는 믿음은 형식도야론에서 가장 잘 범하는 부소능력의 훈련이라는 오류에 빠진 것이다.

형식도야론이란 인간의 신체 능력이 근력, 지구력, 순발력 등 몇몇 세부능력으로 구별될 수 있는 것처럼, 그리고 각각 능력에 해당되는 훈련을 통해 향상시킬 수 있는 것처럼 인간의 지적 능력도 몇몇 사유의 형식으로 분류할 수 있으며 각 사유 형식들마다 적합한 훈련을 통해 함양할 수 있다는 이론이다. 저 유명한 '정신의 체조'라는 비유가 바로 여기에 해당된다.

또 코메니우스에서부터 비롯된 함양한 지적 능력들의 성장과 적용 범위의 확장은 마침내 완전한 앎의 경지에 이르는 것을 가능하게 한다는 뿌리 깊은 믿음도 여기에 해당된다. 아니, 형식도야론의 뿌리는 코메니우스 정도가 아니라 이런저런 교육을 통해 영혼의 능력을 키워 마침내 선의 이데아를 깨닫게 된다는 플라톤에까지 이른다. 형식도야론의 입장에 서게 되면 현재 학교에서 배우는 여러 교과목들의 내용들,

지식들은 별 의미가 없다. 중요한 것은 그것들을 학습하고 연습하다 보면 단련되고 향상되는 특정한 지적인 능력이다. 이렇게 지적인 능력이 훈련되면 이후 이 능력은 다른 분야에서도 응용이 가능하게 된다. 이렇게 되는 현상을 형식도야론에서는 전이(轉移)라고 부른다.

형식도야론의 논리를 가장 잘 보여주는 교과는 수학이다. 이 입장에서 수학을 공부하는 것은 단지 계산하는 능력 혹은 이런저런 기하학의 공리들을 학습하는 것이 아니다.[13] 수학을 연습하는 것은 사실 수학의 형식에 담겨 있는 논리적이고 합리적인 사고능력을 훈련하는 것이다. 따라서 수학을 충분히 연습한 학생은 다른 상황, 즉 일상생활이나 공공생활에서도 논리적이고 합리적인 사고력을 사용할 수 있다는 것이다. 따라서 형식도야론의 입장에서 창의성을 함양한다는 것은 창의성을 이루는 각 부소능력들과 관련된 특정한 활동을 반복 훈련하는 것이 된다. 그 결과 그런 활동에 숙달된다면 다른 상황에서도 학생은 창의성을 발휘할 수 있을 것이다.

하지만 오늘날 이런 형식도야론의 관점은 대부분 부정된다. 전이는 실제로 매우 드물게만 나타나는 현상이다. 수학을 잘하는 학생은 단지 수학을 잘하는 것이지 일상생활이나 공공생활에서 마주치게 되는 다양한 상황에서 논리적이고 합리적인 해결을 찾아내는 학생이 아니다. 그 학생은 수학 문제가 주어진 상황에서만 논리적으로 생각할 뿐이지 다른 상황에서는 비슷한 수준의 논리적 사고력을 발휘하지 못하며 어리바리한 우등생 바보일 가능성이 오히려 더 크다. 마찬가지로 어떤 특정한 창의적 활동을 훈련한 학생은 그 활동을 잘할 뿐이지 다른 상

---

13) 사실 형식도야론이 아니라면 단지 계산 기능에 불과한 수학이 교과의 여왕으로 이토록 오랜 세월 군림해 온 이유를 이해하기 어렵다. 다만 한국 수학교과가 전혀 형식도야론의 입장에 서 있지 않다는 것이 문제다. 이는 여왕의 통치 정당성이 흔들리는 것이기 때문이다.

황에서도 창의적이 되기를 기대하기는 어렵다.

물론 창의성을 구성한다고 생각되는 여러 사고능력들을 훈련하는 것이 전혀 무익한 것은 아니다. 하지만 부분들의 학습이 저절로 종합이 되어 창의성을 함양한다고 보기는 어렵다. 이는 마치 화성학과 대위법을 열심히 공부하면 누구나 바흐나 헨델이 될 수 있다는 생각처럼 어리석은 생각이다. 하지만 그렇다고 창의성의 부소능력들을 훈련하는 것을 완전히 무시할 수는 없다. 화성학과 대위법을 열심히 익힌다고 바흐나 헨델이 되는 것은 아니지만, 바흐와 헨델 역시 화성학과 대위법을 열심히 익힌 것은 사실이기 때문이다. 문제는 모든 창의적 창조의 순간에는 부소능력들의 단순한 총합이 아니라 거기에 덧붙여지는 무엇인가가 있다는 것이다.

앞에서 살펴본 창의성에 관한 이론들을 보면 알 수 있지만 창의성의 기반이 되는 여러 조건들은 밝혀졌지만 결정적으로 이것이 창의성이다 하고 짚어 낼 수 있는 결정적인 속성은 결국 시원하게 밝혀지지 않았다. "천재는 99%의 노력과 1%의 영감"이라는 진부한 격언은 어쩌면 노력의 중요성을 강조하기 위함이 아니라 어떤 노력으로도 의식적으로 획득할 수 없는 1%의 신비를 강조하는 것일 수도 있다. 인간과 개구리의 유전자가 90% 이상 일치한다는 것을 감안한다면 그 1%는 결코 작은 차이가 아닌 것이다.

2. 창의성과 경험

창의성의 함양이 그것의 기반이 된다고 여겨지는 여러 부소능력들의 훈련으로 얻어진다고 보장할 수 없음을 확인했다. 그래서 우리는

1%일지도 모르는 신비의 영역을 인정할 수밖에 없게 되었다. 그렇다면 창의성은 결국 교육 불가능한 것일까? 창의성은 교육하는 것이 아니라 우연히 천재가 강림하기를 기다려야 하는 것일까?

그러나 인류의 역사를 찬란하게 장식한 여러 창조적인 천재들은 한결같이 그들의 천재성을 길러내는 교육을 받았다. 물론 그렇다고 체계적이고 효율적인 교육만으로 창조의 대가를 만들어 낼 수 있었던 것은 아니다. 볼프강 아마데우스 모차르트를 길러낸 것과 똑같은 방법을 사용해서 제2, 제3의 모차르트를 키워내려 했던 레오폴드 모차르트의 시도는 단지 꽤 많은 유능한 음악가들을 키워내는 데 그치고 말았다. 그 외에도 그와 비슷한 예는 여럿 찾아볼 수 있다. 그렇다면 우리는 다시 천재성의 신비로 돌아가야 할까?

창의성에 대해 거의 평생을 연구한 칙센트미하이(1997)는 단연코 이런 신비주의를 거부한다. 물론 그 역시 남보다 뛰어난 창의성을 발휘할 수 있는 소질이 있음은 인정한다. 그러나 그것은 재능을 가진 것이지 창의성을 발휘한 것이 아니다. 여기에서 그는 다시 99%의 노력을 강조하는 입장으로 돌아선다. 창의성은 몰입과 궁리의 결과다. 그런데 그 몰입과 궁리는 허공 속에서 이루어지지 않는다. 몰입의 대상이 있고 궁리해야 할 문제가 있다. 이 대상과 문제는 당연히 스스로 만들어 낸 것이 아니라 이미 만들어져서 전해 내려온 것이다. 따라서 창의성의 양과 질은 바로 이 대상과 문제의 양과 질에서 결정될 수밖에 없는 것이다. 단연코 "무에서 유를 창조하는 경우는 없다. 거인의 어깨 위에 높이 올라앉을수록 더욱 멀리 볼 수 있다."(Csikszentmihayli, 1997).

물론 이 말을 한 칙센트미하이 역시 거인의 어깨 위에 올라타고 있는 셈이다. 이는 들판과 숲 속을 뛰어다니며 놀고 있는 아이들이 교실에서 글공부하고 있는 아이들에 비해 결코 시간낭비하고 있는 것이 아니라는 루소를, 다시 인간의 지적 능력은 경험에 의하지 않고서는 계발되지 않는다는 듀이를 발판으로 삼은 것이다.

거인의 어깨는 어떠한 체계적인 교육도 없이 스스로 성장한 것으로 보이는 천재들의 신비를 밝혀낸다. 그들은 다만 현실 속에 스승을 두고 있지 않았을 뿐이다. 그들은 앞 시대의 거인들을 스승으로 삼아 영혼을 주고받으며 가르침을 받은 것이다. 미켈란젤로와 레오나르도의 작업장을 기웃거리며 그들의 기법을 익힌 라파엘로, 다시 라파엘로의 인물화를 보면서 부지런히 필력을 익힌 렘브란트, 헤겔을 한 번도 만난 적 없지만 역사상 헤겔의 가장 위대한 제자로 불리는 마르크스 등 그 예는 끝없이 나열할 수 있다.

여기에서 확인할 수 있는 것은 창의성을 교육하는 데는 왕도가 없다는 것이다. 먼저 그 부소능력들인 비전형적 사고, 모순에의 관용, 확산적 사고, 고차 사고능력을 함양하고 훈련해야 한다. 이러한 능력들은 결코 저절로 발달하는 것들은 아니다. 하지만 그것만으로는 부족하다. 부족한 1%를 채워 주는 것은 창의성이 풍성하게 발현된 그런 결과물들을 다양하게 경험하는 것이다. 이 결과물들에는 분명 창의성을 설명할 수 있는 핵심적인 속성인 1%가, 그러나 우리의 분석능력으로는 찾아낼 수 없는 그 1%가 포함되어 있을 것이다.

그렇다면 해결은 인식하는 것이 아니라 경험하는 것이다. 즉, 그것을 분해할 것이 아니라 송두리째 경험하면 되는 것이다. 위대한 창조물들을 직접 경험하고 또 여기에서 더 나아가서 스스로 그러한 창의적인 산물을 산출하는 그런 경험을 많이 가지면 되는 것이다.

3. 창의적 경험으로서 예술교육

창의성 함양의 왕도는 결국 창의성의 부분들이 되는 여러 부소 능력들의 훈련과 아울러 창의적인 경험을 많이 하도록 하는 것임을 확인하였다. 이는 결코 교육의 범위를 위축시키는 것이 아니다. 오히려 교육을 본연의 모습으로 되돌리는 것이다. 사실 세세하게 분류되고 관리되는 행동의 패키지를 학생들에게 훈련시키는 것은 너무도 편협한 교육이다. 우리는 훈련과 교육을 구별할 필요가 있다.

교육은 환경을 조성해 주는 것이며 경험을 제공하는 것이다. 아직 미성숙한 개체에게 해로운 환경과 경험의 가능성을 줄이거나 제거하는 소극적인 의미든, 반대로 유익한 환경과 경험을 제공해서 성장을 돕는 적극적인 의미든, 교육은 피교육자에게 환경과 경험을 제공하는 것이다.(Dewey, 1921, p.11.) 따라서 어린이나 청소년들이 창의적인 경험을 풍성하게 할 수 있는 환경을 조성하고 그런 경험을 제공할 수 있다면 그것으로 창의성 교육은 이미 충분히 이루어진 것이다.

그렇다면 어떤 경험을 제공하는 것이 학생들의 창의성 개발에 가장 큰 도움이 될까? 파슨스와 블로커(Parsons & Blocker, 1993)는 단연 예술작품에 대한 체험이야말로 가장 훌륭한 경험이 될 것이라고 주장한다. 예술작품을 감상하는 경험에서는 거의 무한대의 고차적인 물음을 도출할 수 있으며, 이를 통해 학생들은 다양한 토론을 벌일 수 있고, 더 나아가 이를 모방하거나 혹은 나름의 문제해결을 시도함으로써 더욱 높은 수준의 창의적 경험을 할 수 있다.

실제로 잘 만들어진 예술작품은 그 내부의 무수히 많은 문제 제기와 해결의 모색들이 포함되어 있다. 흔히 생각되는 바와 달리 예술작품을 감상하는 것은 단지 정서적인 경험 그 이상이다. 굿맨(Goodman, 1968)

에 따르면 예술은 근본적으로 앎의 방식이다. 다만 앎의 도구로 지성이 아니라 정서가 사용되었을 뿐이다. 학문은 어떤 상황에 대한 지식을 부분, 부분을 따져 가며 얻지만 예술은 그 상황, 그 감성, 그 자체를 송두리째 지식으로 획득한다. 특히 랭거(Langer, 1957)는 예술을 통해서 인간의 감정을 객관화할 수 있고 내적 경험세계를 이해하고 관조할 수 있다고 하였다. 마찬가지로 루카치(Lukasc, 1971)는 예술을 직관적 인식이라고 파악하였다.

서양의 교육사를 보면 최초의 학교는 음악학교나 체조학교였다. 고대 아테네의 어린이들은 수금학교에서 악기 연주와 거기에 맞춰 노래를 배웠으며, 그 노래 가사에 대한 설명을 듣는 과정에서 문학, 철학, 역사 등에 대한 지식을 부수적으로 얻었다(Boyd, 1964). 이는 동양도 마찬가지였다. 동양 최초의 직업교육자인 공자의 교육과정을 보면 15세가 될 때까지는 예절교육14), 시 그리고 음악을 가르쳤으며 글공부는 그 이후에 시행하였다. 도가나 묵가의 학자들이 유가를 비판할 때 빠지지 않던 말이 '쓸모없이 음악이나 연주하는 무리들'이었던 것으로 보아 실제 수업도 시를 노래하면서 그 뜻을 새기고 토론하는 형식이었던 것으로 보인다.

이렇게 애초에 교육은 곧 예술교육이었다. 그런데 지금은 예술교육이 교육의 중심도 아닐 뿐더러 학교 예산이 감축되면 제일 먼저 축소되는 그런 영역이 되고 말았고, 대학 입학 시험공부를 위해 언제든지 희생되어야 하는 그런 과목이 되고 말았다. 교육의 변방으로 밀려나서 비실용적인 일종의 장식이 되고 말았던 것이다. 이는 예술이 삶의 과정에서 분리되어 비실용적인 일종의 장식이 되고 만 것과 그 궤를 같이한다.

---

14) 이 예절이라는 것도 일종의 우아한 몸놀림으로 무용의 한 범주라고 보아야 한다.

　듀이(1937)는 쓸모 있는 것과 아름다운 것의 이러한 날카로운 구별은 단지 산업혁명 이후에 나타난 왜곡이라고 지적하였다. 아렌트(1982)의 말을 빌리자면 생산을 통해 자신의 독특성을 드러내는 작업이 획일화된 노동에 포섭되어 버림에 따라 삶의 맥락에서 완전히 분리되어 버린 것이다. 혹은 유용노동, 사용가치로서의 노동이 차갑고 표준화되어 획일적으로 측정되는 교환가치로서의 노동으로 대치되어 버림으로써, 무엇인가 의미 있는 것을 창조하는 예술적 행위는 삶의 맥락에서 멀리 떨어져 단지 유한계급의 소일거리가 되어 버리고 만 것이다.

　이런 입장에서 듀이(1937, p.45.)는 실용적인 경험과 예술적 경험의 구별, 괴리를 거부한다. 그의 입장에서 예술을 감상한다는 것은 단지 고상한 심미적인 체험이 아니며 이는 삶을 체험하는 것이다. 거꾸로 말하면 단지 심미적인 체험만을 한다면 이는 예술에 대한 제대로 된 감상이 아니다. 예술의 고귀한 성취는 살아 있는 생명체와 공유하는 생활과의 관련에서 나오는 것이기 때문에 이를 감상하는 것은 바로 그 생활을 경험하는 것이다.

　이 정도 논의를 함께 따라왔다면 이제 민주시민성 교육을 위해 다양한 삶을 경험하고, 또 이해할 수 있게 만드는 능력으로서의 창의성의 중요성을 받아들일 수 있을 것이다. 또 그 창의성을 함양하는 가장 적절한 수단으로서 예술적 경험도 받아들일 수 있을 것이다. 예술적 경험은 단지 학교 교과목에 설치된 음악, 미술과만의 것이 아닌 것이다.

　여기서 오해를 피하기 위해 몇 가지 부언해 두고자 한다. 이 책에서 주장하고자 하는 것은 현행 공교육과정에서 예술과목의 비중을 늘리자는 데 한정되지 않는다. 물론 우리나라의 예술교육은 그 중요성에 비해 너무도 비중이 작고 파행적으로 운영되고 있다. 그러나 이 책에서 주장하고자 하는 바는 음악, 미술과의 시수를 늘리자는 것도 혹은

음악, 미술과에 연극, 영화 같은 다른 예술교과를 증치하자는 것도 아
니다. 오히려 음악, 미술, 연극, 영화, 만화 같은 여러 예술을 이른바
주지과목의 교수-학습 방법으로 혹은 교재로 폭넓게 활용해야 한다
는 것이다. 또한 학교 안팎에서 다양한 예술적 체험을 제공할 수 있어
야 한다는 것이다.

제3장

한국 청소년의 예술체험 실태

    지금까지 민주시민성 교육의 핵심에 창의성이 있어야 함을 또 그 창의성을 함양하기 위해서는 다양한 예술적 체험이 필요함을 확인하였다. 물론 학교교육 역시 이런 다양한 예술적 체험의 기회를 제공하고 그럴 수 있는 환경을 조성해 줄 필요가 있다. 이탈리아가 디자인 강국이 되는 것은 어릴 때부터 미적 감각을 키울 수 있는 환경에서 아이들이 성장하기 때문이라고 한다. 구미 선진국 시민들이 높은 수준의 시민성을 보여주는 것은 단지 경제 수준 때문이 아니라 어릴 때부터 생활화된 예술적 체험 덕분이 아닐까 하는 생각도 무리는 아닐 것이다. 이런 의미에서 한국 청소년들의 예술체험 실태는 장차 이들이 성장하여 활동할 때 발휘할 창조력의 밑천이 된다는 점에서, 또 이들이 민주시민으로 살아감에 중요한 밑천이 된다는 점에서 매우 중요한 문제다.

1. 조사 방법

층화 집락 표집된 239명의 청소년들을 대상으로 예술체험 실태를 살펴보았다. 이들의 체험을 교실 밖에서의 체험과 교실 안에서의 체험으로 나누어서 살펴보았는데, 특히 교실 밖의 체험을 살펴본 것은 청소년들의 가정의 예술교육에 대한 인식, 또 그들에게 제공되는 사회적 환경 등을 살펴보기 위해서다. 조사는 2006년 5월에 실시되었으며, 자료수집 방법으로는 설문지법을 사용하였다. 수집된 설문지는 정선과정을 거쳐 SPSS 13.0 영문판을 이용하여 분석하였다.

청소년들의 예술체험 실태 자체를 조사한 이유는 이들의 예술적 체험 수준이 장차 교육연극을 교실에 도입함에 있어 고려해야 하는 중요한 선행변인이 되기 때문이다. 아무리 공연을 목적으로 하지 않고 과정을 중요시하는 교육연극이라 할지라도 연극은 연극이기 때문에 사전에 공연을 자주 관람한 청소년과 한 번도 극장에 가 보지 않은 청소년은 시작 단계에서부터 다른 배려를 받아야 한다. 따라서 다른 예술경험보다 공연예술 경험을 좀 더 집중하여 조사하였다.

2. 조사 결과

먼저 교실 밖에서의 예술체험을 살펴보자. 교실 밖 예술체험은 학교 수업이 끝난 후 여러 사회문화시설이나 프로그램을 이용한 예술체험의 양과 질을 의미한다. 여기에는 각종 예체능 사설 학원 수강 경험, 도서관이나 박물관의 교육 프로그램 참여 경험 혹은 자발적인 문화시설 이용, 미술 전시나 공연 관람 경험 등이 포함된다. 조사 결과를 미리 요약한다면 한국 청소년들이 교실 밖에서 경험하는 예술적 체험 수준은 양적으로나 질적으로나 대단히 낮아서, 사실상 거의 경험하지 않는다고 하는 것이 옳을 정도다. 특히 총체적이고 종합적인 체험이라고 할 수 있는 공연예술체험 실태는 우려할 만큼 심각하게 그 빈도가 낮았다.

〈표 2〉 청소년들의 공연예술체험실태

변 인	사례 수	최솟값	최댓값	평 균	표준 편차
클래식 관람	239	1	5	1.45	.765
뮤지컬 관람	239	1	5	1.41	.628
연극 관람	239	1	5	1.51	.787

〈표 2〉는 한국 청소년들이 학교 밖에서 지난 1년간 경험하는 공연예술체험 실태를 조사한 결과다. 이 표의 1은 경험이 전혀 없음을 의미하고 2는 1년간 1회, 3은 2회, 4는 3회, 5는 그 이상을 의미한다. 표를 살펴보면 한국 청소년들은 지난 1년간 평균 1회 미만으로 공연예술을 체험했음을 확인할 수 있다. 특히 주목할 만한 사실은 클래식이나 정극 같은 이른바 고급예술과 뮤지컬 같은 대중적인 장르 간의 체험 수준이 큰 차이가 없다는 것이다. 이는 사실상 청소년들이 고급예술, 대중예술을 가릴 것 없이 아예 공연예술을 거의 경험하지 않는다는 의미다.

그나마 얼마 안 되는 공연예술 경험의 동기는 무엇이었을까? 압도적인 다수가 학교의 단체관람이나 숙제 때문이라고 응답하였다. 이는 너무도 일방적이라서 구태여 표로 제시할 필요조차 없었다. 이러한 현상은 별도의 표로는 제시하지 않았지만 미술관이나 박물관 관람 등의 경험에서도 큰 차이를 보이지 않았다. 청소년들은 숙제나 단체관람의 경우가 아니면 미술관이나 박물관을 거의 방문하지 않는 것으로 나타났다.

이렇게 청소년들의 예술 경험이 사실상 전무한 이유는 무엇일까? 여기에 대해서는 이미 많은 선행연구 결과들이 있다. 청소년들의 저조한 문화예술 경험의 가장 큰 이유로 청소년들이 이러한 경험을 할 시간과 장소가 절대적으로 부족하고, 설사 이러한 것들이 갖추어졌다 할지라도 학업에 대한 부담 때문에 적극적으로 참여하기 어렵기 때문인 것으로 나타났다(김민정, 2003, 김미윤, 2002). 사실 아무리 저렴한 공연이라 할지라도 입장료가 2만 원가량이기 때문에 청소년들의 용돈으로 선뜻 구입하기에는 부담이 가는 액수다. 그러나 청소년의 공연예술 관람을 지원하기 위해 만들었다는 '사랑티켓'은 그 구입 절차가 번거롭고 까다로워 청소년이 스스로 해결하기 어렵다. 결국 단체관람용이라는 의미인데, 목적 없이 출석 대용으로 몰려간 단체관람의 효과는 당연히 떨어질 수밖에 없다.

한국 청소년들이 교실 밖에서 예술적인 체험을 거의 하지 못한다면 학교 안에서는 어떨까? 사실 어떤 의미에서 학교는 예술적 체험의 계급차이를 완화시키는 중요한 역할을 한다. 학교는 소외계층의 아이들에게 그것이 아니었더라면 영영 경험하지 못했을 다양한 경험을 제공해 주는 역할도 수행하기 때문이다. 실제로 많은 청소년들은 학교가 아니었으면 평생 모차르트의 음악을 한 번도 듣지 못하는 삶을 살 수도 있었고, 학교가 아니었으면 평생 수채화를 한 번도 그려 보지 못하고, 붓 한 번 잡아 보지 못하고 죽었을 운명일 수도 있다. 어쩌면 이 책의 독자들 중에도 붓을 잡고 그림을 그린다거나 명곡들을 주의 깊게 들어 본 경험이 학창시절 외에는 전무한 사람이 있을 수도 있다. 심지어는 학교가 아니었으면 하루의 한 끼도 밥과 반찬을 제대로 갖춘 식사를 하지 못할 수도 있다. 아무리 오늘날 많은 문제점을 드러내고 비판받을 점이 많다 하더라도 학교가 사회적 불평등을 완화하는 장치, 특히 문화적, 예술적 불평등을 완화하는 장치로서 중요한 역할을 할 수 있다는 사실은 부정하기 어렵다.

그렇다면 한국의 학교는 청소년들은 가정이나 사회에서 전혀 찾지 못한 예술적 경험의 기회를 제공하는 그런 역할을 하고 있는가? 표면적으로는 그렇다. 정규 예술교과들도 설치, 운영되고 있고, 또 국가교육과정에서부터 개별 학교교육과정에 이르기까지 모두 창의성을 강조하고 있다. 하지만 좀 더 실제로 파고들면 전혀 아니다. '21세기를 선도하는 창의적 인재 육성'이라는 구호들은 교문이나 학교 로비를 장식하고 있을 뿐 실제로는 이율배반적인 상태에 빠져 있다. 말과 실천이 전혀 다른 것이다.

실제로 청소년들이 학교에서 받고 있는 수업은 모두 단순 지식 전달 수준이다. 블룸의 기준에 따르더라도 지식·이해·적용의 수준을 넘어서지 않는다. 사실은 이해, 적용 수준도 흔하지 않다. 따라서 청소년들이 학교에서 받고 있는 수업은 저차 사고력 중 가장 초보 수준을 넘지 않는다. 심지어는 예술교과마저도 평가의 공정성 시비를 우려하여 이런 수준에서 진행되는 경우가 허다하다.

<표 3> 고사 문항 분석표 예시

문항	내　　　용	인 지 목 표			난 이 도			문항	정답	배점
		지식	이해	적용	상	중	하			
1	제국주의 국가들의 쟁탈전	○			○			1		2
2	유럽의 아시아 침략	○				○		2		2
3	아편전쟁		○			○		3		2

<표 3>은 각급 학교에서 청소년들의 삶에 가장 큰 영향을 주는 각

종 시험의 일반화된 문항분석표의 일부분이다. 지식, 이해, 적용 외의 고차 사고력의 평가는 아예 기입할 칸조차 마련해 두지 않고 있다. 평가가 이렇게 이루어진다는 것은 수업도 이렇게 이루어진다는 것을 의미한다. 물론 이를 극복하기 위해 수행평가를 도입하고 교육청에서 논술형 시험을 강요하고 있다. 하지만 수행평가는 사실상 준비물 검사, 수업 태도점수, 공책 필기 점수로 전락한 지 오래이며, 논술형 시험은 그것을 실시하라는 공문에 동시에 "채점상의 잡음을 방지하기 위해 객관성과 공정성을 기하라."는 어이없는 조건이 부가되는 관료들의 어리석음 때문에 도입된 순간 사실상 문장을 외워서 기술하는 지극히 비창의적인 시험으로 바뀌어 버린 지 오래다.

그렇다면 직접 예술을 다루고 있는 관련 교과 시간은 어떨까? 물론 모든 한국의 학교들은 예술 관련 교과목들을 편성하여 운영하고 있다. 이름도 당당한 국민 공통과목으로 1학년부터 10학년까지 무려 10년간 음악과 미술을 배운다. 그러나 이런 교과목들은 매우 주변부로 밀려나 있으며, 고등학교의 경우 심지어는 대학 입학시험을 준비하는 학생들의 자율학습 시간으로 전용되기까지 하고 있다. 또 설사 제대로 수업이 이루어진다 하더라도 학생들은 이를 실기시험을 치기 때문에 점수 때문에 할 수 없이 하는 것으로 간주하지 예술적 체험으로 간주하지 않는다.

그렇다고 한국 청소년들이 학교에서 충분히 받지 못하는 예술적 경험의 기회를 사교육을 통해 보충받는가 하면 당연히 그것도 아니다. 물론 많은 청소년들이 수업이 끝나면 잠깐 쉴 틈도 없이 방과 후 시간의 거의 대부분을 학원에서 보낸다. 이미 잘 알려진 대로 한국은 사교육의 천국, 아니 사교육이라는 벌이 행해지는 학생들의 지옥이다.

그런데 대부분의 청소년들이 다니는 학원은 또다시 학과 수업을 받으며 보내야 하는 공간이다. 이때 학원에서 실시하는 수업은 주로 단순하고 기계적인 문제풀이 연습이거나 교과 선행 학습, 암기 학습으로 일관하고 있어 오히려 학교 수업보다 더욱 수렴적이며 더욱 저차 사고적이다. 단순지식 주입식 학교 수업을 더욱 단순 패턴화한 것이 학원 수업이다(김양분, 김미숙, 2002). 이런 의미에서 한국의 학원은 공교육인 학교의 폐단을 확대, 재생산, 심화하는 연장된 공교육이지 결코 진정한 의미의 사교육이 아니다.

특히 흥미로운 사실은 초등학교까지는 다양한 예술적인 사교육에도 적지 않은 자금과 시간을 투자하던 학부모들이 자녀가 중학생이 되자마자 이런 다양한 체험을 전폐하고 시험대비 입시학원에 시간과 자금의 투자를 전념한다는 것이다. 예술적 체험과 교양은 평생에 걸쳐 행해져야 할 삶의 한 부분이며 삶을 풍성히 하는 경험인데, 어린 시절의 집중적인 교육만으로 평생에 해당되는 예술적 체험을 다 감당할 것이라 여기는 어리석음은 참으로 할 말을 잃게 만드는 행태다.

〈표 4〉 학교급 간 재능과외와 입시과외 수강 빈도

		수강 여부	빈도	백분율(%)
재능과외	초등학교	수강 안 함	39	14.3
		수강함	234	85.7
	중학교	수강 안 함	179	65.6
		수강함	94	34.4
입시과외	초등학교	수강 안 함	96	35.0
		수강함	178	65.0
	중학교	수강 안 함	78	28.5
		수강함	196	71.5
	조사시점	수강 안 함	74	26.9
		수강함	201	73.1

〈표 4〉는 청소년들의 재능과외 및 입시과외 수강 실태를 보여주는

것이다. 여기에서 재능과외라 함은 스포츠나 예술적 기능을 학습하는 학원을 의미한다. 입시과외는 시험문제를 대비하는 학원, 즉 흔히 학원이라고 부르는 학원을 의미한다. 표를 살펴보면 응답 청소년들의 85.4%가 초등학교 때 재능과외를 수강하였으나 그 빈도는 중학교에 들어서면서 큰 폭으로 떨어져 34.4%에 불과하게 되었다. 그나마 사실상 또 다른 종류의 입시과외나 마찬가지인 예고 입시반을 제외하면 그 수치는 더욱 낮아질 것이다. 반면 입시과외 수강은 초등학교 때 65%에서 중학교 이후에는 71.5%로 증가하였다.

이런 상황은 발달심리학 이론에 따르면 매우 역설적인 상황이다. 왜냐하면 아동기의 발달과업은 근면을 익히는 것이며 청소년기의 발달과업은 다양한 경험을 통해 자신의 정체성을 찾는 것이기 때문이다. 즉, 아동기 때는 다양한 활동이 아니라 어떤 활동이든 간에 끈기 있게 완수하는 경험이 보다 중요하고 청소년기 때는 가능한 다양한 활동을 하면서 그중 자신의 적성이 무엇인지 모색하고 발견하는 것이 중요한 것이다(Erikson, 1950). 그런데 한국 청소년들의 사교육 수강 실태를 보면 이를 완전히 역행하고 있음을 알 수 있다. 오히려 아동기 때에 산만하게 여러 가지 활동을 정신없이 강요받다가 정작 다양한 흥미와 관심이 일어나는 청소년기 때에는 지루하게 한 가지 활동만을 강요받고 있는 것이다.

사실 한국 어린이들은 매우 바쁘다. 학교 끝나면 영어 학원, 태권도장, 피아노나 바이올린 학원 등으로 바삐 움직인다. 참으로 열렬한 전인교육이 아닐 수 없다. 그러나 이 모든 것은 중학교 입학과 함께 끝난다. 도대체 예술적 소양도, 교양도 모두 초등학교 때 쌓는 것이고 중학교 이후에는 학과공부만 해야 하는 이런 괴상한 교육열이 어디서 비롯된 것인지는 모르겠지만 그것이 매우 천박하고 조야한 취향의 소유자를 만든다는 것, 그리고 천박하고 조야한 취향의 소유자는 그런 정치를 선호하며 결국 민주주의의 잠재적인 파괴자가 된다는 것은 분명하다.15)

이러한 상태에서는 청소년들을 창의적인 인간으로 완성시킨다는 교육의 기본적인 목표마저 드높기 그지없는 이상이 되어 버리고 만다. 한국 청소년은 국가가 공포한 교육과정대로 수업하고 그 목표를 실제로 교육 목표로 설정한다면 '이상주의자' 소리를 듣는 괴상한 교육적 상황에 처해 있다. 엄밀히 말하자면 한국의 거의 모든 고등학교는 국가교육과정을 사정없이 위반하고 있다는 점에서 '대안학교'인 셈이다.

사정이 이러하니 창의적 인적자원을 바탕으로 한 국가 경쟁력 제고라는 정부의 불순한 구호조차 한낱 공염불이 될 가능성이 크다. 하물며 창의성을 바탕으로 미적인 판단력을 갖추고 이를 바탕으로 정치적 판단을 내릴 수 있는 시민을 양성한다는 원대한 포부는 거의 달성되기 어렵다. 이러한 상황을 타개하기 위해서는 학교가 청소년 문화 활동의 중심이 되어야 하며, 문화, 예술 활동이 청소년 학교생활의 중심이 되어야 한다.

---

15) 1980년대 한국의 학생운동권이 왜 유럽이나 미국의 60년대 학생 운동권 출신과 달리 성장하면서 다양한 삶의 방향을 창출하지 못하고 급격히 보수화되거나 아니면 편협한 민족주의에 매몰되어 버리고 말았는가 하는 궁금증의 답을 당시 학교교육에서 찾을 수도 있겠다. 이런 조야한 교육을 받은 청소년이 대학교 때 이념 서적 몇 권 읽었다고, 그것도 선배의 엄격한 지도하에 비민주적이고 획일적인 방식으로 읽었다고, 무슨 혁명가가 되고 민주주의자가 되었겠는가? 굶어 가면서 빵 값을 아껴 피아노를 구입하고, 크리스마스 때 빵과 트리가 없을 정도로 가난해도 샴페인을 마시고, 주린 배를 움켜쥐고 자녀들과 셰익스피어를 낭송했던 마르크스의 모습은 진정한 진보적 사상의 근원이 삶에 대한 예술적 태도에 있음을 잘 보여주는 사례다. 이런 예술적, 미적 취향이 없는 사람은 차가운 관료가 될 수는 있어도 민주시민이 되기는 어렵다.

그럼에도 불구하고 청소년들은 자신들을 다양한 방법으로 표현하고
자 하는 억누를 수 없는 문화적 욕구를 가지고 있다. 적절한 표현 공
간과 수단, 시간 등을 확보하지 못한 청소년들은 결국 교복을 변형하
거나, 다양한 외래어를 만들어 내거나, 버디 버디 혹은 싸이 월드에서
미니홈피나 블로그를 장식함으로써 혹은 휴대폰을 튜닝함으로써 나름
의 예술적 활동의 왜곡된 대리 표출을 감행하게 된다(정준교, 2001).
따라서 이들의 이러한 표현에의 욕구와 동력을 건전한 문화·예술 활
동으로 승화시키는 것은 청소년 권리의 측면에서나, 정신적 건강의 측
면에서나 매우 중요하다.

그렇다고 현행 교육과정을 크게 바꾸어 주지과목을 줄이고 예술과
목을 크게 늘릴 수도 없다. 그렇다면 한 가지 효과적인 방법은 학과
수업과 다양한 문화적·예술적 활동을 결합하는 것이다. 즉, 이른바
주지과목의 학습을 예술적 활동을 매개로 행하게 하는 것이다. 이렇게
되면 학업과 문화적·예술적 체험이 서로 충돌하지 않고 잘 어울리게
된다. 여기에 수행평가 등을 적극적으로 활용한다면 다양한 문화적·
예술적 체험이 청소년의 학업 성적에 오히려 긍정적인 요소가 될 것
이다. 이 책의 취지 역시 소위 주요 과목(수능과목?) 중 하나인 사회
과에서 연극이라는 예술적 요소를 활용하는 수업 모형을 개발하고자
하는 것이다.

제4장

학교 수업에서 예술적 요소 도입의 효과와 한계

청소년들의 예술적 체험의 기회가 교실 안에서든지 아니면 교실 밖에서든지 매우 부족하고 사실상 전무함을 확인하였다. 그럼에도 불구하고 이 문제를 해결하기가 쉽지 않음도 확인하였다. 한국의 모든 교육문제의 블랙홀이라고 불리는 입시문제가 바로 그 원인이기 때문이다. 입시문제는 결국 이기주의에서 비롯된 문제다. 무릇 인간의 이기주의에서 비롯된 문제는 좀체 해결하기 힘든 법이다. 100% 득점을 향해 무한히 수렴하는 시험점수는 무한한 증식을 위해 인간을 채찍질하는 화폐의 유혹과 같다. 점수라는 숫자로 환산되어 버린 공부는 그 유용성을 상실하고 마치 교환가치처럼 서로 비교하여 등수를 매겨야만 그 정도를 확인할 수 있는 올가미가 되어 버렸다.

이런 상황에서 예술과목의 증치, 증설은커녕 주어진 시간이나마 정상적으로 운영되면 그나마 다행이다. 따라서 여기에 대한 대안으로 입시에 보탬이 되는 소위 주요 과목의 정규 교과 수업 시간을 이용하여 예술적 체험을 제공하는 방법을 제안하였다. 즉, 이른바 입시 교과 교수-학습 모형에 예술적 요소를 도입하자는 것이다.

그러나 이것이 가능하기 위해서는 이 교과들의 목표가 예술적 체험임에도 불구하고 미적 효과뿐만 아니라 해당 교과 고유의 학습 효과에도 기여함을 입증하여야 한다. 예컨대 수학 수업에 노래를 도입했다면 단지 학생들의 노래 실력만 좋아지는 것이 아니라[16] 수학이라는 교과가 목표로 하고 있는 어떤 능력도 향상시켜야 한다. 마찬가지로 사회과에 연극이나 만화를 도입했다면 사회과가 목표로 삼고 있는 어떤 능력을 향상시켜야 한다.

물론 수업에 예술적 요소를 도입했을 경우 미적 체험뿐만 아니라 학습 효과에도 도움이 된다는 주장들은 적지 않게 있다. 그것은 수업 내용을 학생들이 기꺼이 즐겁게 하게 만든다는 이른바 '흥미유발'이라는 측면이다. 물론 예술은 학생들을 수업내용으로 끌어들이는 미끼가 아니다. 그러나 수업 전체가 예술적 요소들로 잘 조직되어 있다면 학생들을 계속 붙잡아 두는 데는 분명 효과적이다. 예술은 정서를 대상으로 하는 대단히 복잡한 인지작용이기 때문에, 또 명백한 자기 목적적 활동이기 때문에 일단 예술이라는 미끼에 낚인 학생은 교사의 특별한 조치나 잔소리 없이도 스스로 수업을 잘할 것이다. 그렇다면 이것은 일석이조다. 교사는 목청을 쉬어서 좋고 학생은 지루한 학교에서의 시간을 즐겁게 보내서 좋다.

그러나 이것은 어디까지나 이론상의 이야기다. 실제 현실은 전혀 그렇지 않다. 만약 이게 현실에서도 그대로 적용되는 이야기라면 왜 교사들은 한결같이 학생들을 잠에 떨어지게 만드는 그리고 스스로도

---

16) 그렇게 되면 음악 수업이 된다.

시종일관 목을 혹사하여 마침내 무선마이크 판매원의 수입을 올려 주고 마는 강의식 수업을 선호한다는 말인가?[17] 이는 교과 수업에 예술적 요소를 도입하는 것을 어렵게 만드는 다음과 같은 극복하기 어려운 장애들이 있기 때문이다.

1) 진입장벽

예술적 요소를 도입한 교수–학습 모형이 미적 체험의 측면에서나 아니면 학습 효과의 측면에서나 유용하다는 것이 입증되었다 할지라도 그것을 당장 교실로 가져가서 효과를 보기가 어려운 이유 중 가장 큰 것은 모든 예술 장르는 크든 작든 간에 나름의 진입장벽을 가진다는 것이다. 실제로 자기가 가장 좋아하는 멜로디를 악기로 연주할 수 있는 청소년은 드문 것이, 또 자기 얼굴을 그림으로 그릴 수 있는 청소년이 드문 것이 한국의 현실이다. 물론 이는 비단 학생에게만 해당되는 것이 아니라 교사에게도 해당된다. 자기가 좋아하는 멜로디를 악기로 연주하기 위해서는, 또 자기가 좋아하는 것을 그리기 위해서는 여기에 필요한 기본적인 기능을 가지고 있어야 하며 이 기능은 사전의 교육이나 훈련을 통해 미리 익혀져 있어야 한다. 이런 기본적인 기능은 해당 예술 장르에 쉽게 접근하는 것을 가로막는 진입장벽의 역할을 한다.

이렇게 진입장벽이 버티고 있는 상태에서 예술적 요소를 도입한 수업을 무작정 실시한다면 이는 교사와 학생에게 모두 재앙이 될 가능

---

17) 강의식 수업은 가장 훌륭하고 흥미진진한 수업을 하는 교사라 할지라도 45분 내내 학생들을 붙잡아 두기 어렵다. 심지어 이는 대학생에게도 마찬가지다.

성이 크다. 도대체 온전한 형상 하나 그리지 못하는 학생들이 역사를 소재로 만화를 그리기 어려울 것이며, 도통 시나 수필을 쓰지도 읽지도 않은 학생들이 역사나 사회문제를 가지고 에세이를 쓰기도 어려울 것이다. 혹은 매우 진보적인 사회교사가 근처 판자촌을 배경으로 다큐멘터리를 제작하는 수업을 진행할 수도 있겠지만, 이는 촬영과 편집의 기본적인 기능을 최소한 교사라도 보유하고 있어야 가능한 수업이다.

2) 교육 여건상의 한계

두 번째 장애물은 바로 한국 교실의 하드웨어적인 한계다. 1인당 GDP가 2만 달러에 달하는 비교적 부유한 나라에 속한 한국이지만 그 교실의 여건만큼은 제3세계의 형제들을 결코 배신하지 않았다. 이런 열악한 교실 환경에서는 예술적 요소를 도입한 수업은커녕 강의식 수업이나마 제대로 이루어지면 다행이다. 아직도 적절 인원의 1.5배를 상회하는 학급당 인원수는 교실 안에서 다양한 활동은커녕, 줄을 잘 맞춰야 겨우 배치할 수 있을 뿐이다. 사실상 이 정도 교실 공간에 이 정도 수의 학생들을 집어넣으면 얌전히 앉아 있는 것 외에는 할 수 있는 일도 없다.

3) 학교문화, 교직문화의 한계

더군다나 본질상 교실을 시끌벅적하게 만들기 십상인 예술적 수업은 자칫 교사를 학생 통제에 실패한 무능한 교사로 낙인찍히게 만들 수도 있다. 물론 독특한 수업을 실시해서 효과를 봤다고 해서 그 교사에게 어떤 혜택이 돌아가는 것도 아니다. 혜택은 없이 불이익의 가능

성만 있는데 만만치 않은 진입장벽까지 넘어가면서 예술적 요소를 수
업에 도입하려는 교사는 그리 많지 않을 것이다. 더군다나 이를 제대
로 시행할 만한 하드웨어조차 갖추지 않은 교실에서 말이다.

　이런 한계들 때문에 아직 한국 학교 교실에서 다양한 예술적 활동
이 이른바 주지 교과 수업 시간에도 적극적으로 활용되고 있는 아름
다운 풍경은 보기 어렵다. 그러나 현실의 장벽이 높고 어려울수록 이
를 극복하려는 창의적인 존재의 의욕은 높아지는 법이다. 루소가 말했
듯이 "정열은 습관에서 생겨나지 않는다." 현실에 그저 순응하는 자세
에서는 어떤 창의성도 기대하기 어렵다. 적어도 교사는, 그것도 민주
주의를 가르치고 민주시민을 양성하는 교사는 그런 존재가 되어서는
안 된다.

제2부

교육연극의 이론과 실제

제1장

예술 및 교육으로서 연극의 효과

　지금까지 민주시민성 교육에서 창의성이 차지하는 의미, 그리고 이를 위한 교육적 수단으로서 예술적 경험의 교실 내 도입, 그러나 이를 가로막는 현실적 여건들에 대해서 살펴보았다. 이로써 이 책의 도입부는 마무리가 된 셈이다.

　그러나 여기에서 필연적으로 다음과 같은 두 가지 문제가 도출된다. 첫 번째 문제는 이제 그럼 그 많은 예술적 경험 중에 왜 연극을 선택했느냐 하는 것이며, 두 번째 문제는 실제로 연극을 교실에 도입할 수 있는 방법이 개발되어 있느냐 하는 것이다. 그중 첫 번째 문제를 먼저 해결하기로 하자.

　여러 예술적 요소들 중 연극을 민주시민성 교육이라는 사회과에 접목할 대상으로 선택한 것은 하나 마나 한 말이 되겠지만, 그것의 예술적, 교육적 효과가 뛰어나기 때문이다. 하지만 저자들이 주목한 연극의 효과는 예술적 효과보다는 실용적인 효과, 그리고 교육적인 효과에 있다.

물론 연극 역시 예술의 한 장르로서 다른 장르의 예술이 제공할 수 있는 심미적, 예술적 효과는 동일하게 제공할 수 있겠지만, 다른 장르의 예술보다 더 훌륭하고 더 예술적이라고 말하기는 어렵다. 그러나 연극은 다른 장르의 예술들과 구별되는 특별한 장점들을 지니고 있고, 또 그 특별한 장점이 교실 수업에서 요구하는 바와 맞아 떨어지기 때문에, 특히 사회과 수업에서 요구하는 바와 맞아 떨어지기 때문에 비단 이 연구뿐만 아니라 다른 분야에서도 교실 수업에 적용함에 있어 가장 적합한 예술 장르로 손꼽혀 왔다. 그 효과를 실용적인 효과와 교육적인 효과로 나누어서 살펴보자.

1. 실용적인 효과

1) 낮은 진입장벽

교실 수업에 적용함에 있어 연극이 다른 예술 장르들에 비해 가장 두드러지게 가지는 장점은 진입장벽이 다른 어떤 예술 장르보다도 낮다는 것이다. 물론 이는 연극이 다른 예술 장르에 비해 난이도가 낮고 수준이 떨어진다는 의미는 결코 아니다. 로렌스 올리비에의 경지에 이르도록 연극을 하려면 타고난 재능과 평생에 걸친 수련이 필요하다. 그럼에도 불구하고 연극이 다른 장르에 비해 가장 진입장벽이 낮은 것은 엄연한 사실이다. 누구나 할 수 있는 것과 누구나 잘할 수 있는 것은 별개의 문제지만 말이다.

예를 들어 보자. 바이올린을 연주하고자 하면 초보적인 연주든, 고급의 연주든 간에 일단 기본적인 음계를 연주함에 필요한 활 질과 운지법 기술을 익혀야 한다. 클라리넷이나 대금 같은 악기는 잘하고 못하고를 떠나서 소리를 내는 것부터가 훈련을 요구하는 일이며, 가장 단순한 노래 부르기조차 악보라고 하는 새로운 상징체계를 익힐 것을 요구한다.

반면 연극의 경우 일상생활에서 늘 사용하는 언어와 신체라는 도구를 사용하기 때문에 설사 잘하기는 어려울지 몰라도 적어도 누구나 할 수는 있다. 더구나 언어와 신체라는 도구는 일상생활에서 연습되고 단련되는 도구다. 연극을 하기 위해 악보나 투시법 같은 특별한 상징체계나 기법을 별도로 익힐 필요는 없다. 다른 예술 장르는 잘하는 것뿐만 아니라 단지 하기 위해서도 상당한 시간을 들여 기본기를 익혀야 하지만 연극은 잘하기 위해서가 아니라 단지 하기 위해서라면 부끄러움을 극복하고 닫힌 마음만 열면 된다.18) 특히 무대가 아니라 교실에서 연극을 활용할 경우 낯선 관객 앞에서는 어려움도 없기 때문에 사실상 연극의 진입장벽은 거의 없다고 할 수 있다.

2) 저렴한 비용

이것은 '연극적 약속'이라는 연극 고유의 성격에서 비롯되는 매우 유용한 장점이다. 어떤 가상의 시공간을 설정한다는 점에서 연극과 영화는 비슷하지만 연극은 이 시공간을 단지 관객과의 암묵적 약속으로 해결할 수 있다. 반면 영화는 실제와 비슷하게 시공간을 창출해야 한

---

18) 물론 이게 그렇게 쉬운 것은 아니지만 별도로 익혀야 하는 상징체계만큼 골치 아픈 것은 아니다.

다(Brockett, 1969). 예컨대 1863년 런던의 소호거리가 배경인 연극을 하기 위해 그 거리를 그대로 재현할 필요가 없다. 등장인물이 "소호거리는 언제와도 헷갈린단 말이야."라고 한 마디 하면 설사 아무런 무대 장치가 없어도 관객은 무대를 소호거리로 받아들인다. 이는 영화나 TV드라마에서는 도저히 불가능한 상황이다. 왜냐하면 영화나 TV드라마는 암묵적으로 상황을 공유할 살아 있는 관객과 살아 있는 배우가 한 공간에 있지 않기 때문이다. 반면 연극은 기꺼이 속아 주기로 동의한 관객과의 상호 작용을 통해 이루어진다(Brockett, 1969).

연극의 이런 장점은 교실에 적용될 경우 매우 높은 활용도를 가진다. 학생들은 텅 빈 교실에서 중세 유럽의 장원에서부터 1987년 6월 항쟁의 현장에 이르기까지 자유자재로 재현할 수 있다. 이런 연극적인 약속의 효과는 무대 배경, 소품은 물론 연극에 필요한 각종 도구까지 교실에서 손쉽게 구할 수 있는 것을 활용 가능하게 한다. 실제 극장 공연이라면 의상비도 만만치 않겠지만, 교실에서 행해지는 교육연극은 교복을 입고도 군복을 입었다고 할 수 있고, 심지어는 아무것도 입지 않았다고 할 수도 있다.[19]

3) 연극의 심미적 효과

실용성이라고 하는 것은 단지 시간과 비용이 덜 들어간다는 것만으로 설명되는 개념이 아니다. 실용성은 시간과 비용이 덜 들어감에도

---

19) 이 연극적 약속을 가장 극단적으로 보여주는 것이 중국의 경극이다. 무대 위에서 서너 걸음을 걸어가면서 청두에서 시안까지 천 킬로미터를 달리며, 단지 서너 명이 칼을 휘두르면서 백만 대군의 전쟁을 벌인다. 참으로 신기한 것은 그럼에도 불구하고 관객 중 누구도 거기에 이의를 제기하지 않는다는 것이다.

불구하고 본연의 목적을 잘 달성할 수 있다는 의미다. 그런 의미에서 연극의 진정한 실용성은 낮은 진입장벽과 저렴한 비용에도 불구하고 대단히 높은 심미적인 효과를 보여준다는 것에 있다.

흔히 연극의 심미적 효과라고 할 경우 관객으로서 연극을 감상함으로써 얻는 감동이나 정서상의 변화를 말한다. 하지만 연극을 교실 수업에 도입할 경우 학생들은 낮은 진입장벽 덕분에 직접 연극을 수행하는 경험도 아울러서 하게 된다. 물론 작품의 수준은 떨어질 수 있겠지만 질 낮은 작품이나마 직접 참여한 미적 체험과 단지 감상만 한 미적 체험은 그 차원이 다르다.

더구나 연극은 여러 분야의 예술가들의 협동을 통해 공동 창작하는 예술이다. 저자가 한두 명에 불과한 문학, 철저히 고독한 작업인 미술과 달리 연극은 작가, 연출가, 배우, 디자이너, 각종 기술자가 함께 어우러져 공동으로 만들어 가는 작품이다(Sank, 1959). 따라서 연극은 그 제작과정에서 상당히 많은 사람들이 공동으로 미적 체험을 공유할 수 있는 독특한 예술이 된다. 이러한 연극의 장점은 다수의 학생들이 공동으로 수업해야 하는 학교 교실에 도입될 경우 대단한 힘을 발휘하게 된다.

더구나 예술의 심미적 효과가 인간의 정서, 감정에 대한 이해에 있다고 할 때 연극은 그 어떤 장르보다도 구체적인 상황을 제시하면서 동시에 그 어떤 장르보다도 이를 상징적이고 추상적으로 표현할 수 있다(Langer, 1957). 또 예술의 심미적 효과가 다양한 변인들의 조합과 재조합, 창조적 변형 등을 즐기는 지적인 행위에 있다고 한다면(Croce, 1901), 연극은 대사, 음악, 배우의 표정과 행동, 배우들의 위치, 무대의 사물 배치, 배경 등등 인간의 모든 감각을 자극하는 수많은 변인들이 복잡하게 엉켜 있는 대단히 지적인 장르다. 똑같은 배경,

똑같은 연출, 똑같은 동작이라 할지라도 목소리 톤의 아주 미세한 변화 하나가 전체 연극의 모습을 바꾸어 놓을 수도 있다. 이런 미세한 변인들까지 섬세하게 신경 써서 연극을 감상하는 행위는 매우 강력하고 매혹적인, 지적인 즐거움을 선사한다. 더군다나 공동작업을 통해 이를 만들어 가는 행위는 더 말할 것도 없다.

만약 예술의 효과를 창의성과 상상력을 자극하는 데 있다고 한다면, 이 역시 연극은 탁월한 효과를 보여준다. 연극은 현실을 재현하는 듯하지만 사실은 현실을 가장 추상화하는 장르이기 때문이다. 극단적인 자연주의 연극이 아닌 다음에야 무대 위에 펼쳐진 장면들은 현실의 모사가 아니다. 이는 형식화된 표현이며 이를 이해하기 위해서는 해석의 과정, 즉 상상력을 동원해 상징의 내용을 채워 넣는 과정이 필요하다. 이 지점에서 연극은 음악이나 미술보다는 구체적이면서 영화나 TV드라마보다는 추상적인 매우 팽팽한 긴장 속에 위치하고 있다.

2. 연극의 교육적 효과[20]

연극을 매우 혐오하고 심지어 비극 작가들을 폴리스에서 추방해야 한다고 주장하긴 했지만 연극의 교육적 효과에 대해 가장 먼저 주목한 사람은 아마 플라톤일 것이다. 그 자신 젊은 시절 극작가로 성공하고자 하는 야망을 가진 적도 있었던 플라톤은 아이러니하게 극작가(시인)를 모두 추방해야 한다는 격렬한 주장을 편 그의 명저 『국가론』을

---

20) 여기에서는 역사적으로 나타난 연극의 교육적 효과에 대한 사례만 간략히 기술한다. 연극의 효과에 대한 교육학적인 논의는 다음 장에서 실시할 것이다.

희곡 형식으로 썼다. 그 외에도 그의 저작들은 거의 모두 희곡 형식으로 쓰였다.

플라톤은 왜 이렇게 명백히 자기모순적인 행위를 했을까? 그것은 바로 연극이 교육적으로 효과가 크기 때문이다. 플라톤은 궤변론자, 소피스트들보다 시인들, 극작가들을 더 위험한 존재라고 생각했다. 이들은 모두 거짓을 말함으로써 살아가는데, 소피스트들의 거짓말은 단지 말이지만 극작가나 시인의 거짓말은 그럴듯하게 형상화됨으로써 사람들이 그것을 정말로 믿어 버리기 때문이다. 여기에 연극의 교육적인 가능성이 분명하게 드러나고 있다. 연극은 강력한 가상의 체험 수단(~as if)이다. 연극적 약속의 힘은 어떤 시공간도 생생하게 재생할 수 있으며, 주지하다시피 어떤 학습도 체험적 학습보다 더 탁월한 효과를 보여주는 것은 없다.

아리스토텔레스 역시 가상을 만들어 내는 이러한 연극의 힘에 주목했다. 그러나 플라톤과 달리 아리스토텔레스는 이러한 연극의 힘을 교육적으로 가치 있는 것으로 보았다. 그것은 바로 모든 감정과 정서의 노폐물을 배출한다는 의미의 유명한 카타르시스다. 물론 이는 비극에만 해당되는 효과다. 하지만 그는 희극 역시 교육적으로 의미가 있다고 보았다. 희극은 비천한 인물들의 모습이 얼마나 우스꽝스럽고 부조리한지 보여줌으로써 또한 역설적으로 미덕에 기여한다(Wilson, 1991).

그러나 고대 그리스인이나 로마인이 이러한 효과에도 불구하고 연극을 교육적 의도로 사용한 것은 아니다. 그들에게는 교육적 의미보다 미학적 의미가 더 중요했다. 연극의 교육적 가능성을 발견하고 이를 적극적으로 활용한 것은 중세 때의 일이다. 중세 유럽에서는 거의 모든 교회가 크건 작건 극단을 보유하고 있었고, 중요한 축제 때마다 이들 극단은 우매한 민중들에게 오락을 제공함과 동시에 교육을 실시했다

(Brockett, 1969). 당연히 모든 연극의 소제는 종교적이었는데, 이들은 연극적 약속의 힘을 최대한 발휘하여 세 걸음 간격으로 지상과 천상 그리고 지옥을 오갈 수 있었으며, 의자 몇 개로 솔로몬 왕의 궁전을 만들 수 있었으며, 10초 만에 다윗 왕의 시대에서 카를로스 대제의 시대로 왔다가 다시 아담과 이브의 시대로 돌아갈 수도 있다. 이러한 연극의 장점은 매우 긴 시간과 다양한 장소에서 이루어지는 성경 속의 에피소드들을 일반 민중들에게 전파하는 데 대단히 효과적이었다. 민중의 대다수가 문맹인데다가 성경은 모국어가 아니라 라틴어나 그리스어로 되어 있고, 그나마 인쇄술이 없어서 필사본 몇 부만 존재하던 중세유럽에서 성경을 민중들에게 알리는 방법은 성직자가 이들을 한자리에 모아 놓고 설교를 통해 가르치거나, 아니면 이들 앞에서 연극의 형태로 보여주는 것이었다.[21] 물론 그 효과 면에서는 연극이 더 뛰어났다.

현대에 들어서는 진보주의 교육학에서 특히 연극의 교육적 효과에 주목하였다. 진보주의 교육학에서 교육이란 경험의 개조이자 확대이다. 즉, 교육이란 인류의 문화유산에 관한 지식이나 과거 경험을 학생에게 전달하는 것이 아니라 학생들이 생활 경험을 부단히 개조해가는 과정인 것이다. 학교는 학생들이 경험의 개조와 확대를 이루는 장이며, 학생들의 발달 단계에 적합한 경험을 조작하고 도구화하는 장이기도 하다. 이에 따라서 학습도 생활의 중심적인 과제를 해결하는 학생 상호간의 교호행위를 통하여 실제적 경험적 창조적 조작적인 행동으로 이루어진다. 이와 같이 교육은 실제 생활로의 적응, 창조, 발전이며, 이를 위한 경험의 과정이다(Dewey, 1937).

---

21) 그래서 중세 유럽의 저명한 교사들은 코메니우스나 에라스무스처럼 성직자였다. 지금도 유럽의 보수적인 사립학교에서는 성직자가 교사를 겸하는 학교가 있다.

이러한 경험의 폭을 넓히는 도구로서 연극은 대단히 중요한 기능을 담당하게 된다. 실제로 듀이의 실험학교에서는 다양한 연극적 기법이 과학적 탐구 기법과 함께 가장 중요한 교육 방법으로 사용되었다.

발달심리학 측면에서도 연극의 교육적 효과는 두드러진다. 발달은 미래적인 삶과 생활환경에 대한 적응능력을 증대시키는 것으로서 곧, 정신과 신체의 진보적인 변화를 말한다. 발달은 기본적으로 변화의 과정이며, 성장과 성숙 그리고 학습의 상호 의존적인 과정에 의해서 이루어진다. 학생은 스스로 처해 있는 환경과 이에 관련된 경험에 맞추어서 성장하고 성숙할 뿐만 아니라 새로운 정보와 지식을 학습하고 이를 토대로 하여 자기 행동을 수정하여 보다 새로운 환경에 적응하여 가는 것이다. 그 적응은 물론 생물학적 적응이면서 이에 상응하는 지적인 적응이기도 하다.

이러한 의미에서 인간이 새로운 환경에 적응하기 위하여 그것으로부터 특별한 정보를 습득하는 것이 학습이다. 학습은 교사에 의해서 주어지는 것이 아니라 학생 스스로부터 나온다는 의미에서 능동적인 발견의 과정이며, 학생은 탐색자 혹은 탐구자이다. 아울러 발달은 비약적이 아니라 점진적인 단계별로 이루어지므로 학습도 학생들의 발달 단계에 적합한 수준에서 이루어져야 한다.

이렇게 점진적인 발달과 학습의 평행적 단계에 밀접하게 대응하는 것이 놀이(play)이다. 놀이는 단순한 규칙에서 복잡한 규칙에 이르기까지 단계적이고 점진적으로 이루어진다. 더구나 놀이는 어떤 상상적인 상황을 창조한다(Vygotsky, 1986). 연극 놀이는 인간의 인지발달을 효율적으로 증진시키는 경험 중의 하나이며 그에 상응하는 학습이라는 원리에 의해서 형성된 것이 교육연극이다.

제2장

교육연극의 의미와 성립과정

1. 교육연극의 의미

연극의 교육적 효과가 아무리 높았고, 또 그렇게 활용되었다 하더라도 어디까지나 연극은 공연예술이었다. 물론 중세 이후 계몽적 의도에서 연극을 사용하려고 한 시도들은 있었다. 쉴러의 역사 드라마들, 볼테르의 풍자극 등은 명백히 교육적 의도를 가지고 만들어진 연극들이다. 그러나 이들 역시 우선은 공연예술로서 연극을 먼저 염두에 두었고, 그 교육적 효과는 거기에 딸려 나오는 것이든가 아니면 지나치게 교육적인 의도가 강하여 지루한 연극이 되어 사실상 연극도 교육도 되지 못한 경우가 많았다.22) 브레히트(Brecht) 역시 연극을 통해

---

22) 예컨대 프리드리히 쉴러의 『군도』는 훌륭한 작품이지만 때때로 주인공 카알의 설교에 가까운 독백은 대단히 지루하고 때로는 거슬리기까지 한

민중들에게 현실을 고발하고, 그들을 각성시키고자 하였지만, 아이러 니하게 이를 위해 그는 연극적 약속이라는 연극의 주된 효과를 제거 하고자 하였다.[23] 그러나 그럼에도 불구하고 브레히트의 연극은 고발 과 문제 제기 때문이 아니라 연극 자체의 예술적 매력 때문에 오늘날 에 계속 무대에 올라간다.[24] 따라서 이런 작품들이 아무리 교육적 효 과가 있고, 또 그런 목적을 가지고 있었다 할지라도 이를 교육연극이 라 부르지는 않는다.

진정한 의미의 교육연극은 1904년에 '피터 팬'이 성공적으로 공연된 이후 영국에서 시작되었다. 철저히 교육적인 목적을 가지고 연극적 요 소들을 그 수단으로 활용한 그런 연극이 시작된 것이다. 이후 교육연 극은 여러 분야에 적용되어 다양한 형태로 분화해 나갔다.[25]

그런데 여기에서 용어상의 혼란을 주는 두 개념이 만들어졌다. 그것 은 바로 연극교육(Theatrical Education)과 교육연극(Educational Theatre) 이다. 이 둘은 어느 것이 목적이며 어느 것이 수단인가에 따라 달리 설 정된 관계들이다. 연극교육이란 연극을 목적으로, 교육연극이란 교육을 목적으로 삼는다. 연극교육이 연극을 위한 교육(education for theatre) 인 반면, 교육연극은 교육을 위한 연극(theatre for education)이다.[26] 따라서 연극교육은 연극을 훈련하는 목적이 연극적 능력의 향상에 있 다. 반면 교육연극은 동일한 연극 훈련이 진행되더라도 연극을 교육의

다. 이는 레싱의 『현자 나탄』 같은 작품에서도 마찬가지로 나타난다.
23) 그의 소외효과는 기꺼이 속아 주려는 관객들의 동의를 거절하는 것이다.
24) 브레히트의 극작품은 소외효과를 전혀 사용하지 않아도 완성도가 매우 높다. 이는 대단히 모순적이다.
25) 피터 팬은 교육연극에 중요한 두 아이디어를 포함하고 있다. 교훈, 문제 제기와 같은 요소, 환상과 상상력의 요소가 그것이다.
26) 똑같이 교실에서 연극 연습을 하고 있어도, 그 학교가 예고 연극과라면 이 는 연극교육이며, 일반 고등학교 사회 시간이라면 교육연극이 되는 것이다.

매체 혹은 방법으로 삼으며, 달성하고자 하는 목적은 연극능력의 향상이 아닌 다른 교육적 목적이다. 물론 이 두 영역의 공통점은 여하간 수업 시간에 연극을 한다는 데, 또 관객을 대상으로 공연하는 것을 목적으로 하지 않는다는 데, 그리고 연극을 제작하는 과정 그 자체가 목적이라는 데 있다(민병욱, 2000).

이를 정리하면 교육연극은 공연을 목적으로 하지 않으며 연극을 제작하는 과정 속에서 학생들이 어떤 다른 교육적 목적을 달성하기를 기대하는 수업의 한 종류라고 정의할 수 있을 것이다. 즉, 교육연극은 전문연극(professional theatre)에 해당되는 아동, 청소년 연극과 차별화된 새로운 '연극 방법'이며 '교육 방법'이다.

2. 교육연극의 약사

처음부터 어린이나 청소년을 염두에 두고 교육적 목적으로 연극을 제작한 역사는 16세기까지 거슬러 올라간다. 당시 문법학교에서는 청소년들의 도덕적 훈육과 라틴어, 또 수사학의 효과적인 학습을 위해 연극을 활용했었다.(Swortzell, 1990, p.113.) 그러나 이러한 전통은 거의 잊혀지다가 20세기 중반 청소년 문제가 심각하게 대두되면서 다시 부활하였다.

영국에서는 1966년 영국 예술위원회가 "어린이와 청소년을 위한 청소년 연극에 관한 규정(The Provision of Theater for Young People)"을 완성함으로써 전문극단이 청소년을 대상으로 공연하는 수준을 넘어선 본격적인 교육연극이 활발하게 생성되었다. 여기에서는 학생들이 교실에서 직접 연극을 제작하고 참여하는 아마추어 연극에 대한 지도와 지원을 명시하고 있다. 또 이러한 활동의 목표를 점증하는 아동, 청소년의 사회·심리적인 문제를 치유하고자 한다고 명시하고 있다. 이렇게 명백히 교육적 의도를 가지고 있으면서 학생이 직접 참여하는 연극을 이들은 단지 '아동극(Children's Theater)'과 구별하기 위해 '교육연극(Drama in Education: DIE)'이라고 명명하였다.

영국의 교육연극은 다음과 같은 분명한 목표를 가지고 있었다. 1) 청소년이 살아가야 할 세상과 현실에 대한 질문에 대답할 수 있고, 자신의 삶을 긍정적으로 지속시켜 나갈 힘과 용기를 발견할 수 있게 할 것, 2) 청소년이 속해 있는 다층적이고 복합적인 문화에 대한 이해, 3) 다양한 차이에 따르는 불평등의 해소, 4) 청소년들을 억압하고 있는 사회적 환경에 대한 문제점 발견 및 재평가.(김창화, 2003, pp.29-30.)

이렇게 사회문제를 발견하고 이를 해결하는 연습의 과정으로 교육연극이 등장한 영국과 달리 미국에서는 창의성을 함양하는 방안으로 교육연극이 등장하였다. 미국에서는 DIE라는 용어보다 창의적 드라마라는 용어를 더 자주 사용하는데, 실제로는 영국의 교육연극과 차이가 없으며 다만 그 목표에서만 차이가 있다. 따라서 영국의 교육연극(DIE)이 그 소재를 청소년들이 주로 접하는 사회현실 속에서 선택하는 반면, 미국의 창의적 드라마는 상상의 소재 혹은 문학작품에서 찾으려는 경향이 강하다.

이후 영국의 교육연극(DIE)과 미국의 창의적 드라마는 나름의 발전 경로를 밟아 왔다. 오늘날에는 두 용어를 거의 구별하지 않고 교육연극이라고 부르는 경우가 많다. 또한 두 목표를 엄격하게 구별하지도 않는다. 사회문제를 발견하고 해결책을 모색하는 과정은 필연적으로 창의성과 연결되기 때문이다. 또한 창의성의 함양이라는 목적을 달성하기 위해서는 필연적으로 현실에 대한 반성적 사고가 요구된다. 이

두 가지 목표는 별개의 것이 아니라 동일한 목표의 두 측면이라고 보아야 할 것이다.

3. 교육연극의 일반적인 모형

교육연극에는 앞에서 살펴본 DIE(혹은 창의적 드라마) 외에도 역할놀이, 교육극(TIE), 시뮬레이션, 소시오 드라마 같은 여러 유형들이 발전되어 왔다. 이들 각 유형별 특성에 대해서는 4장에서 다룰 것이고, 여기서는 이런 유형들을 막론하고 교육연극이 공통적으로 가지고 있는 요소들, 즉 교육연극의 일반적 모형을 살펴보기로 한다. 모든 교육연극은 웜 업, 준비, 공연, 팔로우 업이라는 네 가지 단계를 가진다. 이를 모형화하면 [그림 1]과 같다(이하 박은희, 2001, 김창화, 2003).

[그림 1] 교육연극의 일반화된 모형

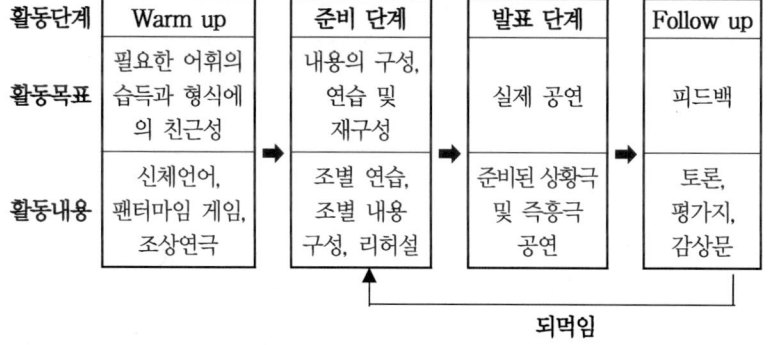

활동단계	Warm up	준비 단계	발표 단계	Follow up
활동목표	필요한 어휘의 습득과 형식에의 친근성	내용의 구성, 연습 및 재구성	실제 공연	피드백
활동내용	신체언어, 팬터마임 게임, 조상연극	조별 연습, 조별 내용 구성, 리허설	준비된 상황극 및 즉흥극 공연	토론, 평가지, 감상문

되먹임

1) 웜 업

첫 단계는 웜 업이다. 아무리 무대를 전제로 하지 않고 교실 내에서 동료 및 교사하고만 공유하는 교육연극이라 할지라도 자신의 생각을 언어와 몸짓으로 표현한다는 것은 쉬운 일이 아니다. 특히 수줍음이 많고 타인의 눈을 많이 의식하는 동아시아 문화권 학생들, 공공장소에서 자신의 의사를 거의 표현해 보지 못한 한국 청소년들에게 이는 더욱 쉬운 일이 아니다.27) 따라서 이들이 자신의 벽을 깨고 자유롭게 자신을 표현할 수 있는 자세와 태도 그리고 그러한 분위기를 조성하는 것은 교육연극의 첫 단계로서 대단히 중요하다. 경우에 따라 이 웜 업 단계가 상당히 긴 시간이 요구되는 경우도 있다. 하지만 일상적으로 학생을 만나는 학교 교사의 경우는 평소 수업 시간에 충분히 개방적이고 활발하게 의사소통을 한다면 특별한 웜 업이 필요하지 않을 수도 있다. 한마디로 웜 업은 몸을 풀고 낯가림을 없애는 과정인 것이다.

이때 가장 중요한 것은 교사의 태도다. 교사가 기꺼이 자신을 개방하고 표현할 수 있는 자세가 되어 있지 않다면 학생들 역시 경직성을 버리기 어렵기 때문이다. 특히 평소에 폐쇄적이고 엄격하기만 한 교사가 하나의 수업 모형으로 교육연극을 도입한 뒤 학생들의 웜 업을 시도하면 오히려 더욱 경직될 수도 있다. 학생들의 웜 업을 위해서 먼저 교사가 웜 업 되어야 하며, 더욱 좋은 것은 수업 시간에 충분히 웜 업 되어 있는 것이다.

가장 자주 사용되는 웜 업 프로그램으로는 간단한 게임, 맨손체조, 노래 부르기, 조금 더 진행되면 정지된 장면 만들기, 즉흥연기, 신체표현

---

27) 수업 시간에 옆 사람하고 소곤거릴 수는 있어도 앞에 나와서 자기 이름 조차 제대로 말하지 못하는 것이 한국 청소년이다.

등이 있다.(김창화, 2003, p.67.) 사실 이는 꼭 교육연극이 아니라 일반적인 청소년 수련 활동 등에서 사용되는 웜 업 프로그램으로도 널리 사용되는 것들이다.[28) 다만 청소년들이 서먹함을 깨고, 교사와 꾸밈없이 상호 작용할 태세를 만들어 주고, 그 과정에서 언어 및 신체 활동을 많이 하도록 할 수 있다면 어떤 방법이든 웜 업으로는 다 활용 가능하다.

2) 준비 단계

두 번째 단계는 연극으로 구성할 내용을 만드는 것이다. 바로 이 부분이 교육연극이 여타의 연극과 구별되는 부분이다. 교육연극에서는 대본의 작성과 연기 연습을 원칙적으로 구별하지 않는다. 연극으로 만들 소재는 학생들끼리 버즈나 브레인스토밍을 통해 결정할 수도 있고 교사가 지정해 줄 수도 있다. 또 학급 전체가 하나의 상황을 받을 수도 있고, 여러 소집단으로 나누어 소집단 별로 각각 다른 상황을 받을 수도 있다. 어쨌든 연극으로 만들 소재가 결정되면 학생들은 공동작업을 통해 대본을 작성하거나, 아니면 각자 역할에 따라 즉흥적인 연기를 통해 연극을 만들어 나간다. 이렇게 연극을 만들어 나가는 과정 속에 토론, 토의, 각종 자료조사 등의 작업이 저절로 이루어지게 된다. 즉, 교육이 이루어지게 된다. 경우에 따라서는 리허설을 준비 단계의 마지막에 두기도 한다.

준비 단계에서 교사는 매우 다양한 역할을 수행해야 한다. 학생들이 역할분담을 합리적으로 할 수 있도록 해야 하며, 제작과정에서 발생할 수 있는 다양한 문제들을 조정해 주어야 한다. 또 필요에 따라서는 약간의 연출자 역할도 수행해야 하며 혹은 어떤 배역을 맡아 출연할 수도 있다.

---

28) 흔히 청소년 수련 프로그램에서 '레크리에이션'이라 불리는 활동들.

3) 공연 단계

이렇게 연극이 완성되면 공연 단계로 넘어가게 된다. 교육연극은 관객을 전제로 하지 않기 때문에 사실상 이 공연 단계는 일종의 자족적 행위다. 전문연극에서는 이 단계가 가장 중요하지만 교육연극에서는 하나의 완성이며 일종의 축제일 뿐, 궁극적인 목적이 아니다. 학생들 스스로 만들었으며, 이를 스스로 공연하는 것이기 때문에 관객들 역시 그들 자신이기 때문이다. 교사는 공연 그 자체가 목적이 아니기 때문에 학생들이 긴장하지 않도록 분위기를 조성해야 하며 공연 도중에 실수를 하거나 연극이 중단되더라도 이 모든 것이 즐거운 분위기가 되도록 이끌어야 한다.

4) 팔로우 업 단계

교육연극은 공연보다 공연 직후가 더욱 중요하다. 교육을 어떤 의도된 목적을 가진 조직적인 행위라고 본다면 학생의 자발성만 발현되는 준비, 공연 단계보다 이 팔로우 업 단계에서 교사의 조직적인 개입이 본격화되기 때문이다. 브레히트의 서사극이 연극이 끝난 뒤 관객들의 문제의식이 분출하고 고민하는 것을 목적으로 한다면 교육연극은 그 문제의식을 해결하기 위한 과정까지 하나의 과정으로 포함하고 있는 것이다.

팔로우 업은 연극을 만들고, 또 공연하는 과정 속에서 얻은 학생들의 경험을 비판적으로 검토하고 조직화하는 시간이다. 만약 이 과정이 조직되지 않는다면 학생들은 연극을 제작하면서 많은 것을 얻기는 하겠지만 그것이 무엇인지 정리되지 않은 채 수업을 마치고 말 것이다.

더 위험한 경우는 학생들이 자신이 맡은 역할의 입장을 비판적으로 검토하지 못하고 그대로 내면화해 버리는 것이다. 따라서 교육연극에서는 반성적이고 비판적으로 자신들이 만든 연극을 되돌아보게 만드는 팔로우 업의 역할이 필수적이다.

가장 흔하게 활용되는 팔로우 업은 공연했던 연극에 대한 토론과 평가, 제작과정에 대해 이야기하기, 자기 역할에 대해 이야기하기 혹은 토론 뒤 연극을 수정하여 수정한 부분 재공연하기, 소감문 작성하기 등이 활용된다.

웜 업과 달리 팔로우 업은 다룬 내용, 제작과정에 따라 다양한 형태로 나타나게 된다. 따라서 어떤 일반화된 팔로우 업 방법은 원칙적으로는 존재할 수 없다. 가장 적절한 팔로우 업의 모형은 연극의 제작과정 공연과정을 보면서 그 속에서 생각해 내어야 한다. 그 결과 많은 교사들이 적절한 팔로우 업 방안을 찾지 못하여 사실상 생략해 버리거나 아니면 연극공연이 끝난 뒤 강의식으로 내용을 정리해 버림으로써 교육연극의 효과를 오히려 무효화시키는 경우가 빈번하게 나타난다.[29]

이런 현실을 감안하여 '성급한 일반화의 오류'를 무릅쓰고 몇 가지 팔로우 업 방법을 여기에 제시한다. 다시 강조하지만 여기서 제시하는 팔로우 업 방법은 하나의 규준일 뿐 모델이 아니기 때문에 반드시 그대로 적용해야 할 이유가 없다.

말하기: 특별한 주제 없이 생각나는 대로 말할 수도 있고, 관람한 연극의 내용 혹은 특정한 등장인물에 대해 말할 수도 있다. 형식은 자

---

29) 교육극단 달팽이의 교육극 『아나콘다 전사』는 환경 파괴에 대해 문제를 제기하는 연극을 보여주고는 학생들에게 환경 가치를 강요하는 듯한 지루한 팔로우 업 과정을 제공하여 그 효과를 반감시켰다.

유 발언이 될 수도 있고, 대담 혹은 간담회 형식을 취할 수도 있다. 공연 후 출연자들을 상대로 간담회를 여는 형식이 가장 무난한데, 이 때 교사가 어떻게 진행하느냐에 따라 활발한 수업이 될 수도, 답답한 수업이 될 수도 있다.

극중 개입: 이것은 팔로우 업이 공연 단계와 결합한 것이다. 관객 인 학생들이 문제 제기의 형식으로 극 중에 개입한다. 그렇게 되면 극 은 정지되며 수정될 수 있다. 혹은 출연자가 갈등 상황에서 관객에게 조언을 구할 수도 있다.

천사와 악마: 관객이 두 패로 나뉘어서 한 패는 공연된 연극 혹은 특정 등장인물에 대해 우호적인 입장에서, 다른 패는 비판적인 입장에 서 논쟁한다.

논쟁학습: 공연이 끝난 뒤 연극의 내용을 소재를 쟁점으로 삼아 논 쟁학습을 진행한다. 논쟁학습에 대한 상세한 내용은 이 책의 주제가 아니지만 3부를 참조하기 바란다.

작성하기: 팔로우 업이 꼭 언어의 형태로 이루어질 이유는 없다. 소감문, 평가지 등을 작성하게 하거나 혹은 만화, 그림을 그리게 하는 것도 훌륭한 팔로우 업으로 기능할 수 있다.

5) 교육연극에서 교사의 역할

지금까지 살펴본 교육연극의 각 단계별 활동을 보면 교사의 역할이 독특하다는 것을 확인할 수 있다. 교육연극에서 교사의 역할은 전통적인 교실 수업에서 교사의 역할과 다르며, 연극 입장에서 보면30) 연출자의 역할과도 다르다. 교사는 교육자이며, 연출자이며, 동시에 조정자이며, 조언자, 비평가이기도 하다. 이렇게 교사의 역할이 다양한 것은 연극이라는 장르 자체가 다양한 활동의 협업을 통해 이루어지는데다, 이것이 다시 교육적으로 재구조화되었기 때문이다.

게다가 여기에서 살펴본 교사의 역할은 교육연극을 극도로 일반화했을 경우 나타나는 최소한이다. 다음 장에서 살펴보겠지만 교육연극에는 다양한 유형이 있고 그 유형에 따라 교사가 담당해야 하는 역할은 상당한 편차를 보인다. 그러나 그 어떤 경우에도 교사는 지식과 가치에 대해 학생들보다 우월한 권위를 가진 존재로, 즉 '교사'로서 참여하지는 않는다는 공통점을 가진다. 교육연극 관련 문헌들 중에는 아예 교사라는 용어 자체를 사용하지 않고 '이끎이'라는 말을 사용하기도 한다.

그러나 이끎이가 되었든 교사가 되었든, 교육연극을 전체적으로 이끌어 가는 존재가 교육자인가 아닌가의 문제에 대해서는 아직 논란의 여지가 많다. 주로 연극 분야에서부터 비롯된 교육연극 관련자들은 학생들이 연극적 경험을 하고 연극을 완성시키는 즐거움을 더 중요시하는 경향이 있어서 '이끎이' 쪽으로 기우는 경향이 있다. 물론 교육계 출신 교육연극 관련자들은 여전히 교사라는 용어를 사용하며 팔로우 업을 더 중요시한다. 이들 중 어느 쪽이 옳다고 보기는 어렵지만, 만약 자신들의 강점을 부각시키고 약점을 은폐하려는 목적에서 강조점을 사용한다면 이는 온당치 못한 처사가 될 것이다.

---

30) 공연을 목적으로 하는 형식적 연극

제3장

교육연극의 이론적 기반

지금까지 교육연극의 의미와 역사 그리고 일반적인 모형과 각 단계별 특징들에 대해 살펴보았다. 그렇다면 이제 이러한 교육연극이 어떠한 교육적, 예술적 근거하에 정당화되고 있는지 살펴보기로 하자. 즉, 교육연극을 정당화하는 이론적 기반을 살펴보도록 하자.

1. 교육연극의 교육학적 기반

교육연극을 정당화하는 교육학적 기반은 교육학의 주요 흐름들 중 주로 진보주의(혹은 실용주의)와 구성주의에 의해 제공되고 있다. 또한 '전원기숙학교', '발도르프학교' 같은 대안교육학에서도 교육연극 모형과는 다르지만 연극적 활동을 매우 중요한 교육 활동으로 설정하고 있다. 게다가 보수적인 행동주의 교육학조차 교육연극에 대해 중요한 이론적 기반을 제공한다.

먼저 진보주의 교육학부터 살펴보자. 진보주의 교육학에서 교육이란 학생의 성장과 발달을 위해 경험을 제공하고 또 그 경험을 점점 확대해 나가는 과정이다(Dewey, 1938). 이는 교육이란 인류의 문화유산에 관한 지식이나 과거 경험을 학생들에게 틀림없이 전달하는 것이라는 보수주의 교육학(전통적 교육학)과 날카로운 대비를 이룬다.

듀이(1921, 1938)는 단순히 과거의 것을 전달하는 교육은 학생들의 삶과 유리되어 있기에, 사실상 목적과 의미를 상실한, 죽은 교육이 된다고 비판하였다. 진정한 교육은 학생들이 생활 경험을 부단히 개조해 가면서 스스로 성장하고 발달하는 과정이다. 학교는 학생들이 이러한 경험의 개조와 확대를 이루는 장이며, 학생들의 발달 단계에 적합한 경험을 조작하고 도구화하는 장이기도 하다. 이에 따라서 학습도 생활의 중심적인 과제를 해결하는 학생 상호간의 교호행위를 통하여 실제적 경험적 창조적 조작적인 행동으로 이루어진다. 이와 같이 교육은 실제 생활로의 적응, 창조, 발전이며, 이를 위한 경험의 과정이다.

그러나 아동과 청소년은 엄연한 미성숙의 개체다. 따라서 이들의 경험과 활동에는 제한이 있을 수밖에 없다. 그럼에도 불구하고 학교는 이들이 장차 경험하게 될 여러 가지 사회적 상황을 제공해 줄 수 있으며 또 그래야만 한다. 학생들은 여러 가지 다양한 사회 속의 역할을 맡아서 행위하고 생각하고 반성할 수 있는 경험을 가져야 한다. 교육이 의도적인 활동이라면, 바로 여기에 적합한 의도적인 경험의 환경을 제공하는 것이다(Dewey, 1921). 이런 의미에서 교육은 예술적인 활동이다(Dewey, 1937, 민병욱, 2000).

교육이 학생들로 하여금 삶을 파악하고 또 준비시키는 것이라면,

마땅히 자기를 표현하는 속에서 이루어져야지, 수동적이고 맹목적인 학습을 통해 이루어져서는 안 된다. 바로 이런 관점에서 연극은 학생들이 능동적으로 가상적 경험을 체험하게 하는 중요한 도구가 된다. 연극을 통해 학생들은 아직 경험하지 못한 세계를 경험할 수 있으며, 시공간적 한계를 넘어 다양한 인류의 삶을 경험할 수 있다. 그리고 팔로우 업 단계에서 여기에 대한 토의, 토론을 행함으로써 반성적 사고를 발휘하게 된다. 이런 점에서 교육연극은 진보주의 교육에 가장 적합한 교육 방법이며, 바로 경험으로서 예술 그 자체라고 할 수 있다.

다음은 구성주의의 입장에서 살펴보자. 구성주의의 양대 축을 이루는 학자는 단연 피아제(Piaget)와 비고츠키(Vygotsky)다. 이들은 서로 치열하게 논쟁하는 적수였지만 공통적인 이론적 기반 위에 서 있다.31) 이들이 서 있는 공통적인 이론적 지반은 발달심리학(developmental Psychology)과 도식이론(Scheme theory)이다.

먼저 피아제의 입장부터 살펴보자. 발달심리학의 입장에 서면 어린이나 청소년은 어른의 축소형이 아니다. 발달심리학의 기본 전제는 한 인간은 불연속적인 여러 단계를 거치면서 성인이 된다는 것이다. 여기서 말하는 발달이란 미래의 삶과 생활환경에 대한 적응능력을 증대시키는 것으로서 곧, 정신과 신체의 진보적인 변화를 말한다. 발달은 기본적으로 변화의 과정이며, 성장과 성숙 그리고 학습의 상호 의존적인 과정에 의해서 이루어진다(Shaffer, 1999).

여기에서 주목해야 하는 것은 성장, 변화, 진보가 일방적인 외부의 영향에 의해 일어나는 것이 아니라는 것이다. 모든 아동은 외부의 영

---

31) 실상 공통적 이론 기반에 서 있지 않으면 논쟁 자체가 불가능하다. 예컨대 칼 포퍼와 테오도르 아도르노의 논쟁이 그러하다. 그것은 논쟁이라기보다는 차라리 집단 독백에 가까웠다.

향을 수용하기 전에 이미 나름의 체계를 갖추고 있다. 그것을 도식이라고 한다. 외부에서 새로운 자극이 주어졌을 때 아동은 그 자극을 그대로 수용하지 않는다. 이 자극이 원래 가지고 있는 도식에 불균형을 야기하기 때문이다. 도식의 평형이 깨지면 아동은 세상과 상호 작용의 문제를 일으킨다. 따라서 새로운 자극은 기존의 도식에서 수용 가능하도록 변형되어 인식되며(동화), 또한 도식 역시 새로운 자극을 소화할 수 있도록 변형된다(조절). 발달이란 이렇게 동화와 조절 작용을 통해 성장해 가는 능동적인 과정이다. 학생은 스스로 처해 있는 환경과 이에 관련된 경험에 맞추어서 성장하고 성숙할 뿐만 아니라 새로운 정보와 지식을 학습하고 이를 토대로 하여 자기 행동을 수정하여 보다 새로운 환경에 적응하여 가는 것이다. 그 적응은 물론 생물학적 적응이면서 이에 상응하는 지적인 적응이기도 하다.

그렇다면 학습은 일방적인 지식의 전달과 수용이라는 수동적인 행위가 아니라 인간이 새로운 환경에 적응하기 위하여 그것으로부터 특별한 정보를 능동적으로 습득하고 소화하여 자신의 도식에 동화시키는 과정이다. 학습은 교사에 의해서 주어지는 것이 아니라 학생 스스로부터 나온다는 의미에서 능동적인 발견의 과정이며, 학생은 탐색자 혹은 탐구자이다. 아울러 발달은 비약적이 아니라 점진적인 단계별로 이루어지므로 학습도 학생들의 발달 단계에 적합한 수준에서 이루어져야 한다.

교육연극은 바로 학생들의 이러한 능동적인 동화, 조절의 기회를 제공할 수 있는 유용한 도구다. 학생들은 자신의 일상생활에서 경험하지 못하던 새로운 경험을 연극적 상황에서 경험하게 된다. 물론 독서나 이야기 듣기도 그러한 경험을 제공하지만 연극을 통해 직접 말과 행동으로 경험하는 것에는 비할 바가 못 된다. 이런 생생한 경험은 새로운 자극이 되어 활발한 조절과 동화작용을 야기한다.

비고츠키(1986)는 아동이 능동적으로 학습하는 주체라는 점에서는 피아제와 동일하다. 그러나 피아제의 발달이론이 순전 아동의 개별적 내면에서 이루어지는 것으로 보고, 그 과정에서 사회적인 상호 작용의 중요성을 간과했다고 비판하였다. 즉, 피아제의 발달이론에서는 타자는 한낱 외부 자극들 중 하나로 축소되고, 심지어는 사물과 마찬가지로 취급되고 있다는 것이다.32) 비고츠키에게서 아동-사물 상호 작용과 아동-타인 상호 작용은 질적으로 다르다. 그는 근접 발달 영역 이론을 통해 아동 발달에서 타자의 역할을 창출하였다.33)

이 중 비고츠키는 아동-타인의 상호 작용이 고등 정신 기능의 발달에 결정적이라고 보았다. 아동-사물 관계와 아동-타인 관계의 결정적인 차이는 바로 언어다. 직접 사물과 마주치는 경험과 언어에 의해 매개된 경험은 질적으로 다른 것이다. 그런데 여기에서 비고츠키가 말하는 언어는 문어(written language)가 아니다. 문어를 통해서는 결코 고등 정신 기능을 발달시킬 수 없다. 비고츠키가 말하는 언어는 사회적인 언어, 상호 작용을 통해 주고받는 살아 있는 언어, 그것을 매개로 경험이 이루어지는 매개된 활동으로서의 언어다. 따라서 가치의 내면화와 같은 고등 심리과정은 매개된 활동을 통하여 효과적으로 획득되며, 인간과 현실 간의 실제적인 관계는 이러한 활동의 기반이 된다.

---

32) 이러한 비고츠키의 비판에 대해 피아제는 자신이 아동 발달에서 사회적 영향을 간과했음을 시인했다. 그럼에도 불구하고 피아제는 여전히 개별 아동에 더 무게중심을 두었다. 이 논쟁은 마침내 정치적으로 이용되어 마치 피아제는 자유주의를, 비고츠키는 사회주의를 대변하는 것처럼 선전되어 이 둘을 모두 모욕했다.

33) 학생 스스로 과제를 다룰 수 있는 지적 발달 수준(실제적 수준)과 성인 (부모, 교사)이나 뛰어난 동료의 도움을 받아 해결할 수 있는 지적 발달 수준(잠재적 수준)과의 차이를 말한다.

교육연극은 여기에서도 중요한 역할을 담당할 수 있게 된다. 이는 연극적 인지과정이라는 독특한 과정에서 비롯된다. 연극적 인지과정은 생활 세계에서 수립한 가설을 가상의 구성(as if)을 통해 구체화하고 증명하는 과정이다. 이는 사실 인간이 머릿속에서 일상적으로 수행하는 작용이다. 우리는 허구와 모방을 통해 실재(reality)에 대한 가상의 지식을 구성한다. 이런 능력이 없다면 인간의 지식은 결코 확대되지 못했을 것이며, 칸트의 말을 빌리면 '선험적 종합판단'은 단연코 불가능했을 것이다. 이런 의미에서 인간은 늘 머릿속에서 연극을 행하며, 그의 사회생활은 머릿속의 연극을 실제 살아 있는 사람들을 대상으로 시연하는 과정이다(Goffman, 1961). 이러한 연극적 인지는 감각을 통해 현실(actuality)에 대한 구체적 정보를 획득하기 어렵거나, 실재가 미래형인 경우에는 사실상 유일한 인지수단이 된다(황정현, 2001). 즉, 연극은 가장 전형적이고 사실상 유일하게 가능한 매개된(mediated) 경험이다.34)

연극은 현실적으로 경험하기 어려운 상황을 상상적으로 매개하는(imaginary mediation) 활동이다. 그 경험이 비고츠키가 강조하는 언어를 매개로 하는 사회적 상호 작용이 되었든 혹은 피아제가 강조하는 외부의 자극이 되었든, 연극은 양자 모두의 입장에서 풍부한 경험과 자극을 제공할 수 있다. 따라서 어떤 입장을 취하든 간에 구성주의 교육학에서 연극의 위상이 매우 중요하다는 점은 변하지 않는다.

심지어 교육연극은 구성주의와 대척점에 서 있는 행동주의 교육학의 입장을 취하더라도 대단히 중요한 역할을 담당할 수 있다. 행동주의에서 교육은 자극에 대한 반응의 연쇄를 통해 습관을 형성하는 것

---

34) 많은 사람들이 인생을 한 편의 드라마에 비유한다. 이는 결코 우연한 비유가 아니다. 실로 삶은 장면 장면이 모두 한 편의 드라마다.

이다. 엄밀히 말하면 행동주의에서 교육과 훈련은 구별되지 않는다. 행동주의에서 학습자는 수동태이며 교사는 능동태다. 교육학은 이제 얼마나 효율적으로 자극을 주어 학습자에게 의도된 행동의 변화를 야기하는가에 대한 기술이 된다. 행동주의가 가장 중요시하는 방법은 강화의 방법이다. 즉, 교육자가 의도한 행동에 대해서는 좋은 자극을 주어 강화시키고, 그렇지 않은 행동에 대해서는 나쁜 자극을 주어 부정적으로 강화시킨다는 것이다. 여기에서 보상과 처벌이라는 당근과 채찍이 등장한다.

따라서 행동주의 교육학에서는 학생들이 교육자가 원하는 학습내용에 몰입하도록 만드는 긍정적인 자극을 중요시한다. 이를 흥미유발이라고 한다. 행동주의 교육학에서 교육연극의 가치는 바로 이 흥미유발에 있다. 그래서 행동주의 교육학에서는 교육연극을 왕왕 '연극 놀이'라고 부른다. 연극은 창조적이며 즐거운 경험이다. 이런 즐거운 경험을 통해 학생들을 학습으로 이끌어 내는 것은 가장 효율적인 수업이 된다. 또한 교육연극은 학생들이 장차 마주치게 될 상황을 미리 가상으로 체험하게 함으로써 훈련의 기능도 수행할 수 있다.

이렇게 어떤 교육학적 입장을 취하더라도 교육연극은 중요한 의미를 가지는 유용한 수단으로 선택될 수 있다. 또한 각 교육학적 입장에 따라 교육연극은 거기에 적합한 다양한 변형들을 가지고 있다. 그러나 이 연구에서는 행동주의의 입장에서 교육연극을 다루지 않는다. 또 소시오드라마나 사이코드라마 등에서 잘 나타나는 심리역학적 입장도 다루지 않는다. 이는 행동주의나 심리역학의 의의를 거부하거나 평가절하한다는 의미가 아니라 비판적이고 반성적인 태도로서 민주시민성, 그리고 그 기반이 되는 능력으로서 창의성을 함양한다는 이 연구의 목적과 이 두 입장이 직접적인 관련이 없다는 의미다.

2. 교육연극의 연극학적 기반

　지금까지 교육연극의 의의를 교육학적 입장에서 살펴보고 그 정당
화의 근거를 확인하였다. 이번에는 관점을 반대로 돌려서 교육연극의
의의를 연극학적으로 정당화해 보기로 하자. 이는 연극이 원래 교육적
기능을 가지고 있음을 확인하는 것이 아니라 교육적 기능을 강화할
경우 연극적 기능도 함께 강화될 수 있음을 확인하고자 하는 것이다.

　연극이 관객에게 수동적으로 수용되지 않고 적극적으로 문제 제기
하는 교육적 목표를 자각할 때 비로소 드라마가 완성된다고 보는 입
장은 주로 서사극과 환경연극에서 제기되었다. 사실 드라마 이론에서
관객과 배우의 상호 작용은 암묵적으로 전제되어 있기는 하였지만, 적
극적인 활동으로 제기되지는 않았다. 그러나 관객이 연극공연에 어떤
형태로든 참여하고 있음은, 또 관객의 이런 암묵적인 참여가 실제 공
연의 성격을 바꾸기도 한다는 점은 여러 실험을 통해 입증되었다. 따
라서 연극은 관객과의 상호 작용을 염두에 두어야 하며, 이를 암묵적
인 상태로 둘 것이 아니라 적극적으로 이끌어 낼 필요도 있다.

1) 브레히트의 서사극

　브레히트(Brecht, 1937)는 이러한 문제를 선구적으로 제기한 작가
다. 그는 관객의 존재를 부정하였다. 심지어 관객이 관객으로 머물지
않도록 특별한 장치를 동원하기까지 하였다.35) 그가 제시한 연극의
참모습은 학습극과 서사극의 형태로 나타난다. 학습극은 공연이 아니

---

35) 소외효과

라 연기의 경험을 통해 참여자가 스스로 학습하는 것을 목적으로 만들어진 연극이다. 만약 학습극이 공연된다면 이는 예술로서 감상하는 것이 아니라 그것을 하나의 시범으로 삼아 관객들이 직접 그 극을 연기해 보는 것을 목적으로 하는 것이다. 이는 오늘날의 교육연극과 흡사하나 이미 완성된 대본의 형태로 존재한다는 점에서 비형식적 연극을 지향하는 교육연극과 구별된다. 반면 서사극은 관객이 직접 연기해 볼 것까지는 요구하지 않는다. 그러나 관객이 마냥 수동적인 감상자로 머물러 있는 것을 거부한다.

따라서 서사극은 소외효과를 통해 한사코 관객이 연극에 몰입하는 것을 방해하고 적극적이고 비판적으로 연극이 제시하는 상황을 뜯어볼 것을 요구한다. 따라서 서사극은 막이 내리면서 종료되는 것이 아니라 그 순간부터 관객의 머릿속에서 혹은 오늘 본 연극에 대해 토론하는 뒤풀이 장소에서, 연극이 끝나고 집에 돌아가 누운 뒤 뒤숭숭한 잠자리에서 본격적으로 시작된다. 이는 어떤 의미에서는 관객의 머릿속에서 진행되도록 고안된 학습극이다.

브레히트의 서사극은 궁극적인 목적이 관객의 심미적 경험이 아니라 생각의 변화에 있다는 점에서 교육적인 목적을 가지고 있다(Brecht, 1937). 사실 오늘날 브레히트의 서사극이 교육적 목적으로 상연되는 경우는 드물며 예술작품으로 취급되지만 그 원리는 교육연극에 충분히 흡수되었다. 교육연극에 적용된 브레히트 서사극 원리들을 정리하면 다음과 같다.

① 거리두기

거리두기는 연기자의 관점이 아니라 관객의 입장에서 논의되는 용어이다. 일반적인 연극공연에서 관객은 무대에서 일어나는 실제의 사건을 목격하는 입장이다. '숨을 죽이고' 무대에서 일어나는 일에 몰입한다. 거리두기는 이와 같은 관객과 배우의 입장에 변화를 준다. 관객이 무대에서 진행되는 상황에 직접 개입할 수 있고 그 반대의 상황도 가능하다. 이를 위해 필요한 것이 다름 아닌 거리두기다. 관객은 연극적 약속이라는 전제를 무시하고 무대에서 진행되는 연기에 실제로 직접 개입하기도 하며 비판적 시각으로 바라보게 된다.

교육연극도 이와 같다. 교실에서 학습내용과 관련된 작업을 할 경우 연기하는 학생들과 이를 바라보는 학생들은 일반적 연극에서의 배우와 관객의 입장이 아니다. 학습내용을 분석, 토론한 결과를 보여주는 학생들과 이를 바라보며 자신들의 분석, 토론 결과를 비교하는 학생들은 서로 의견을 나눌 수 있으며 서로에게 개입하기 위해 비판적인 시각을 유지해야 한다. 상대의 작품에 몰입하여 비판적 시각을 잃어버리게 되면 교육연극의 의미는 사라지게 된다. 교육연극이 학생들에게 요구하는 중요한 입장 하나가 바로 거리두기인 것이다.

② 연기자와 관객 간의 분할 무시

통상적인 연극에서는 무대와 객석 사이에는 보이지 않는 막(제4의 벽)이 있는 것으로 생각하여 연기하는 것이 일반적이다. 그런데 서사극에서는 무대와 객석 사이에 아무것도 없는 실정을 그대로 반영한다. 연기자는 연기하는 동안 앉아서 연기를 구경하는 관객들을 연기에 끌어들이거나 그들의 반응과 상호 작용을 이용한다. 또 공연장 내에 있는 여러 가지 사물을 연기에 이용하기도 하고 공연장 전체를 연기에 활용하기도 한다.

이는 교실로 들어온 연극인 교육연극에 그대로 반영된 원리다. 교육연극에서 연기자들은 관객이 동시에 학생임을 명백히 의식한다. 또한 그들이 연기하고 있는 공간이 교육의 장인 교실임도 명백히 의식한다. 따라서 무대와 객석이 있는 것이 아니라 단지 하나의 공간인 교실이 있는 것으로 간주한다.

③ 이중적 자아인식

이는 연기하면서 자신이 맡은 역할에 몰입하는 것이 아니라 자신이 맡은 역을 제3자의 입장에서 지속적으로 관찰할 수 있도록 유도하는 기법이다. 어떤 배역에 몰입하면서 비판적 입장을 취하기는 어렵다. 이에 근거하여 교육연극에서는 학습자로서의 역할과 연기자의 역할을 동시에 수행하도록 요구한다. 자신이 맡은 역에 충실하되 연기에만 몰두하지 않고 그 역을 객관적으로 바라볼 수 있도록 하는 것이다. 교육연극은 연기를 잘하게 교육하거나 자신이 맡은 역에만 충실하도록 요구하지 않는다. 연기자는 자신들이 연기하는 내용이 어떤 쟁점과 관련하며 어떤 반대 견해와 충돌할 수 있는지 지속적으로 의식해야 한다. 때문에 연기자들은 자신이 맡은 역과 본래의 자신, 교육연극의 경우에는 연기자로서의 역할과 학습자로서의 역할 두 가지를 이중적으로 수행하게 된다. 이중적 자아인식은 '관점의 계속적 변화'와 같은 맥락에서 운영되기도 한다. 자신이 맡은 역 외에 주변의 관점에서 자신이 맡은 역과 주변의 다른 역을 지속적으로 관찰하도록 지도하는 것이다.

④ 분 할

흔히 동시 장면이라고 불리는 기법이다. 이는 과거와 현재, 미래, 아니면 외적 행동과 내적 사고가 한 장면에서 동시적으로 표현되는 것이다. 보통의 연기에서는 시점이 변화되면 장변의 변화도 동반된다.

그러나 서사극에서는 상이한 시제들이 한 장면에서 표현되는 경우가 빈번하다. 이를 통해 관객들은 사태의 전후 맥락과 인과관계에 대해 논쟁적으로 참여하게 된다.

⑤ 플롯의 이해

플롯이란 작품 내의 개연성 유지와 유기적 연결구조가 근간이다. 이 근간을 해체시켜 작품을 만드는 것이다. 초등학생 단계에서 이를 적용하기란 쉽지 않다. 그러나 극적 훈련이 많이 된 초등학교 고학년의 경우나 연극반에서 다양한 상상력을 유도하기 위해 실험적으로 사용할 수 있을 것이다.

⑥ 고전적 주제와 텍스트 해체

캐릭터 변형에 해당한다. 널리 알려진 동화를 비판적으로 다시 분석해 보는 동기를 제공하기 위해 이 방법을 사용하면 좋다.

2) 환경연극

환경연극은 브레히트보다 더 적극적으로 관객의 역할을 요구한다. 이는 관객을 이미 연극의 참여자 중 하나로 설정해 둔 대본이나 연출을 시도한다. 환경연극에서 관객들은 무대와 객석의 구분이 없는 장소에 모여서 자기들 틈에 섞여 있는 배우들의 연기에 반응해야 하는 경우를 만나게 된다.

환경연극의 중요한 이론가는 쉐크너(Schechner, 1985)다. 그는 연극 공연이 커튼콜로 마무리되는 것이 아니라고 주장하였다. 그는 공연의

7단계를 〈표 5〉과 같이 제시하였다.

〈표 5〉 쉐크너의 공연 7단계

```
① 트레이닝(training)
② 워크숍(workshop)
③ 리허설(rehearsals)
④ 워밍업(warm-up 혹은 공연 직전의 준비)
⑤ 공연(performance)
⑥ 마무리(cool down)
⑦ 여파(aftermath)                    (Schechner, 1985, pp.27.)
```

트레이닝 단계는 통상적으로는 공연을 준비하는 배우들의 훈련과정으로 사용된다. 그러나 쉐크너가 의미하고 예로 드는 것은 민속공연에서 배우들이 아주 어렸을 때부터 배우게 되는 민속공연자로서의 훈련과정을 의미한다. 그는 일본의 가무극인 노[36]를 예로 들고 있다. 따라서 이 트레이닝과정은 거의 평생에 걸친 경험을 의미하며, 한마디로 요약하면 삶 그 자체다.

---

36) '能, 사루가쿠노, 덴가쿠노, 교겐노 등으로 불렸다. 그 후 사루가쿠노만을 노라고 부르게 되고 사루가쿠라는 호칭과 함께 사용되어 오다가 에도시대 이후로는 노라고 부르게 되었다. 또 오늘날에는 노 외에 노가쿠라는 말도 사용되고 있다. 노는 관객에게 재미나 즐거움을 주는 일반의 연예활동과는 여러 가지 면에서 차이가 있다. 노는 단순한 무대장치와 세 가지(때로는 네 가지) 악기가 만들어 내는 단순하고 불규칙한 음의 연주되며 배우의 움직인 또한 화려한 의상에 가면을 한 주연 이외의 사람들은 거의 지정된 자리에 앉아서 움직이지 않으며 주인공도 지극히 절제된 동작만 반복한다. 대사 또한 문어체의 고어이며 그나마 대부분 우타이라는 창의 형식으로 행하게 되고 얼굴을 가린 가면의 방해를 받아 내용의 전달이 지극히 불확실하다. 한 작품의 공연 시간은 한 시간 반이나 두 시간 정도이고 잠시의 휴식 시간과 점심 식사까지 하면서 종일 진행하는 형식이다.

어떤 면에서는 워크숍 단계가 오히려 통상적인 의미의 트레이닝에 가깝다. 이 단계는 대본을 가지고 공연 연습을 하는 단계이다.

워밍업은 본 공연의 직전에 준비하는 단계를 말한다. 용어상 교육연극의 웜 업 단계와 혼동될 가능성이 있다. 교육연극에서는 트레이닝부터 공연 직전의 워밍업까지를 모두 웜 업 단계로 보지만 쉐크너는 트레이닝이 아니라 본 공연 직전에 행하는 워밍업이라는 의미로 이 용어를 사용하였다.

공연 단계는 실제 무대 위에서 관객을 상대로 공연하는 것을 의미한다. 통상적으로 연극은 여기에서 마무리가 된다. 막이 내려가고 커튼콜이 있고, 그리고 나서 극장의 불이 꺼지면 그것으로 끝나는 것이다. 그러나 쉐크너는 여기서부터 새로운 단계가 시작된다고 본다. 바로 마무리와 여파의 단계가 그것이다.

마무리 단계는 공연이 끝난 뒤 배우나 관객 모두 공연의 과정에서 고양되었던 감정이나 정서가 가라앉는 단계다. 공연을 통해 관객과 배우 등의 참여자들은 그 극적 분위기 속에서 몰입이 되었든 혹은 소외효과에 의해 멀어져 있든 간에 직·간접적으로 공연의 영향하에 있었다. 따라서 공연이 끝나고 나면 자연스레 현실 세계로 돌아가는 과정을 겪게 된다. 바로 이 단계가 마무리 단계다. 그런데 연극은 이 마무리 단계에서 해소되지 않는다. 이후 삶에 영향을 주는 것이다. 이를 쉐크너는 여파(Aftermath)라고 불렀다.

이 여파의 단계가 바로 쉐크너가 가장 강조한 단계다. 공연은 그것으로 끝나는 것이 아니다. 연극공연 동안 배우와 관객이 겪은 경험은 이미 그들의 마음에 각인되어 이후의 삶에 투영되는 것이다. 따라서 일정한 기간 동안이나 그보다 더 긴 시간 동안 그들의 삶에 영향을 주어 다음 공연이나 또 다른 삶의 장면을 이전과 다르게 만든다. 이는 교육학에서 흔히 말하는 피드백(feed back)과정이다.

　이는 매우 추상적이고 신비적으로 느껴질 수 있겠지만 실제로는 그렇지 않다. 예컨대 입센의 '인형의 집'을 관람한 가정주부, 카이저의 '아침부터 자정까지'를 관람한 노동자는 이후 남편의 뒷바라지를 할 때마다 혹은 지루하고 갑갑한 노동을 할 때마나 연극에서 경험했던 정서와 마주치게 될 것이다. 이는 어떤 공연이 끝난 뒤 흔히 말하는 '감동받았다(moved).'라는 말을 오히려 구체적으로 표현한 것이다. 감동을 받았다는 것은 마음에 어떤 변화가 생겼다는 것이고, 마음에 변화가 생긴 이상 그 이전의 삶과 그 이후의 삶이 같을 수 없기 때문이다. 사실 이런 경험은 매우 빈번한 것이긴 하지만, 전적으로 오락을 위해 만들어진 최근의 각종 뮤지컬 등에서는 기대하기 어려운 효과이기도 하다.

　따라서 쉐크너는 연극공연의 단계들 중에서 이 여파의 단계야말로 사회적으로 가장 유용한 의미를 지니고 있다고 강조하였다. 그는 연극공연의 이 일곱 가지 단계 중에서 연극인들이 눈에 보이는 과정들에만 너무 많은 관심을 기울였다고 비판하였다. 즉, 트레이닝이나 리허설 공연 등에는 관심을 많이 기울이고 부지런히 연구해 왔으나 워크숍과 워밍업, 마무리 그리고 무엇보다도 여파에 대해서는 관심이 부족했다는 것이다.

　사실 이렇게 눈에 보이지 않는 부분까지 포괄하여 공연의 전체 과정을 바라보게 되면 비로소 관객, 그리고 그 관객들이 살고 있는 사회적 문화적 맥락 속에서 공연이 강조하고 나아가야 할 부분이 무엇인지 보이게 된다. 즉, 훌륭한 공연은 관객의 수용능력과 변화가능성을 염두에 두고 있어야 하며, 결코 제작진만의 일방적인 노력만으로는 완성되지 않는다.

　이는 쉐크너의 이른바 환경연극 선언에서도 다시 한 번 확인된다. 1) 연극공연은 연속된 상호 작용의 법칙이다(무대와 객석 구분 철폐). 2) 모든 공간이 공연에 사용되며 모든 공간이 관객을 위해 사용된다(극장과 비극장 구분 철폐). 3) 연극 행사는 전체적으로 변형된 공간이나 주어진 공간에서 이루어진다. 4) 초점은 융통성 있고 변화가능하다. 5) 모든 공연 요소들은 제각기 자신의 언어를 가진다(언어, 대사의 주도성 철폐). 6) 희곡은 공연의 출발점도 아니고 목표도 아니다. 텍스트가 전혀 없는 상태에서 공연이 출발할 수도 있다.

　이런 점에서 환경연극 이론은 관객의 인생이라는 연극과 무대 위의 연극의 만남을 시도하며, 이는 교육연극이 추구하는 목표와 크게 다르지 않다. 실제로 쉐크너의 공연 단계와 교육연극의 단계 간에는 적지 않은 유사점이 발견된다(〈표 10〉 참조).

제4장

교육연극의 종류

지금까지 교육연극의 교육학적, 연극학적 정당성에 대해 살펴보았다. 그렇다면 이제 구체적으로 어떤 종류의 교육연극들이 있는지 살펴보기로 하자. 교육연극을 분류할 때 사용하는 가장 중요한 기준의 형식화의 정도다. 교육연극은 기본적으로 비형식적 연극이며, 이 비형식성 때문에 전문연극과 구별된다. 하지만 이 비형식성의 수준에도 편차가 있기 마련이고, 여기에 따라 다양한 유형들이 나타난다. 이러한 형식화 수준을 가늠하는 기준은 완성된 대본의 유무, 완성된 대본의 작성자나 연기자에서 학생들이 차지하는 위치 등이다. 이런 기준에 따라 다양한 교육연극을 분류할 수 있지만 여기서는 가장 널리 활용되는 역할 놀이, 시뮬레이션, 소시오드라마 그리고 DIE(Drama-In-Education)와 TIE(Theater In Education)에 대해 살펴보기로 하자.

1. 역할 놀이(Role Play)

역할 놀이는 교육연극의 여러 유형들 중 가장 단순한 모형이다. 여기에는 주어진 대본이 없으며, 어떤 서사도 없다. 이런 의미에서 역할 놀이는 연극이 아니다. 〈표 6〉은 역할 놀이와 연극을 비교한 것이다. 물론 형식적 연극을 거부하는 환경연극의 입장에 서면 역할 놀이야말로 진정한 연극이라고 말할 수도 있다.

〈표 6〉 연극과 역할 놀이

	연극	역할 놀이
대본	완성된 대본이 있다.	완성된 대본은 있을 수도 없을 수도 있다. 그러나 완성된 대본도 상황에 따라 언제든지 수정 가능하다.
배역	대본에 따라 결정된다.	역할을 먼저 선택하고, 역할들끼리의 가상의 상호 작용을 통해 대본이 성립된다.
연출자	연극을 완성하기 위한 연출자가 있다.	연출자를 대신하여 교사는 문제 제기자의 역할을 한다.
연기	대본에서 설정한 배역에 충실한다.	주어진 상황과 역할에서 자신의 생각을 표현하는 데 중점을 둔다.
관객	무대와 객석은 분리된다.	관객은 자유로이 극의 진행에 개입하며, 극의 흐름을 수정할 수 있다.

역할 놀이에서는 대본 대신 역할과 상황만 주어진다. 수업을 이끄는 교사(혹은 도우미)는 교육적 의도에서 설정된 상황들을 제시하고 그 상황들에 등장하는 인물들의 배역을 참가자들에게 분배한다. 참가자들은 먼저 상황을 숙지하고 자신이 맡은 역할이 어떤 인물인지 숙지한다. 이렇게 자신에게 주어진 역할을 이해하고 나면 참가자들은 주어진 상황에서 그 역할에 마땅한 말과 행동이 무엇인지 상상하여 표

현한다. 이렇게 표현한 것은 다른 역할을 맡은 참가자들에게 새로운 상황이 되며 그들은 거기에 따라 또한 합당한 반응을 표현한다. 이렇게 상상력을 이용하여 맡은 역할의 입장에서 상호 작용을 하게 된다. 이렇게 어떤 특정한 역할의 입장에서 상호 작용한 뒤 놀이 상황이 끝나면 다시 자신으로 돌아와 그 체험을 바탕으로 타인의 관점을 이해하게 된다(남세진, 1997). 시간과 여건이 허락하면 동일한 상황에서 서로의 역할을 바꾸어 가며 진행하는 것도 큰 도움이 된다. 교사는 경우에 따라 상황에 뛰어들어 도발적인 문제 제기를 한다. 이때 문제 제기는 해당 참가자에게 하는 것이 아니라 해당 역할에게 하는 것이다.

이러한 역할 놀이는 상징적 상호 작용주의 사회학에서 말하는 인간의 사회생활과 흡사하다. 미드(Mead, 1934)에 따르면 인간의 마음은 타인의 입장에서 자신을 객관화함으로써 만들어지는 자아가 일반화된 타자의 입장에서 자신을 반성할 수 있을 때 비로소 만들어진다고 하였다. 이때 자아는 타자 혹은 일반화된 타자가 자신에게 어떤 행동을 기대하는지 알게 되는데 이 과정을 역할 취득이라고 한다. 역할 놀이는 이를 위한 가장 단순하면서도 명료한 방법이다.

그러나 역할 놀이는 이러한 명료한 구성과 효과 때문에 활용하기가 쉬운 만큼 한계도 가진다. 특히 역할 놀이는 그 효과가 태도, 정서상의 효과에 국한된다. 주어진 상황에 따른 짤막한 즉흥연기에 의존하기 때문에 이를 통해 창의성, 고차 사고력이 함양되기를 기대하기는 어려우며 학습 면에서 큰 효과를 기대하기 어렵다. 따라서 기업체 연수 등에서 주로 활용되며, 학교에서 활용될 경우는 보조적인 수단으로 주로 사용된다. 특히 DIE를 위한 웜 업 활동으로 활용되는 경우가 많다.

2. 시뮬레이션(Simulation)

시뮬레이션은 실제로 경험하기가 어렵거나 위험한 상황을 그와 흡사한 가상을 통해 체험하도록 하는 수업이다(박건호, 1999). 이는 특히 사회과에서 중요시하는 방법이다. 자연 세계의 시뮬레이션은 미니어처 실험, 컴퓨터 시뮬레이션 등 사물로만 구성된 가상 상황만 있으면 이루어질 수 있다. 그러나 사회생활의 시뮬레이션은 사람이 등장하지 않으면 이루어지지 않는다. 즉, 사회생활의 시뮬레이션은 곧 연극일 수밖에 없다.

사회과에서 가장 널리 사용하는 시뮬레이션들 중 하나가 '모의재판'이다. 학생들은 직접 재판의 당사자가 된다거나 방청할 기회가 거의 없다. 그럼에도 불구하고 재판의 절차와 형식은 민주시민이 반드시 알아야 할 기본 소양 중 하나다. 따라서 실제와 흡사한 모의 재판 상황을 설정하고 판사, 검사, 변호사 등의 역할을 맡아 재판을 체험하는 것이다. 그 외에도 소비자보호원을 통해 피해를 구제받는 상황, 역사적 사건의 재현 등을 시뮬레이션을 통해 체험할 수 있다. 혹은 가상의 증권거래소를 만들어서 가상의 거래를 할 수도 있다.

이는 어떤 의미에서 확대된 역할 놀이라고 볼 수도 있다. 그러나 역할 놀이와 달리 시뮬레이션은 가상의 상황을 통해 실제 상황을 대비할 수 있는 지식과 태도를 습득하는 학습이 주요 목표다. 따라서 형식화된 줄거리나 대본이 존재하며, 이는 학생이 아니라 교사가 실제와 가장 흡사하게 꼼꼼하게 작성하여 제공하는 경우가 많다. 학생이 작성할 경우에는 실제와 어긋나지 않도록 충분한 조사를 한 뒤에 작성해야 한다.

3. TIE(Theater in Education)

TIE는 이 연구에서 다루고자 하는 교육연극인 DIE와 구별되면서
또한 널리 사용되고 있는 방법이다. TIE와 DIE를 적절하게 의미를
구별하여 번역할 우리말 단어가 없기 때문에 따로 번역하지 않고
TIE, DIE로 사용하는 것이 더 의미를 분명히 전달하기도 한다. 이는
영어에서는 분명히 구별되는 Theater와 Drama가 우리말에서는 잘 구
별되지 않기 때문이다. 여기에서 Theater는 극장이라는 의미가 아니라
극장에서 공연되는 연극을 의미한다. 그리고 Drama는 흔히 우리나라
에서 연극이라고 번역되지만 실제로는 희곡이라는 의미를 더 강하게
가지고 있다. 즉, Drama라고 했을 때는 무대장치, 조명장치, 객석 등
을 포함하지 않는다. 이 점을 분명히 하고 보면 TIE가 DIE가 연극적
으로 완결되어 있음을 이름만으로도 짐작할 수 있다.

TIE는 다른 교육연극들과 달리 원칙적으로 학생들이 제작과 공연
에 직접 참여하지 않는다. TIE는 전문적인 극단이 특별하게 고안된
희곡을 이용하여 학생들을 대상으로 무대에서 상연하는 연극이다. 따
라서 학생들이 직접 참여하는 다른 교육연극들과는 결정적으로 다르
다. 물론 무대에서 상연하는 사람들이 반드시 전문배우일 필요는 없
다. 하지만 TIE는 전문가든 아마추어든 연극기술을 훈련받은 경험이
있는 사람들이 행하는 것을 원칙으로 하고 있다. 또 반드시 극장은 아
니더라도, 또 학교 교실이라 할지라도 객석과 구별되는 무대에서 공연
하는 것을 목적으로 하고 있다.

따라서 전문배우가 아닌 학생들이 학교에서 공연했다 하더라도 그
학생들이 연극반 학생으로 훈련을 받은 경험이 있는 학생들이고, 공연
을 위해 교사 연출에 의해 특별한 연습 시간을 할애했다면 이는 TIE

가 되는 것이다.

그러나 학생들을 상대로 햄릿이나 폭풍의 언덕을 공연한다고 해서 그것을 TIE라고 부르지는 않는다. 물론 특별한 교육적 목표를 달성하기 위해 이 작품이 선택되었다면 TIE라고 부를 수 있다.

TIE의 형식과 내용의 이면에 깔려 있는 기본적인 신념은 인간행위와 제도가 사회행위에 의해 형성되는 것이며, 이것은 변화시킬 수 있다는 것이다. 이때 실제 상황을 접하는 것이 가장 좋겠지만 그것이 어렵기 때문에 연극적으로 제시되는 상황을 통해 직관적으로 문제를 인식하고 해결을 모색하거나 행동을 변화시키는 것이다.

따라서 TIE는 무대에서 끝나는 것이 아니라 무대공연이 끝나는 시점부터 사실상 시작한다. 즉, 팔로우 업 작업을 위한 별도의 프로그램을 갖추고 있다. 조금 거칠게 단순화하면 특별히 고안된 연극을 보고 그 연극에 대해 토론하는데, 토론자는 연극을 관람만 했을 뿐 제작과정에 참여한 적이 없을 때 이를 TIE라고 부른다.

〈표 7〉 TIE의 전개과정과 특징

단계	준비 단계 (pre-work)	공연 단계(presentation /participation)	후속 단계 (post-work)
활동	①주제 선택(교육대상과 함께 몇 가지 방법을 통해 선택한다.) ②선택된 주제를 놓고 공부할 수 있는 영역연구 ③주제에 대한 개념정리 ④핵심 의문문 만들기 ⑤대본의 내용·형식·구조 결정 ⑥연습	①공연＋토론 ②공연＋워크숍 이때에 워크숍은 역할 놀이·즉흥 등을 활용하여 공연한 것에 대한 주제·의문점·개념을 능동적으로 탐구하게 하는 데 목적이 있다. ③공연＋극중인물로서의 배우와의 토론	①공연된 그 자리에서 연기자가 직접 토론에 참여하기 ②연기자가 관객과 극중인물로서 사회자의 진행 하에 토론한다. ③TIE 프로그램에 참여했던 경험이 학교나 집에서 그림·글쓰기 등으로 이어질 수 있도록 해당학교 교사가 지도한다.

TIE를 일반 감상용 연극과 비교할 때 확실히 다른 것은 특정한 교육목적하에 짜여진 교육 프로그램이라는 것이다. 교육목적이 특정하다 함은 관객들에게 기대하는 생각과 행동의 변화가 미리 제작진에게 주어져 있으며, 그 의도 속에서 극 속에 자연스럽게 관객의 적극적인 참여와 개입을 요구한다는 것이다.

TIE는 주로 전문단원들과 교사의 협력을 통해 이루어진다. 여기에서 전문단원이란 단지 전문배우를 의미하는 것이 아니다. 전문 TIE극단 단원들은 연극의 기능과 교육의 기능을 함께 익힌 전문가들이다. 이들은 실제 공연에서도 배우의 역할뿐만 아니라 교사의 역할까지 담당한다. 이들은 주제를 선택하는 일에서부터 공연 그리고 후속작업에 이르기까지의 과정을 정교하게 설계하고 여기에 따라 연극과 후속작업을 전개한다. 특히 이들은 협력을 통한 공동창작이라는 연극의 속성상 단독으로는 아무런 힘을 발휘할 수 없다. 따라서 이들은 학교 현장(교사, 학생) 혹은 일단의 TIE 프로그램 대상자들과 협동작업을 통해 소기의 목표를 달성할 수 있다.

다른 교육연극과 달리 TIE에서는 준비 단계에서 학생들의 참여가 전제되지 않는다. 따라서 서먹함을 없애기 위한 웜 업 과정은 생략된다. 무대에서 공연하는 사람들이 전문배우들이거나 적어도 연극적 훈련을 받은 사람들이기 때문에 웜 업은 제작 단계가 아니라 공연 직전에 오히려 더 많이 필요하다. 하지만 공연 전의 웜 업은 TIE가 아니라 어느 연극이더라도 배우라면 누구나 다 하는 것이기 때문에 여기에서 따로 논할 이유가 없다.

그러나 TIE의 공연은 형식적 연극과는 거리가 있다. 여기에서는 일반 연극과 달리 관객들의 참여와 개입을 차단하지 않으며 오히려 전제하고 있다. 이때 관객은 연극에 개입하여 토론을 벌일 수도 있으며 연극 자체가 일종의 워크숍 형식으로 진행될 수도 있다. 공연이 끝나면 팔로우 업에서 공연을 통해 얻은 것 혹은 공연에 개입함으로써 제기된 문제들을 조직화하는 작업이 이루어진다. 이때는 전문교육자가 개입한다.

TIE는 지방자치단체 등의 후원을 통해 청소년들을 대상으로 하는 공연이 수시로 이루어질 수 있는 환경 혹은 학교에 공연할 수 있는 시설이 갖추어졌을 경우 효과적으로 활용할 수 있다. 그러나 TIE는 다른 교육연극과 달리 연극적 완성도를 높이 요구하기 때문에 그럼에도 불구하고 교육적 목표를 달성해야 하기 때문에 연극 연출 및 제작 능력을 보유한 교사나 교육전문가가 필요하다는 약점이 있다. 그러나 이런 능력을 겸비한 교사는 의식적으로 양성되기 전에는 충분한 수를 확보하기 어렵다.

4. DIE(Drama in Education)

DIE(Drama in Education)는 가장 널리 활용되는 교육연극이며 경우에 따라서는 그냥 교육연극이라고 불리기도 한다. DIE의 가장 큰 특징은 관객과 연기자의 구별이 없으며 학생과 제작진의 구별이 없다는 것이다. DIE는 순전히 학생들에 의해 연극이 제작되고, 학생들의 힘으로 그것이 발표되며, 발표 뒤에 팔로우 업이 따르는 수업 모형이다.

DIE는 그 형식화 수준에서 역할 놀이와 TIE의 중간 위치에 있다고 볼 수 있다. 관객이 따로 없이 학생들이 즉흥적으로 유연한 연극을 공연하고, 연극 이후 토론이나 질의응답 등의 교육 활동이 이어진다는 점에서 이는 역할 놀이와 그 특징을 같이한다.

그러나 역할 놀이는 주어진 상황에 따른 단편적이고 즉흥적인 연기만 이루어지지만, DIE는 이러한 상황들을 연결하여 완전한 대본을 작성하고 배역을 나누어 연습을 한 뒤 공연까지 한다는 점에서 차이가 있다. 즉, 역할 놀이가 스틸 사진이라면 DIE는 한 편의 영화다.

<표 8> 연극 · 역할 놀이 · DIE

	연 극	역할 놀이	DIE
목적	관객을 위한 감상용 작품	역할 취득을 통한 심리적 효과나 치료	연극을 만드는 과정을 통한 사회적 기술의 습득
제작자	전문연출자와 배우/최소한 연출자는 훈련받은 경험이 있음	연극 제작이 아닌, 주어진 상황의 즉흥적인 반응으로 진행됨	학생들이 스스로 제작, 교사는 이들의 창의성을 유도 · 자극
관객	객석에서 감상함	관객은 없으며, 사실상 역할을 수행하는 자신이 관객	관객 없음, 있을 경우 능동적으로 참여함
공연	주어진 대본에 의해 관객을 대상으로 공연하며, 완성된 작품은 변하지 않음	대본은 없으며 모든 것이 상황에 따라 즉흥적으로 이루어짐	학생들 스스로 만든 대본을 바탕으로 공연하며, 문제 제기에 의해 유연하게 극이 변함
공연 이후	공연진은 성취감을, 관객은 심미감을 획득	역할 수행자 스스로 자신의 역할을 평가하고 이를 수정함	공연 이후 다양한 팔로우 업을 통해 교육적 효과를 높임

* 자료: 박은희(2001)를 편집함

<표 8>은 연극, 역할 놀이, DIE의 특징을 상호 비교한 것이다. 역할 놀이(Role Play)는 학교 수업에서뿐만 아니라 참가자의 예술적 능력이나 창의력 개발에 있지 않고, 사회적, 정서적인 갈등에서 오는 문제를 해결하기 위한 치료나 교육의 목적에 주로 쓰인다. 역할을 맡는 것은 연극 놀이의 연장이라고 볼 수 있다. 놀이는 개인이 처한 현실의 근심을 벗어나 자유로워지기 위한 방법이다. 반면 DIE는 이 과정 속

에서 어떤 문제를 명료화하고 그 과정을 통해 자율적인 의사결정 능력을 함양하도록 하는 데 초점을 두고 있다.

일반 연극과 DIE의 가장 결정적인 차이는 누가 만들고 누구에게 보여주는가 하는 것이다. 다음으로는 대본이 얼마나 유연한가 하는 것이다. 연극이 관객을 대상으로 한 전문연극인들의 예술적 작업임에 비해서 DIE는 관객이 따로 없이 학생 모두가 대본 구성, 연기, 제작에 참가하는 일종의 수업이다. 따라서 연극적 완성도보다는 이 과정에서 무엇을 얻는가 하는 것이 더 중요하다. 즉, DIE가 가장 중요시하는 것은 연극을 만들기 위해 학생들이 경험하게 되는 협업과정이다. 이 협업과정 속에서 학생들은 서로 타자의 입장에서 자신을 돌아보게 되고, 또 이를 바탕으로 문제를 해결하는 과정을 연극적으로 경험하게 된다.

DIE는 고정된 대본을 전제하지 않는다. 물론 학생들이 협의하여 대본을 작성하고 그 대본에 따라 공연할 수도 있다. 그러나 연습과정에서 학생들은 다양한 의견 충돌과 조정을 경험하게 되고 이 과정 속에서 새로운 문제의식이 계발되고, 거기에 따라 대본은 얼마든지 수정될 수 있다. 이렇게 문제의식이 개발됨에 따라 대본은 얼마든지 수정될 수 있다. 실제 DIE는 대본이 완성된 뒤 공연되는 것보다 연습과정에서 학생들이 토의토론을 통해 스스로 대본을 만들어 내는 것을 더욱 중요시한다. 설사 공연이 엉망이 될지라도 그 공연을 준비하는 과정에서 학생들은 충분히 많은 것을 배웠을 것이다(김균형, 2001, 박은희, 2001).

DIE는 극장에서 공연되는 것이 아니다. 사실상 DIE는 어디에서 공연되는지를 개의치 않는다. 사실 가장 이상적인 공연 장소는 교실 그 자체다. 이는 교육 현장에서 학생 간에 이루어지는 연극작업(Drama works)이다. DIE는 교육연극의 4단계인 웜 업, 준비, 공연, 팔로우 업의 순서를 가장 완벽하게 지키면서 진행되는데 이를 정리하면 다음과 같다(민병욱, 2000, 김균형, 2001, 박은희, 2001, [그림 1] 참조).

① 웜 업 단계

웜 업(Warm up, 준비 단계) 단계는 자신을 표현할 준비를 하는
단계로 간단한 신체동작과 발성, 어색함을 제거하기 위한 놀이 등이
이루어진다. 그리고 어색함이 어느 정도 제거되었을 때 쟁점이나 연극
으로 구성해야 할 상황이 제시된다. 학생들은 쟁점과 상황에 대해 먼
저 토론을 통해 공유한 뒤 이것을 소재로 실제 연극을 제작한다. DIE
는 학생들이 직접 연극을 제작하고 공연해야 하는데다 역할 놀이에
비해 비교적 긴 연기를 해야 하기 때문에 수줍음과 어색함을 최대한
제거할 필요가 있다. 따라서 DIE의 웜 업은 한두 시간의 특별한 과정
이라기보다는 평소 교사와 학생의 충분한 상호 작용과 라포(rapport)
에 의해 형성되어야 할 것이다.

② 준비 단계

이제 문제 제기가 되었고 학생들의 몸과 마음이 준비되었다면 여기
서부터는 준비 단계다. 학생들은 먼저 주어진 상황에서 야기될 수 있
는 사건들, 그리고 그 속의 인물들과 그들이 취하게 될 입장에 대해
충분히 토론한다. 토론은 전체 토론도 상관없고, 분임 토의도 상관없
으며, 버즈(BUZZ) 형태로 진행되어도 무관하다.

이러한 토론 속에서 저절로 줄거리가 만들어지며 더 나아가 등장인
물들에 대한 성격규정까지 일어나게 된다. 이를 바탕으로 대본이 작성
된다. 물론 교사가 작성할 수도 있겠으나 DIE에서는 교사의 도움 없이
학생들끼리의 토론을 통해 만들어진 대본을 매우 중요시한다. 교사는

다만 무대화시킬 수 있는 대본 작성 요령 등에 대해서만 학생들에게 가르쳐 주어야 하며 내용에 대해서는 가급적 개입하지 말아야 한다.

대본이 어느 정도 완성되면 학생들은 자체 내에서 연출, 연기, 각종 디자인 등의 역할분담을 하게 된다. 이때 갈등 상황이 발생하기 쉽기 때문에 이 단계에서는 교사가 적절히 개입하여 조정자 역할을 해 주어야 한다. 학생들은 극작을 하든, 연출을 하든, 연기를 하든, 디자인을 하든 반드시 연극의 제작과정에 참여해야 한다.

DIE는 무대를 염두에 두고 제작되는 연극이 아니다. 따라서 무대장치, 소품 그리고 의상 따위에 크게 구애받을 필요가 없다. 무대는 특별한 이유가 없는 한 학생들이 평소에 사용하는 교실이다. 그렇다고 의도적으로 이러한 것들을 배제하라는 것은 아니다. 그러나 이는 DIE에서 본질적인 것이 아니기 때문에 무리하여 준비할 필요는 없다.

DIE의 준비 단계에서 교사의 적극적인 개입은 오히려 교육적 효과를 망칠 수 있다. 교사는 적극적인 개입을 피하고, 학생들이 연극의 대본을 완성하고 배역별로 연습할 수 있도록 지원하고 필요한 경우 학생들의 갈등을 조정하는 역할을 담당한다.

실제로 이는 쉬운 역할이 아니다. TV드라마의 난립으로 인해 대다수의 학생들이 연극에 적합한 대본과 영화나 TV드라마에 적합한 대본을 구별하지 못한다. 교사는 희곡 작법에 대해 지식을 가지고서 학생들이 대본 작성하는 일을 도와주어야 한다. 이 준비 단계는 DIE의 제작과정에서 비교적 길고 중요한 위치를 가진다. 공연 전에 한 번쯤 리허설을 해 보는 것도 도움이 된다.

③ 공연 단계

공연 단계는 그동안 학생들이 준비한 연극을 실제로 공연하는 단계이다. 이때 학생들은 제작자이자 배우이며 동시에 관객이 된다. 이렇게 해서 공연이 이루어진다. 관객은 있어도 좋고 없어도 좋다. 서로 만들어 낸 연극을 확인하면서 만족할 수 있으면 그걸로 족하다.

④ 팔로우 업 단계

오히려 공연 그 자체보다는 공연이 끝난 뒤 행해지는 팔로우 업(Follow up)이 더 중요하다. DIE에서 팔로우 업은 TIE처럼 교육 활동의 핵심의 위치를 차지하지는 않는다. TIE는 학생들이 제작과정에 직접 참여하지는 않기 때문에 이 팔로우 업이 교육적 조치를 할 수 있는 유일한 시간이 되지만 DIE는 학생들이 직접 연극을 제작하기 때문에 이 제작과정에서 충분히 교육적으로 의미 있는 시간을 제공받기 때문이다.

기본적으로 DIE는 연극을 제작하는 과정 그 자체를 교육의 핵심으로 보고 있다. 그러나 이 과정은 통제가 어렵고 조직화되지 않은 경험이다. 따라서 이런 조직화되지 않은 경험을 조직화하는 작업이 필요하다. 여기에는 토론이나, 교사가 미리 준비한 평가지들이 유용하게 사용될 수 있다.

DIE에서 가장 중요한 것은 피교육자의 직접 참여와 적극적인 자세다. 따라서 객석에 앉아서 관람하는 전통적인 연극 감상, 전통적인 연극 제작 방법과 뚜렷이 다른 점을 가지고 있다. DIE는 참여하는 이들의 독창력, 상상력, 집중력, 표현력의 향상을 도모한다.[37] 그리고 교사는 일방적인 지시나 연출을 하기보다는 그들 스스로가 창출해 낼 수 있도록

---

37) 기본적으로 영국의 DIE는 팔로우 업을 미국의 Creative Drama는 제작 과정을 DIE의 핵심으로 간주하는 경향이 많다.

이끌어 주고 유도하며 수업 진행을 돕는 역할을 한다(심상교, 2004).

　이 책에서 채택한 교육연극이 바로 DIE다. 따라서 이후 등장하는 교육연극이라는 용어는 특별한 설명이 없는 한 DIE를 의미한다. 저자들이 DIE를 선택한 이유에는 현실적인 여건의 문제와 교육철학적 바탕이 작용하였다.

　현실적 여건의 문제는 TIE가 연극의 최소한의 구성요건을 갖추어야 한다는 것이다. 따라서 TIE는 제작비가 많이 들고,[38] 또 전문적인 연출 능력이 있는 교사를 반드시 섭외해야 한다는 부담이 있다. 물론 공연 장소를 찾는 것도 서울의 몇몇 부유한 자치구를 제외하면 지역사회의 문화 인프라가 전멸 상태인 한국에서 쉬운 일이 아니다. 반면 DIE는 학생들과 교사 그리고 교실만 있으면 언제든지 활용할 수 있다.

　교육철학적인 문제는 TIE가 외부(주로 교사)에서 주어지는 자극과 문제 제기에 기반을 둔다면 DIE는 한결 학생중심적인 활동이라는 점이다. 연구자들은 16세기 몽테뉴(Montaigne), 코메니우스(Comenius)에서부터 20세기 듀이에 이르기까지 끊임없이 제기되어 온 교육의 문제가 학생들을 고려하지 않고 억지로 지식을 쑤셔 넣는 일방적 교육임을 잘 알고 있다. 그런데 TIE는 그것이 아무리 창의적인 활동을 제공한다 할지라도 결국 어른들의 문제의식에서 출발한다는 점에서 낡은 교육의 모순점에서 크게 벗어나지 않는다. 하지만 DIE는 학생들의 문제의식에서부터 출발한다. 그리고 시종일관 학생들이 능동적으로 참여하면서 활동의 중심이 되고 있다. 그럼에도 불구하고 팔로우 업 단계에서 교사의 역할이 효과적으로 균형을 이룬다. 이러한 이유들로 인

---

38) 2006년, 현재 의상 1벌의 1일 임대료가 물경 8만 원에 달한다. 음향, 조명 등의 비용도 이에 못지않다.

해 창의성을 통한 민주시민성의 함양이라는 이 책에 보다 적합한 교육연극은 DIE다. TIE는 어린이나 청소년을 대상으로 하는 교육보다는 성인을 대상으로 하는 일종의 계몽적 목적을 달성하고자 할 때 더 적합할 것이다.

제3부

사회과와 교육연극

　지금까지 교육연극의 효과와 유형들, 그리고 그중 이 책의 저자들
이 채택한 DIE에 대하여 살펴보았다. 그러나 이 연구가 어디까지나
사회과에 DIE를 적용하기 위한 목적을 가지고 있기 때문에 DIE는 사
회과의 목표들에 효과적이라는 것을 입증하여 그 정당성을 먼저 제시
할 필요가 있다.

제1장

민주시민성 교육과 DIE

사실 DIE가 사회과의 목표에 효과적이라는 것을 입증하기란 쉬운 일이 아니다. 그러나 그 원인은 1차적으로 DIE가 아니라 사회과가 제 공하는 것이다. 사회과의 교육 목표가 사회과의 정의와 범위에 대한 견해들만큼이나 다양하여 정의하기 대단히 어렵기 때문이다. 그럼에도 불구하고 여러 목표들, 주장들을 일관되게 잡아매고 있는 것은 그 무 수한 목표와 활동들이 최종적으로 민주시민성을 키우는 데 기여해야 한다는 것이다. 따라서 사회과 목표의 최종 심급으로 민주시민성을 제 시하는 것이 큰 무리는 아닐 것이다. 따라서 DIE가 사회과가 최종 목 표로 삼고 있는 민주시민성 향상을 위한 교육에 활용되어야 하는 정 당성을 제시할 필요가 있다.

1. 사회과의 목표로서 민주시민성

민주시민성의 함양은 사실 사회과만의 목표라고 볼 수도 없다. 7차 교육과정 총론에 따르면 모든 공교육을 총망라하는 국가 수준의 교육 목표가 '합리적이고 비판적인 사고를 하는 민주적인 시민 양성'이라고 되어 있기 때문이다. 그러나 다른 교과들은 그것의 바탕이 되는 교양 을 제공하는 것이고 사회과는 직접적으로 민주시민성의 함양을 목적 으로 삼는 교과라는 점에서 다른 교과와 구별된다.

그런데 문제는 이 민주시민성이라는 말이 민주주의라는 말처럼 매 우 정의 내리기 어려운 추상적 개념이라는 것이다. 사전적으로는 민주 주의에 적합한 시민의 자질이라고 쉽게 풀 수 있지만, '민주주의'와 '시민'은 모두 대단히 가치 함축적인 개념이다. 따라서 민주시민성 함 양이 무엇인가에 대해서는 철학적, 정치적 입장에 따라 매우 다양한 주장들이 제기될 수 있다(이해주, 1996).

그럼에도 불구하고 이 다양한 주장들의 공통분모를 추출하는 것이 가능하다. 민주시민성에 대한 다양한 주장과 정의들을 한데 모아 보면 결국 민주시민성은 결국 1) 일정 수준 이상의 정치적 지식, 2) 높은 정치 효능감(political efficacy), 3) 민주적인 정치문화와 세 차원의 조 화로 수렴됨을 확인할 수 있다(이해주, 1996, 김영인, 2002).

이 세 가지가 민주시민성의 핵심이라는 것을 이해하기 위해서는 분 석이 필요하다. 민주시민성은 민주주의, 민주적이라는 요소와 시민성 이라는 요소로 나누어질 수 있다. 사실 민주주의와 시민은 반드시 함 께 가는 용어는 아니다. 심지어 시민성을 위해 민주주의에 대한 집착 을 포기해야 한다는 주장도 있다(Zakaria, 2003).

사실 민주주의와 시민성은 서로 무관하게 발달해 온 이념이다. 시민성에는 '시민으로서 요구되는 자질 혹은 자격'이라는 의미를 내포하고 있다. 이것은 개인으로서 요구되는 자질이 아니라 특정한 공동체의 구성원, 즉 시민이라는 지위에서 요구되는 자질을 지칭하는 개념이다. 원래 이는 고대 폴리스, 로마 공화정 그리고 심지어 제정 로마에서도, 또 중세적인 도시에서도 모두 같은 의미로 사용되었다. 이때 '시민'은 항상 특정한 공동체의 소속이 됨으로써 소속되지 않은 사람들에 대한 특권을 행사할 수 있었다. 이 중 공동체 소속을 강조하는 정치적 특권 소지자로서의 시민은 시토양이며 경제적 자유권 소지자라는 의미의 시민은 부르주아인데 이 두 용어는 모두 우리말로 시민으로 번역된다. 일종의 특권의 의미다 보니 아무나 시민이 될 수 있는 것은 아니고, 시민으로서 합당한 자질을 갖추어야 한다는 조건이 생긴다. 그것이 바로 시민성이다.

그렇다면 민주주의와 시민성이 결합된 민주시민성은 무엇인가? 문제 그대로 민주시민성은 민주주의를 표방하는 공동체의 구성원으로서 합당한 자질과 자격이다. 아리스토텔레스는 『정치학』에서 한 나라의 덕은 시민들이 어떤 덕을 가지고 있는가에 따라 결정된다고 하였다. 우리가 이 고대의 지혜를 모두 그대로 받아들일 이유는 없겠지만 적어도 민주적인 시민들로 이루어지지 않은 국가가 민주주의 국가가 될 수 없음은 거의 직관적으로 예상할 수 있다. 한 나라의 민주주의가 잘 실현되는가의 여부는 그 나라의 시민들이 얼마나 훌륭한 시민적 자질을 갖추고 있으며 그들에게 어느 정도의 민주적 생활태도와 행동양식이 확립되어 있는가에 크게 달려 있다.

그런데 훌륭한 시민이 갖추어야 할 민주적 생활태도와 행동양식은 태어나면서부터 자연적으로 갖게 되는 것이 아니다. 인간은 완전히 백지로 태어나거나(Locke의 주장) 아니면 학습할 수 있는 가능성만 가지고(Kant의 주장) 태어난다. 인간은 끊임없는 교육적 지도와 안내라는 공동체 내의 상호 작용과 전 생애에 걸친 학습을 통해서 지식과 품성을 획득할 수 있다. 이런 점에서 인간은 사회적 존재이며 교육받는 동물이다. 한 사회는 거기에 합당한 학교를 가진다(Dewey, 1938)는 말은 이 점에서 매우 뛰어난 통찰이라고 할 수 있다.

그러므로 우리는 민주시민으로 태어나는 것이 아니라 민주시민으로 교육되는 것이다. 바로 여기에서 앞에서 제시한 민주시민성의 최소한의 세 원칙이 등장하는 것이다. 한 사회의 구성원으로서, 게다가 그 사회의 형식적이든, 실질적이든 주인으로 정의되어 있는 민주시민이라면 그 사회의 중요한 문제가 무엇인지 파악하고 있어야 하고, 그들 자신의 이해와 다른 사람들의 입장을 숙고하여 정치적 행동을 통해 자신의 견해를 표명할 수 있어야 하는 것이다.

더욱이 오늘날 대중사회에서는 거대한 강철새장 관료제의 확대와 고착으로 인해 영혼 없는 전문가의 권위주의가 민주주의를 위협하고 있다. 이러한 위협을 넘어 민주주의가 지속되고 발전하기 위해서는 투표 외에는 아무 활동 없이 대표자에게 위임해 버리는 수동적인 '관객민주주의(spectator democracy)'로부터 능동적인 '참여민주주의(participatory democracy)'로 전환하지 않으면 안 된다.(Fromm, 1976, pp.181-182.)

그런데 참여가 말처럼 쉬운 것은 아니다. 현대사회의 복잡성과 다양성은 자칫 시민들의 참여가 거대한 말다툼으로 끝날 가능성을 언제든지 열어 두고 있다. 어떤 특정한 정책과 철학이 올바른 방향이라는 예언을 독점하던 시대는 끝나고 말았다. 좌파, 우파뿐만 아니라 좌파만 하더라도 그 내부에 수많은 분파들이 존재하지 않는가? 이들 중 어느 한 분파만 옳고 나머지는 모두 틀릴 수는 없다. 따라서 정답을 찾기보다는 다양한 입장이 있음을 인정할 수 있고, 그 다양성 속에서 공통의 지반을 찾아 소통할 수 있는 능력이 참여민주주의에 필요한 가장 중요한 자질이라고 할 수 있다. 소통적 합리성, 다양성의 인정 그리고 합리적이며 관용적인 이해와 판단이 요구되는 것이다.

단호하고 독단적인 프랑스 철학자들에 비해 나치의 만행으로 인간에 대한 신뢰가 모두 무너졌던 독일 출신 철학자들의 주장에서 이런 다양성에 대한 우울한 진단이 자주 나타난다.

아렌트(Arendt, 1951)는 인간성에 대한 거의 모든 신뢰가 다 파괴되어 버린 상황에서 인간이 인간으로 살아갈 수 있는 유일한 조건은 다양성에 있음을, 이 다양성이야말로 모든 자유의 기본 조건임을 역설한다. 그리고 이렇게 서로 다른 다양한 사람들이 그럼에도 불구하고 하나의 공동생활을 영위할 수 있는 것은 지성의 영역이 아니라 미적인 영역, 즉 상상력의 힘을 통해 가능함을 칸트의 여러 저서들에 대한 해석을 통해 제시하였다.

그러나 거침없이 몰아치는 세계화에 따라 지구상의 모든 존재와 가치가 게걸스럽게 화폐를 탐하는 무리들 앞에 한낱 금액으로 환산되어 버리는 오늘날 현실에서, 그리고 이 탐욕을 효과적으로 조직하지 못하면 안빈낙도가 아니라 스스로 쓸모없는 인간, 즉 화폐를 가져오지 못하는 인간으로 낙인 찍혀 평생 맥도날드 잡이나 전전하는 프리터족이 되어야 하는 오늘날 자신과 다른 입장에 대해 관용적인 이해와 판단을 요구하는 것은 매우 어려운 일이다. 이런 풍토는 민주주의가 쉽게 붕괴할 수 있는 상황이다. 따라서 민주시민은 다양한 입장에 대해 구체적이고 감성적인 이해가 필요하다. 이 이해가 바탕이 되어야 그는 합리적인 판단을 할 수 있을 것이다. 바로 이런 이유 때문에 민주시민성은 철학적, 과학적 지성의 영역이 아니라 문화와 태도의 영역으로 넘어가게 된다.

그렇다면 어떤 태도와 어떤 문화가 민주주의에 적합한 것일까? 라스웰(Lasswell)은 민주적 태도에 관하여 다음과 같은 속성을 열거하고 있다. 첫째, 다른 사람에 대하여 경직되고 배타적인 태도를 갖기보다는 온화하고 포용적인 태도를 나타내는 개방성, 둘째, 다른 사람들과 어떤 태도를 공유하려는 태도, 셋째, 일원적인 가치보다는 다원적인 가치를 추구하는 태도, 넷째, 인간의 잠재력에 대한 신뢰감, 다섯째, 불안으로부터의 해방이다(이해주, 1996에서 재인용).

민주주의 그 자체를 평생의 연구 업적으로 삼아 온 달(Dahl, 1971)은 민주적인 태도에 대해 이와는 약간 다른 속성을 제시하였다. 그에 따르면 민주적인 태도는 첫째, 자기 자신에 대한 품격과 존엄성을 유지하려는 믿음, 둘째, 다른 사람에 대해 품격과 존엄성을 유지하려는 믿음, 셋째, 개인의 자율성과 강력한 지도를 경원하는 마음, 넷째, 상이한 의견과 주장을 쉽게 수용하는 마음과 타협적인 태도, 다섯째, 일원적 가치보다는 다원적인 가치를 추구하는 태도 등을 들고 있다.

그러나 이들의 주장은 여전히 사회과학적 정의라기보다는 차라리 도덕적 격률에 가깝다. 또한 여전히 추상적이라서 조작적으로 정의하기가 곤란하다. 아몬드와 버바(Almond & Verva, 1963, pp.1-20.)는 안정적이고 효율적인 민주주의 형성과 유지를 위한 정치문화의 특성과 또 그러한 민주적 정치문화를 형성하기 위한 태도와 행동이 무엇인지를 조작적으로 규명하고자 하였다. 이들은 정치문화의 유형을 (1) 향리적 정치문화 (2) 신민적 정치문화 (3) 참여적 정치문화로 구별하고 이 중 참여적 정치문화를 가장 바람직한 민주시민성으로 규정지었다. 이들은 참여적 시민성이 높은 사람은 ① 정치에 대한 높은 관심과 그에 대한 지식이 많으며, ② 정치적 토론에 적극적으로 참여하고, ③

투표 등 여러 가지 행동으로써 정치에 적극 참여하며, ④ 정부에 대하여 영향을 미칠 수 있다는 효능감 등이 높다고 설명하였다. 이러한 시민의식을 갖춘 시민이 많아질 때 민주주의 수준이 향상될 수 있다고 주장한 것은 물론이다.

지금까지 논의된 내용들을 정리해 보면 시민성이란 한 사회의 시민으로서 갖추어야 할 자질과 가치관을 의미하며 민주시민성은 그중 민주주의 사회에 적합한 시민성으로서 지식에서 길어 낼 수 있는 속성이 아니라 가치와 태도라는 우물에서, 근본적으로 문화의 샘에서 길어내야 하는 속성임을 확인할 수 있다. 지식이 삶의 방향을 제시하지 못할 때, 즉 지혜가 되지 못할 때 그것은 지식이 아니라 단지 정보의 파편에 불과하다. 그러나 지혜 역시 몸에 배어 삶의 양식이 되지 못한다면 한순간의 포착에 불과하다. 따라서 지식은 지혜가 지혜는 문화가 되어야 한다. 민주적 문화의 내면화 없이 민주시민 없으며, 민주시민 없이 민주주의도 없다.

이러한 민주시민성 함양을 위한 교육에는 다양한 방법이 있을 수 있겠지만, 민주시민성이 이렇게 태도와 문화의 문제라면 DIE가 이를 함양 하는 데 효과적인 도구가 될 수 있음은 매우 당연한 귀결이다. 특히 이러한 태도와 문화가 다양성 속에서 이해와 소통을 넓힐 수 있음을 의미한다면 다양한 간접적인 가상체험의 기회를 제공하는 연극이야말로 이를 달성할 수 있는 가장 유용한 도구가 될 것이며, DIE는 연극들 중 가장 직접적인 참여와 경험을 제공하기 때문이다.

특히 민주적인 태도와 문화가 가장 요구되는 순간은 여러 얽힌 이해집단과 가치들의 충돌 상황에서 합리적인 의사결정을 내려야 하는 순간이다. 이때 합리적인 의사결정은 타고난 자질에 의해 해결되지 않으며 그러한 결정을 내릴 수 있도록 사전에 충분히 훈련되어 있어야 한다. 그러나 모든 사람이 온갖 간난신고와 우여곡절을 겪으며 살아가는 것은 아니다.

이때 연극은 현실적으로 경험하기 어려운 상황을 상상적으로 매개하는 활동을 통해 제공할 수 있다. DIE에서 학생들은 이 상상적으로 매개하는 활동을 제공받는 것이 아니라 스스로 만들어 나간다. 그럼에도 불구하고 DIE는 조직적인 팔로우 업 단계를 보유하고 있기 때문에 사고의 무정부 상태도 예방할 수 있다. 이를 매우 단순화시켜서 표현하면 DIE는 청소년을 다양한 사회적 상황에 상상력과 가상적 활동을 통해 시민의 자격으로서 참여하게 하는 것이다. 그리고 이 참여 속에서 여러 사람들의 생각과 상황을 이해하고, 이를 바탕으로 심사숙고한 판단을 내리게 하는 것이다. 이렇게 참여의 경험을 미리 갖게 하여 장차 유사한 상황에서 꺼내 적용할 수 있도록 하는 것이 DIE 방법을 적용할 때 기대할 수 있는 효과이다.

2. 사회과 DIE 수업의 실태와 장애물

여러 유용한 효과가 예상됨에도 불구하고 정작 사회과에서 DIE가 활용되는 경우는 그리 많지 않고, 여기에 대한 체계적인 연구도 부족하다. 교과교육에서 교육연극을 적용한 선행연구들은 대부분 언어교육 분야에 국한되어 있다. 그것도 초등학교나 유치원교육을 중심으로 이루어지고 있을 뿐 중·고등학교에서는 거의 적용되고 있지 않다. 국어과에서 희곡이나 문학작품에 대한 이해를 위한 연구들, 언어 수행 능력을 향상시키기 위한 연구들이 그 예다(민병욱, 2003, 김정은,2003, 우혜선, 2003, 전경미, 2003).

사회과의 경우 연극적 요소를 활용한 수업 모형의 연구들은 역할극 (Role play)이나 시뮬레이션 등이 단편적으로 활용되고 있다. 그러나 역할극이나 시뮬레이션은 단편적인 상황의 재현에 그칠 뿐 실제 그 속에 내러티브를 포괄하기 어렵다는 한계가 있다(권재원, 2005). 다만 역사교육에서 교육연극을 활용한 극화 학습, 역사 이야기 꾸미기 등의 수업이 적용된 사례는 있다. 그러나 이는 오히려 사회과 친화적이라기 보다 반사회과학적이다. 이제까지 역사교육에서 사회과학적 사고의 측 면이 강조되어 온 반면 상상적 이해의 측면이 소홀하게 취급되어 왔 다는 점을 지적하고, 역사학습에 있어서 상상적 이해 능력을 증진시키 기 위해 사료학습, 역할 놀이, 시뮬레이션 게임 등을 도입하고자 하기 때문이다(김한종, 1994).

이상에서 살펴본 바와 같이 교육연극의 교과적용의 예는 언어교육 과 역사교육 등에서 이루어지고 있고, 사회과에서 민주시민성 향상을 위해 적용된 예는 거의 없는 형편이다.

물론 앞에서 DIE가 청소년의 민주시민성 교육에 매우 유용한 도구 가 될 수 있는 정당성을 민주시민성 개념의 분석을 통해 확인하였다. 그러나 DIE 수업의 정당성이 확인되었다 해서 바로 교실에 도입할 수 있는 것은 아니다. 불행히도 한국의 여러 특수한 학교 상황은 DIE의 즉각적인 사회과 도입을 차단한다. 이 장애물은 한국의 여러 특수성 때문이기도 하지만 근본적으로는 DIE 수업 모델 자체의 결함 때문이 기도 하다.

1) 한국 교실 상황에서 비롯되는 장애물

사회과에 DIE를 적용하는 것을 곤란하게 하는 한국적 특수 상황들이 있다. 물론 이는 비단 한국 학생만의 문제가 아니라 아시아 학생 전체의 문제일수도 있지만, 가장 근본적인 문제는 학생들의 성향과 문화 자체가 지나치게 조용하다는 것이다. 이를 아시아적 수줍음이라고 불러도 무방할 것이다. 물론 보수적인 사람들은 이를 겸양의 정신이라고 부를 것이다.

학생들이 늘 떠든다고 생각하며 교실의 질서를 강조하는 일부 교사들은 이 말에 동의하지 않을 것이다. 그러나 한국 학생들은 대단히 조용한 침묵의 학생들이다. 여기서 말하는 말과 침묵은 공공성을 전제로 하고 있다. 즉, 한국 학생들은 사적인 관계, 1 : 1 관계에서는 말을 무척 많이 하고 그것만으로도 모자라서 '알'을 탕진해 가며 휴대폰 문자까지 주고받지만 공적인 발언에 있어서는 거의 벙어리나 다름없다. 자기 의견을 발표하기는커녕 공중 앞에서 자기 이름 석자 말하고 들어오는 것조차도 몹시 부끄러워한다. 당연한 말이겠지만 수줍은 학생들을 데리고 연극을 할 수 는 없다.

두 번째 장애물은 사교육이다. 여기서 말하는 사교육은 예체능 과외가 아니라 입시교육만을 말한다. 중학교 이상만 되면 절반 이상의 청소년들이 거의 밤 11시가 넘어서까지 학원에서 입시과외를 받는다. 이러한 현실은 두 가지 측면에서 DIE정착을 방해한다. 한 측면은 절대적으로 시간 자체를 빼앗아 간다는 점이며, 또 다른 측면은 마음, 즉 지성과 감정이 메말라 간다는 것이다.

매일 방과 후 밤 11시까지 학원에서 또다시 교과서, 문제풀이 공부를 한다면 그 학생은 여가 시간이 일체 존재하지 않는다고 봐야 한다. 하루 13시간 이상 공부를 강요당하고 있는 한국 청소년들은 그 공부란 단어를 노동으로만 바꿔도 즉각 『자본론』 시대의 비참함 그대로가 되어 버린다.[39] 게다가 초등학교 시절부터 학원 문제풀이에 찌들어 버린 청소년들은 아동기 때 반드시 읽었으리라고 기대되는 책들조차 거의 읽지 않은 채 의미 없는 학원 문제풀이와 의미 없는 컴퓨터 게임으로 소중한 어린 시절을 탕진해 버렸다. 이는 DIE 수업을 진행하는 데 치명적인 약점이 된다. 자기 생각도 주장하지 못하고 머릿속에 필수 교양도 들어 있지 않은 아이들이 도통 대본을 만든다는 것이 어려운 일이며, 그 결과 일부 엘리트 학생들만 참여하는 경향이 나타날 수 있기 때문이다.

세 번째 장애물은 학급당 인원수다. 현재 서울 지역 중학교의 평균 학급당 인원수는 33~35명이다. 물론 이는 10년 전에 비하면 크게 줄어든 숫자이긴 하다. 그러나 이 숫자는 매우 애매한 숫자이기도 하다. 1970년대부터 이유 없이 전승되어 온 학생들의 각종 학교 집단 노동 동원에는 부족한 숫자이며, 다양한 학생 중심의 수업을 진행하기에는 여전히 너무 많다. DIE는 15명 정도의 학생들을 대상으로 시행했을 때 가장 효과적이라는 연구 결과도 있다. 35명이 한꺼번에 교실에 마련된 좁은 무대에 설 수는 없는 일이다.

2) DIE 수업 모형에서 비롯되는 장애물: 팔로우 업

한국의 교육 현실이 DIE를 교실 수업에 적용하기 어렵게 만들기는 하지만 사실 이는 결국 기술적 문제기 때문에 어떻게 해서든 극복할 수 있는 문제다. 그러나 DIE를 사회과 수업에 적용했을 경우 나타나는 모델 고유의 결함도 있다. 이는 기술상의 문제가 아니라 모델 자체

---

39) 자본론의 노동법에 대한 부분(1권의 15장)에 보면 장시간 의미 없이 반복되는 노동이 노동자의 육체와 정신을 모두 파괴해 버리는 무시무시한 과정이 소개되어 있다. 오늘날 학생들 역시 그 시절 노동자와 같지 않을까?

의 결함이기 때문에 DIE 수업 모형을 신중하게 개조함으로써만 극복 가능하다.

사회과에 적용될 경우 DIE가 드러낼 수 있는 결함은 바로 팔로우 업 단계에 있다. 이는 사회문제나 쟁점을 소재로 DIE를 실시할 경우 청소년들이 보다 용이하고 구체적으로 극을 구성하고, 이를 통해 태도 와 사고력의 향상을 기대할 수 있다는 주장(김창화, 2003)과 비교하면 역설적인 상황이다. 물론 사회문제나 쟁점을 소재로 한 연극을 청소년 들이 더 흥미 있어 할 수도 있다. 그러나 사회과의 목표는 사회문제에 흥미를 가지는 것이 아니라 사회문제에 대해 합리적 입장을 세우고 의사결정을 할 수 있는 능력을 함양하는 것이다. 그리고 이러한 과정 은 연극이 끝난 다음에 이루어지는 것이다. 중요한 교육적 효과가 일 어나는 단계인 Follow up에 대해 주목할 필요가 있는 것이다. 실제 공연의 마무리를 어떻게 하느냐에 따라서 교육의 의도가 활성화될 수 있고, 학습 이후의 과정까지도 교육의 효과를 얻을 수 있기 때문이다.

일반적으로 교육연극의 후속 단계에서는 토의나 소감문 작성 등의 방법이 활용된다. TIE에서는 관객과 배우가 대화를 한다든지 그림을 그리는 등 다양한 방법들을 활용하기도 한다. 그러나 DIE든 TIE든 공연 단계까지는 비교적 정교하고 조직화된 모형이지만 팔로우 업 단 계에 적용되는 방법들은 체계화되어 있지 않다.

물론 DIE의 팔로우 업은 일반적으로 토의 발표의 형식을 많이 취 하고 있다. 그러나 사회과에서 토의는 연극 끝난 뒤의 좌담회 혹은 약 간의 회상 놀이 같은 형식으로 목적을 달성하기 어렵다. 하지만 DIE 의 팔로우 업으로서 토의, 토론을 어떻게 진행할 것인지에 대한 연구 는 찾아보기 어렵다. 다시 강조하지만 사회과는 사회과학을 다루는 교 과다. 따라서 매우 주지적이고 조직적인 학습이 필요하다. 팔로우 업에서 토의나 토론을 한다면 그 토의·토론을 어떤 방식으로 하는지 체계적으로 마련할 필요가 있다. 지금까지의 DIE는 이 부분이 허술했으며 따라서 조직적이고 체계적인 프로그램을 선호하는 사회과 교사들을 선뜻 끌어들이지 못했다. 따라서 사회과에 적용되는 DIE는 그 팔로우 업 단계에 사회과에서 널리 사용되어 온 각종 논쟁학습을 응용할 필요가 있다. 이를 위해서는 논쟁학습의 핵심을 추출하여 간략한 모형으로 재구성하는 것이 요구된다.

제2장

사회과 논쟁학습 모형들의 한계

논쟁학습 모형은 학생들이 여러 가지 사회적 쟁점이나 가치문제에 대하여 논쟁을 통하여 학습하는 수업 모형을 통칭한다. 논쟁을 통해 학생들은 문제를 해결해 나가며, 그 과정 속에서 가치를 도출하거나 관련 지식의 습득은 물론 집단적 의사결정 능력과 사회생활에 필요한 태도를 함양할 수 있다. 대부분의 논쟁학습 모형은 단지 주제를 던져주고 자유토론을 하는 것이 아니라 이러한 목적을 달성할 수 있도록 조직적으로 고안되어 있다.

논쟁학습은 이미 1960년대부터 사회과에서 널리 사용된, 혹은 널리 사용될 것으로 기대되며 활발히 개발되어 왔던 방법이다. 논쟁학습에서 쟁점이 되는 문제는 주로 많은 사람들의 관심을 끌면서 논란의 대상이 되는 사회적 쟁점들을 사용한다. 현대사회에서 이러한 논쟁문제는 개인 간 혹은 집단 간의 갈등으로부터 발전되는 경우가 많다(Rubin & Brow, 1975, 이달곤, 1990, Deutsc, 1991).

1. 주요 논쟁학습 모형들

논쟁을 통해 사회적 쟁점을 다루는 학습 모형은 여러 가지가 개발되어 있지만, 이 중 가장 영향력 있는 모형들은 이미 고전적 모형으로 평가받고 있는 올리버-쉐이버(Oliver & Shaver, 1960)의 법리문제 논쟁 모형40), 존슨형제(Johnson & Johnson, 1979)의 Pro-Con 모형, 엥글-오초아(Engle & Ochoa)의 의사결정 모형이다.

〈표 9〉는 이들 주요 논쟁학습 모형의 목표와 진행방식을 정리한 것이다.

〈표 9〉 주요 논쟁학습 모형들

모형	Oliver-Shaver 모형	Engle & Ochoa 모형	Pro-Con 모형
목표	일반적 가치탐구, 발견	민주주의 이상 체험 및 의사결정	가치 추론능력과 의사결정력
단계	●1단계: 구체적 상황에서 일반적 가치 추상화 ●2단계: 척도적 구조로서 일반적 가치개념 사용 ●3단계: 가치 구성요소들 간의 가치 갈등 인식 ●4단계: 가치 갈등 종류 상황 인식 ●5단계: 유사한 상황 확인 ●6단계: 적절한 입장으로 과정 유도 ●7단계: 적절한 가치입장 이면에 있는 사실적 가정 검증하기 ●8단계: 진술들의 관련성 검토하기	●1단계: 문제 인식과 정의 ●2단계: 가치의 가정에 대한 인식 ●3단계: 대안들의 인식 ●4단계: 결과 예측 ●5단계: 결정의 도출 ●6단계: 결정의 정당화 ●7단계: 결정의 임시성 인식	●1단계: 소집단들 구성, 동일한 과제부여 ●2단계: 소집단을 상반된 주장을 하는 두 개의 소집단으로 분화 ●3단계: 소집단 내에서 상반된 주장 발표 ●4단계: 상대방 주장에 대한 분석·비판 ●5단계: 서로 입장을 교대하여 상대방 주장의 허점 등 지적 ●6단계: 종합토론

---

40) 하버드 대학교 사회과 교육 프로젝트에서 개발되어 흔히 '하버드 모형'이라고도 한다.

1) Oliver & Shaver 모형

먼저 올리버와 쉐이버 모형을 살펴보자. 이 논쟁학습 모형은 문제
해결을 위해 문제가 가지고 있는 가치를 발견하는 것을 목적으로 한
다. 이 모형은 (1) 개념의 명료화, (2) 경험적 증거에 의한 사실의 증
명, (3) 가치 갈등의 해결의 순서로 진행개념의 명료화를 위해 일반적
가치가 척도로 사용된다는 것이다. 즉, 일반적 가치를 이용하여 쟁점
을 판단하고 분석하는 것이다. 된다. 이렇게 되면 사회적 쟁점을 그
배후에 있는 몇몇 일반적 가치들의 충돌로 일반화할 수 있고, 따라서
이전에 있었던 그러한 가치들이 충돌한 유사한 사례들과 비교할 수
있게 된다. 이의 과정을 거치도록 하는 것이 그 핵심이다. 그리고 이
가치 갈등 해결의 기준이 되는 최종 심급은 결국 윤리적 · 법률적 원
칙과 가치다. 이런 이유에서 이 모형을 윤리-법률 모형(ethical-legal
model) 혹은 법리 모형(jurisprudential model)이라고도 부른다. 이 모
형에서 척도로 사용하게 되는 기준 가치는 인간존중이라는 사회적 기
본 가치, 헌법에 제시된 여러 가지 민주적 원리, 가치의 위계적 차이,
가치의 보편성과 구체성 등이 있다. 이 모형에서 가치 갈등의 해결을
얼마나 중요시하는가는 〈표 9〉에 제시한 각 단계의 흐름을 통해 파악
할 수 있다.

이 모형의 중요한 특징은 논쟁문제에 내포되어 있는 가치 갈등에
초점이 맞추어져 있으며 가치 갈등의 해결은 보편적 가치와 일시적
가치, 사회적 가치와 개인적 가치, 일반적 가치와 구체적 가치 등을
구분해 놓은 가치 위계에 따라 민주사회에서 더 중요한 가치를 선택
하는 방향으로 이루어진다는 것이다.

이 모형은 척도로 사용하게 될 일반적인 가치들의 목록을 사실상

이미 전제하고 있다. 그리고 현실 세계의 쟁점을 이루는 상황의 요소들이 각기 어떤 가치들에 해당되는지 척도적으로 파악한다. 그렇게 되면 이 쟁점은 사람들과 집단의 갈등이 아니라 어떤 특정한(그리고 물론 보편적이고 일반적인) 가치들 간의 갈등으로 파악될 수 있을 것이다. 이 갈등의 해결은 이러한 가치들이 갈등을 일으켰던 다른 유사사례들을 검토함으로써 해소할 수 있을 것이며, 이 과정이 논쟁학습의 주요 내용이 된다.

이 모형은 가장 고전적인 논쟁학습으로 알려져 왔으나, 전수하려는 기성 가치 목록을 전제하고 있으며, 현실의 사례가 단지 그것을 발견하기 위한 소재에 불과하기 때문에 지나치게 보수적이라는 비판을 받기도 하였다.

2) 의사결정 모형

다음으로 엥글과 오초아(1988)의 의사결정 모형을 살펴보자. 의사결정 모형은 민주주의의 이상인 자유로운 토론과 의사결정을 체험할 수 있는 기회를 사회과 수업에서 제시할 수 있는 방안으로 개발되었다. 특히 이 모형은 정치적인 의사결정과 관련된 문제를 중심으로 구성되어 있다. 이 모형에서는 현대의 민주정치에서 발생하는 갖가지 문제와 논쟁점을 제시하고 그 속에서 의사결정을 해 보는 과정이 시민으로서 민주정치에 참여하기 위한 최선의 준비작업이라고 본다. 이에 관한 엥글과 오초아의 견해는 다음과 같다.

"지적이고 책임 있는 의사결정을 학습하는 것은 민주시민성의 핵심이다. 의사결정 능력이 없는 시민들은 외부적 조작에 의해 쉽게 반응하며 결국 그 사회의 민주주의는 타락하고 심지어 소멸될 수도 있다. 따라서 예비 시민인 학생들은 사회문제에 대해 결정해 보는 경험을 거쳐야 한다. 반성적 의사결정을 함으로써 개인은 사회문제를 보다 광범위한 전후 맥락에서 인식하며, 그 결과 다면적으로 함축된 의미를 명백히 알 수 있는 것이다. 이와 같은 광범위한 관점으로부터 학생들은 단지 어느 한 이익집단의 직접적 요구를 충족시키는 것이 아니라 모든 구성원의 복지를 고려하는 결정을 해야 한다. 학생들의 관심은 중요한 출발점이며 지역사회, 공동체 그리고 나아가 세계에 보다 광범위한 문제와 연결될 수 있다."(Engle & Ochoa, 1988, pp.72-73.)

엥글과 오초아(1988)는 이처럼 의사결정의 중요성을 강조하면서, 현실사회에서 발생하는 사회문제 중 기존 교육과정의 주제와 연관될 수 있는 것을 선택하여 7단계를 제시하고 있다.

첫째, 문제를 인식하고 정의하는 단계이다. 이때 학습자들은 문제의 본질을 서로 다르게 인식하므로 무엇을 조사할 것인가를 합의하기 위해 진지한 토론이 선행되어야 한다. 문제를 인식하는 것 자체가 사색적 과정이며, 이 과정에서 학습자들의 상호 작용이 원활하게 이루어져야 한다. 교사는 학습자가 스스로 결론을 도출하도록 도와주는 보조자의 역할을 해야 하고 만일 교사가 용어 정의를 도와준다면 학생들은 사고의 기능을 발달시킬 기회를 상실하게 될 것이므로 주의해야 한다.

둘째, 가치에 담겨져 있는 가정을 인식하는 단계이다. 이때 개인이나 집단이 의사결정 상황에서 증진시키고자 하는 가치를 인식하는 것은 합리적인 의사결정에 있어서 본질적이다. 이와 같은 가치는 대안과 결과를 평가하는 기준으로 작용하며 특별한 결정에 관련된 모든 사고작용의 방향을 정할 수 있다.

셋째, 대안을 인식하는 단계이다. 대안의 인식에는 가치, 선행지식, 경험 등이 관련된다. 엥글과 오초아는 문제에 대한 지식을 많이 가지고 있을수록 더 사려 깊은 대안을 만들어 낼 수 있으므로, 더 많은 정보를 확보하고 대안의 결과가 진지하게 고려될 때까지 각 대안에 대한 평가는 가능한 한 보류해야 한다고 설명하고 있다.

넷째, 결과 예측 단계이다. 여러 관련 가치들로부터 나오는 대안들의 결과가 충분히 검토되면 이는 곧 가치 선택의 기준으로서 작용한다. 결과를 예측하는 데 기준이 되는 것은, 각 대안들로부터 어떤 결과들이 나타나고 어떠한 영향을 미칠 것인가, 그리고 대안이 어느 특정한 가치, 특히 민주적 가치의 실현을 제고할 것인가 하는 점이다. 이 단계는 분석, 종합, 창조력 사고 등 고급 사고를 요한다.

다섯째, 결정을 도출하는 단계이다. 이때는 그 결정이 개인의 이기적인 이해 관심에 대한 것인가 혹은 공공선을 위한 것인가를 기준으로 가능한 한 많은 대안들을 고려하고 그 결과에 대하여 예측한 후에 학습자 자신이 실현하려는 가치가 초래하는 가능성에 대해 위계를 세워야 한다.

여섯째, 자신의 결정을 정당화하는 단계이다. 그 결정이 근거 있고 합리적인 선택이라면 자신의 결정을 이성과 경험적 증거에 의하여 옹호할 수 있어야 한다. 사회과 수업에서 학생들은 자신의 결정을 구두로 혹은 기록의 형태로 정당화할 수 있고 서로의 의견에 대해 토론하며, 토론에 대한 수정이 요구될 때에는 자신의 결정을 수정할 수 있는 환경이 제공되어야 함을 엥글과 오초아는 강조한다.

일곱째, 의사결정의 임시성을 인식하는 단계이다. 이는 필요한 정보가 추가적으로 나타남에 따라 결정 자체뿐만 아니라 의사결정과정의 성격까지도 바뀔 수 있다는 개방적인 태도를 취하는 것이 민주적인 결정을 내리는 데 있어서 매우 중요함을 의미한다. 이 단계가 이 모형의 가장 특징적인 부분이다. 엥글과 오초아에 의하면 자신의 생각을 변화시키고 그 결정을 수정하는 과정은 학생들이 민주주의하에서 시민으로서 활동하는 데 필요한 지적 능력 그리고 개방적인 태도 등을 획득할 수 있다.

이 모형은 사회문제에 포함된 다양한 가치와 그에 따르는 결과를 폭넓게 고려함으로써 사회문제의 복잡성을 이해하게 하고 또한 문제에 포함된 다양한 탐구질문을 통해 고차 사고력을 신장시키고자 하는 야심 큰 목표를 가지고 있다. 그러나 하버드 모형에서와 마찬가지로 개인적 의사결정에 치중하여 타인과의 이해관계의 대립으로 인해 발생하는 논쟁문제 해결에까지 나아가지 못하는 한계를 가진다. 엄밀한 의미에서 올리버-쉐이버 모형과 엥글-오초아 모형은 협의하여 해결책을 찾아나가는 토의학습에 가깝지 본격적인 논쟁학습이라고 보기는 어렵다.

3) Pro-Con 모형

마지막으로 존슨형제(Johnson & Johnson)가 고안한 협동학습 모형인 찬반학습 모형(Pro-Con)을 살펴보자. Pro-Con 모형은 위의 두 모형보다 한결 조직적, 가치중립적이며 무엇보다 논쟁 그 자체를 분명한 수업의 목표로 설정하고 있다. 여기에는 가르치거나 발견해야 하도록 전제된 가치들의 목록은 없다. 다만 그것을 중심으로 상반된 주장이 야기되는 가치가 있다면 무엇이든 수업내용으로 가능하다. 여기에서 획득하고자 하는 것은 어떤 특정한 가치가 아니라 가치 갈등을 논쟁을 통해 추론하고 해결하는 메타-인지적 능력의 함양이기 때문이다. 존슨형제의 논쟁수업은 6단계로 이루어진다.

1단계는 수업 준비의 단계로 단원과 관계된 논쟁의 주제와 그 주장에 대해 상반된 두 입장을 정한다. 각 입장에 대한 정보와 자료를 준비하고, 한 소집단을 4명으로 구성한다.

2단계에서는 소집단 내에서 각각 2명으로 미니 소집단을 구성한다. 각 미니 소집단은 상반되는 입장을 선택하고 주어진 정보와 자료, 제한된 경험과 자신의 관점에 의해 입장을 정리한 후 이를 뒷받침할 자료와 이론들을 조직한다.

3단계는 소집단 내에서 미니 소집단이 각각 자신들의 주장과 근거를 발표하는 단계이다.

4단계는 소집단 내에서 미니 소집단별로 토론을 한다. 이때는 상대방의 주장을 분석·비판하고 자신의 주장에 대한 상대방의 비판에 반박을 가하기도 한다. 이 과정은 상대방의 주장에 대해 관심을 가지게 하고 새로운 인지적 분석을 자극하며 새로운 대안을 창조할 수 있게 한다. 이 단계에서 학습자는 개념 갈등과 불확실성을 체험한다. 특히 협동 학습구조에서의 이러한 지적 갈등은 그 불확실성을 해결하기 위해서 서로가 더 많은 정보를 탐색하도록 유도함으로써 학습자의 지적 호기심을 고조시킨다.

5단계에서 두 미니 소집단은 입장을 바꾸어 상대방을 위하여 상대가 주장하지 못했던 자료나 논리를 제시한다. 이 과정은 협동 학습구조이기에 가능하며, 찬반모형의 독특한 단계라고 할 수 있다.

마지막 6단계에서 두 미니 소집단은 소집단 의견의 합의점을 도출한다. 이 과정은 여러 대안 중 하나를 선택하는 것이 아니라, 이제까지 나타난 여러 관점과 주장을 하나의 주장으로 종합하는 과정이다. 이 단계에서 학습자는 기존의 정보들을 재개념화하고 조직하여 그들의 합의안을 만든다. 이 합의안은 창조적 작업에 의한 것이며 개연성이 강한 내용을 포함하고 있다. 존슨형제의 찬반 모형은 기존의 논쟁수업 모형과는 달리 집단적 의사결정을 꾀하였다. 특히 논쟁의 마지막 단계에서 그동안 파악된 양측의 정보와 경험을 종합하여 '인지적'인 합의점 도출을 꾀하였다는 점에서 이 연구의 방향과 일치한다.

4) 세 모형의 공통점

이러한 논쟁학습 모형들은 세부적인 입장에서는 서로 차이를 보이고 있지만 학생들에게 특정한 가치를 주입식으로 전수하거나 강요하는 것이 아니라 구체적 상황에서 스스로 이를 발견해야 한다는 점에서는 의견이 일치하고 있다. 그리고 더 나아가 장차 성인이 되었을 때 직면하게 될 여러 가치 갈등 상황에서 합리적으로 이를 해결할 수 있는 의사결정 능력을 함양해야 한다는 공통의 목표를 가지고 있다. 이는 사회과의 교육 목표인 민주시민의 자질인 합리적 의사결정 능력과 그 메타-인지적 바탕이 되는 고차 사고력 향상과 사실상 동일한 진술이다.

논쟁학습에 대한 중요성이 증대되면서 사회과를 중심으로 논쟁학습 모형의 한국적 수용 및 적용에 대한 다양한 방안들이 연구되었고, 그 실천 결과들이 발표되었다. 이러한 연구 결과들은 일관되게 논쟁학습이 합리적 의사결정 능력 향상에 유의한 영향을 줌을 입증하였다(주은옥, 2001, 이순재, 2003). 또 이러한 효과는 논쟁이 학생들이 쟁점에 따라 상반되는 양 진영이 분명하게 나누어지는 쟁점중심으로 진행될 경우, 그리고 패널 토론 등 학생이 어느 한 진영의 편을 의무적으로 선택하는 형태로 진행될 때 더 큰 것으로 나타났다(주은옥, 2001).

2. 논쟁학습의 한계와 DIE와의 결합 가능성

1) 논쟁학습의 한계

지금까지 논쟁학습의 특징과 대표적인 모형들을 살펴보았다. 살펴본 바와 같이 논쟁학습은 사회적 쟁점을 통해 의사결정 능력을 높이고 고차 사고력을 함양하는 데 효과적이 되도록 정교하게 구성된 모형들이다. 그리고 그 속성상 사회과 그 자체라고 할 만큼 잘 어울린다. 그럼에도 불구하고 한국 교실 수업에 논쟁학습이 널리 활용되고 있지 못한 것이 현실이다. 왜 그럴까? DIE와 마찬가지로 논쟁학습도 한국의 교육현실에서 비롯된 한계와 그 자체의 한계를 가진다.

먼저 교육 현실에서 비롯된 한계를 살펴보면 DIE를 정착하기 어렵게 만든 원인들이 그대로 다시 나타난다. 먼저 학급당 인원수가 문제다. 논쟁학습을 할 경우 6명 정도가 한 팀이 되어 논쟁하는 것이 가장 적당하다고 한다(전숙자, 2001). 그러나 이는 한국 상황에서는 지나치게 이상적인 상황이다. 만약 한 논쟁 팀을 6명으로 편성하면 한 교실에 6개의 논쟁 팀이 존재하게 된다.

입장이 6개나 되는 쟁점을 찾는 것도 어렵거니와[41], 설사 있다 하더라도 교사가 6개 팀을 관리하는 것도 쉬운 일이 아니다. 다음은 획일적인 입시 사교육의 문제다. DIE 때와 마찬가지로 정상적인 지적 능력을 키울 시간을 박탈당한 청소년들에게는 쟁점 속에서 가치를 발견하고 논쟁을 벌일 만한 교양과 지식이 없다. 많은 교사들은 말문을 열지 않고 교사가 뭔가 말해 주기만 기다리는 학생들을 바라보며 논

---

41) 대부분의 쟁점은 두 개의 대립되는 입장이 있다.

쟁학습의 꿈을 접는다.

논쟁학습 그 자체가 가진 한계도 있다. 그것은 이 수업이 결국 추상적 논리와 언어능력에 의존한다는 것이다. 이는 창의성, 고차 사고력의 일반적 정의와도 어긋나는 것이다. 게다가 고등학교 1학년 이하의 학생들은 지성보다는 감성이 더 발달한 경우가 많다. 이들은 추상적인 개념과 언어가 아닌 직관적인 경험을 통해 더 많은 것을 얻는다. 그러나 논쟁학습은 직관적 인식을 도와줄 수 있는 아무런 장치를 가지지 않고 근본적으로 텍스트 의존적이다. 따라서 텍스트가 아니라 직관적 인식을 선호하는 학생들은 이 수업을 지루하게 생각하며 마침내 소외되기 십상이다. 더욱 심각한 것은 상류층 자녀일수록 텍스트 중심의 사고에 능하기 때문에(Vygotsky, 1986) 사회적 불평등을 재생산할 수도 있다는 것이다.

결국 이런 한계들이 결합될 때 논쟁학습은 20명 정도의 학생들은 소외되거나 딴 짓을 하고 텍스트 중심 사고에 능하면서 동시에 표현에 자신이 있는 몇몇 학생들끼리만 자신들의 능력을 과시하는 시간으로 전락하고 만다. 나머지 20여 명의 학생들을 논쟁으로 끌어들이기 위해서는 이들이 논쟁의 쟁점을 이해할 수 있어야 하며 쟁점이 직관적으로 제시되어야 한다.

2) DIE와의 결합 가능성

이 연구에서 논쟁학습의 각 모형들을 장황하게 살펴본 것은 그 자체가 목적이 아니라 DIE 수업 모형의 팔로우 업 단계에 논쟁학습을 결합함으로써 사회과의 목표인 민주시민성과 고차 사고력을 함양하기 위해서다. 그러나 전혀 다른 맥락에서 형성된 두 모형이 결합되기 위해서는 두 모형 사이에 공통적인 무엇인가가 있어야 한다. 아리스토텔레스 시절부터 내려온 논리학의 공리처럼 "공통성이 없는 개념들 간에는 어떤 관계도 성립되지 않는" 것이다. 따라서 논쟁학습과 DIE의 공통성을 찾아내어 두 모형을 결합하기 위한 접점으로 삼아야 한다.

사실 DIE 모형은 전 과정이 형식화되어 있지는 않지만 그 자체가 논쟁적이다. 예컨대 연극으로 만들 주제도 사회적 쟁점에서 논쟁적으로 제시된다. 또한 연극을 만드는 과정도 시종일관 논쟁적이다. 실제로 논쟁학습, DIE 그리고 심지어는 연극 그 자체에는 놀라울 정도의 구조적 유사성이 있다.

〈표 10〉은 DIE의 과정, 논쟁학습의 과정 그리고 Sheckner의 공연예술 7단계를 그 구조적 유사성에 의해 분류한 결과다. 이 세 과정은 모두 준비-발표-마무리의 공통적인 과정으로 진행된다. 이는 이 세 과정뿐만 아니라 거의 모든 수업에도 그대로 적용된다.

〈표 10〉 교육연극, 논쟁학습, 연극공연의 구조적 유사성

활동 단계	DIE의 단계	논쟁학습 모형 적용	공연의 단계
준비	워밍업 (준비 단계)	〈논쟁 준비〉 ①집단구성, 분화 ②논쟁을 위한 정보수집 및 분석 ③소집단 내에서 상대방 주장에 대한 분석, 비판 등	①트레이닝(training) ②워크숍(workshop) ③리허설(rehearsals) ④워밍업(warm-up 혹은 공연 직전의 준비)
발표	공연	상대방의 입장 객관화, 논쟁	⑤공연
마무리	팔로우 업 (후속 단계)	결론도출, 가치발견, 의사결정	⑥마무리(cool down) ⑦여파(aftermath)

DIE 준비 단계와 워밍업 단계는 논쟁학습에서 쟁점에 대해 정의, 사실과 가치문제의 확인, 주장의 정리, 상대방의 주장을 비판하는 내

용 준비 등의 단계와 비교하여 유사한 점을 발견할 수 있다. 연극이나 논쟁 모두 그것이 진행되기 위해서는 쟁점을 분명히 해야 하며(연극: 주제, 문제, 논쟁: 쟁점) 할 말(연극: 대본, 논쟁: 논거)을 준비해야 한다. 다만 논쟁학습에서는 다양한 자료를 준비하고 분석하여 타당성을 입증하고자 준비하는 과정을 경험하게 되고, 교육연극에서는 연극으로 표현할 주제에 대하여 이야기를 꾸미고 인물을 창조하며 성격을 묘사하는 등 연극을 준비한다는 차이가 있을 뿐이다. 교육연극의 워밍업 단계는 몸 풀기나 상호 교호작용을 위한 놀이 등을 하지만 그러한 행동의 준비뿐만 아니라 대본 등 연극을 만들기 위해 고차적 사고가 필요한 논리적인 인식의 과정이 수반된다는 면에서 논쟁을 준비하는 것과 유사한 구조를 갖는 학습 활동이 된다.

교육연극이 아니라 공연을 위한 예술로서 연극 그 자체도 논쟁학습 및 교육연극의 구조와 같은 맥락에서 비교하여 볼 수 있다. 공연을 위해 사전에 트레이닝하고 리허설을 하고 워밍업을 하는 단계는 교육연극의 워밍업 단계 및 논쟁학습의 논쟁 준비 단계와 유사한 의미를 갖는다. 교육연극이 행해지기 위해 다양한 놀이나 몸 풀기나 게임을 통해 준비하듯이 예술로서의 연극공연을 준비하기 위해서도 배우들은 트레이닝하고 워크숍과 리허설을 한다. 또 대본을 받고 그것을 명료화한다. 연극의 대본 역시 본질적으로 논쟁적이다. 연극 대본은 기본적으로 해결되어야만 하는 문제와 갈등으로 구성되어 있다.

대부분의 연극은 설정을 소개하는 발단부가 끝나면 답을 구해야만 하는 문제가 던져지며 이 문제의 해결과정에서 등장인물 간의 갈등이 나타난다. 이 갈등은 문제의 답이 구해지면서 해결된다(Brockett, 1969). 이렇게 중심 질문을 중심으로 다양한 갈등이 배치되고 대단원에서 그 답이 구해지면서 문제가 해소되는 연극을 웰 메이드 연극(Well made

Drama)라고 한다. 입센이나 체호프의 정교한 드라마들은 이런 웰 메이드 연극의 극치를 보여준다. 그들의 연극은 흡사 등장인물들의 총체적인 논쟁을 보는 것 같다. 게다가 이들은 관객들과도 논쟁한다. 입센의 『유령』은 공연이 끝난 뒤에 거의 폭발적인 논쟁을 불러일으켰다. 특히 런던의 지식인들은 입센파와 입센반대파로 양분될 정도였다.

이렇게 논쟁적인 대본을 가지고 진행하는 연습 역시 연출, 배우, 디자이너들의 지속적인 논쟁과정이다. 그리고 실제 공연 단계는 제작진과 관객의 논쟁이다. 연극 제작진은 관객들이 마치 빈 그릇처럼 공연을 담아가길 바라지 않는다. 그들은 관객들이 무대에서 보여주는 상황에 대해 반응하고 생각하기를 희망한다. 관객들 역시 무대 위의 인물들과 머릿속에서 논쟁을 벌이고 있다. 실로 이 논쟁의 유무에 따라 예술연극과 오락연극을 구별할 수 있는 것이다(Dickie, 1974).

교육연극의 팔로우 업 단계는 논쟁학습의 결론도출 및 의사결정과정과 비교할 수 있으며 연극공연의 마무리(cool down) 및 여파(aftermath)과정에 해당하는 의미를 갖는다. 특히 공연의 마지막 단계인 여파의 과정이 교육연극의 팔로우 업 단계와 같은 의미임에 주목할 필요가 있다. 여파는 공연이 끝나고 난 뒤 일상생활로 돌아가서 생활하는 동안에도 공연의 영향이 지속적으로 작용하는 것을 말하는데, 교육연극의 결과 역시 학습 이후에도 그 효과가 지속적으로 작용하며 계속해서 다른 학습이나 생활에 피드백되고 있는 것과 비교하여 유사한 의미를 설명할 수 있다. 논쟁 역시 마찬가지다. 논쟁학습은 논쟁이 어느 정도 정리되면 교사가 개입하여 논쟁이 되었던 내용을 조직화하는 단계를 가진다. 가치를 도출하거나 의사결정을 하려면 어지럽게 진행되었던 논쟁을 명확하게 정리해야 하기 때문이다. 이는 예술적 연극공연도 마찬가지다. 브레히트, 버나드 쇼 같은 작가들은 자신의 작품이 극장 안에서가 아니라 극장 밖에서 이야기되는 것을 바랬다. 정작 극장 안에서 관람할 때는 납득할 만한 결말이 생각해 볼수록 납득되지 않는다면 이는 관객이 예술가가 제공한 논쟁에 뛰어든 것이다.

이렇게 논쟁학습과 DIE와 연극은 모두 다른 형식으로 표현된 논쟁이며, 동시에 다른 형식으로 표현된 연극이다. 따라서 DIE의 팔로우 업으로서 논쟁학습을 적용하는 것은 쉐크너의 공연 7단계를 교실에서 완전하게 재현하는 것이나 다름없다. 논쟁학습과 DIE 그리고 연극이 실제 그 구조상 큰 차이가 없었던 것이다. 논쟁학습이 언어와 텍스트의 형태로 제시하는 근거자료를 DIE는 직접 몸으로 보여주는 것이다. 바로 이런 의미에서 예술 역시 인식작용이며, 단지 이성적인 인식이 아니라 직관적인 인식이라고 여러 학자들이 입을 모았던 것이다(Lukasc, 1971, Croce, 1901). 심지어 고프먼(Goffman, 1961)은 논쟁뿐만 아니라 인간의 삶 자체가 하나의 연극적 규칙에 따라 진행된다고 주장하였다. 따라서 다음과 같은 방식으로 DIE와 논쟁학습이 자연스럽게 융합될 수 있음은 그리 신기한 일이 아니다.

그렇다면 DIE와 논쟁학습이 결합되게 되면 수업은 어떤 방식으로 진행될까? 우선 학생들에게 문제 제기가 주어지는 과정은 DIE나 논쟁학습이나 동일하다. 일단 쟁점이 주어지면 학습 활동의 준비 단계에서 학생들은 연극을 만들기 위해 역할을 분담하고 주어진 쟁점에서 무엇을 표현해야 하는지 논쟁하게 된다. 마침내 연극이 완성되고 공연을 하고 나면 이 고양된 분위기를 마무리하는 Follow up 단계에 들어서게 되는데 여기에는 논쟁학습 모형이 적용된다. 즉, 연극을 통해 직관적으로 인식한 것을 이번에는 논쟁을 통해 지적으로 완성시키는 것이다. 게다가 이는 연극이 이미 가지고 있는 타자 입장에 서서 생각하는 훈련을 논쟁을 통해 더욱 조직적으로 수행하게 된다.

연극과 논쟁학습이 서로 상보적으로 작용하는 것이다. 학생들은 연극을 통해 쟁점이 되는 상황을 구체적으로 경험할 수 있다. 이로써 학생들의 논쟁은 근거 없는 말장난을 벗어나게 된다. 이렇게 연극을 통해 상상적으로 이해한 상황에 대해 질문하고 대답하는 과정을 경험하며 이로써 자신의 입장을 논리적으로 표현하고 상대방의 입장에 대하여 비판적으로 사고하면서 가치 갈등을 추론하고 해결하는 메타－인지 능력을 함양하게 된다.

이 단계 후 학생들은 주어진 시간이 지났으니, 끝나고 마는 것이 아니라 연극으로 발표된 사회적 쟁점의 내용에 대해 지속적으로 관심을 가지고 지켜보게 된다. 이것은 공연이 끝나고 돌아가는 관객들이 공연 이후의 삶 속에서 계속해서 그 영향을 받는다는 여파(aftermath)의 과정으로 파악할 수 있다고 본다.

이 연구에서는 상반된 주장을 통해 야기되는 가치 갈등 논쟁을 통해 문제를 해결하는 존슨형제의 찬반 모형을 기본으로 하고, 엥글과 오초아의 모델을 통해 의사결정의 과정을 경험하도록 논쟁 장면을 구성하고자 한다. 이렇게 되면 학생들은 사회적 쟁점에 대하여 연극을 통해 상상적 체험과 이해를 한 후 의사결정을 위한 마무리 단계에서 논쟁을 통하여 입장이 다른 상대방과 대화하고 이해관계를 조정하여 문제를 해결의 합리적 방법을 학습하게 될 수 있게 된다. 이는 학생들의 흥미를 유발할 것이며 소외되는 학생들의 수를 줄이게 될 것이다. 반면 팔로우 업에서 논쟁학습을 체계적으로 구성하는 것은 그동안 중요성에도 불구하고 허술하게 취급된 DIE의 후속 단계를 조직화함으로써 DIE가 학생들의 창의적 참여는 이끌어 내지만 비체계적이라서 효과적인 교육의 목표를 성취하기 어렵다는 비판을 극복할 수 있는 방법이 될 것이다.

제4부

DIE-논쟁학습 모형(구 & 권 모형)

　지금까지 DIE 수업과 논쟁학습이 저마다 가지고 있는 장점에도 불구하고 한국 교실 수업에 적용되기에는 나름의 한계가 있음을 살펴보았다. 또 두 수업 모형의 결합이 가능하며 그 효과가 상보적일 것임도 살펴보았다. 이제 4부에서는 이 두 모형을 결합하여 저자들이 개발한 DIE-논쟁학습 모형을 소개하고자 한다.

제1장

DIE-논쟁학습 모형의 개발과정

이 모형은 간단한 아이디어로 손쉽게 만들어진 것이 아니라 오랜 연구와 시행착오의 결과물이다. 따라서 저자들이 DIE와 논쟁학습을 결합하기 위해 시도했던 몇몇 실패작들을 살펴보면서 이 모형의 개발과정을 추적해 보고자 한다. 이 실패작들 역시 나름의 가치를 가진 수업 모형이 될 수 있기 때문에 독자 여러분들의 지혜와 창의성에 자극이 될 수도 있을 것이다.

1. 소집단 DIE의 실패

논쟁학습을 하던, DIE를 하던 저자들이 제일 먼저 극복해야만 했던 것은 35명이라는 학급당 인원수였다. DIE가 제대로 진행되기 위해, 한

집단의 인원수가 10명이 넘으면 안 된다는 원칙을 지키기 위해 저자
들은 학급을 5~6개 소집단으로 재편성했다. 이에 따라 약 6~7명 단
위의 소집단 6개가 편성되었다. 이렇게 해서 한 학급에서 6개의 연극
이 동시에 제작되는 소집단 DIE가 실시되었다. 이 수업은 〈표 11〉과
같이 진행되었다.

〈표 11〉 소집단 DIE 수업 모형

수업 단계	주요 활동	비고	차시
주제의 제시	연극으로 제작해야 할 주제를 제시한다. 이 수업의 경우 '침해받은 권리를 법률적 방법으로 구제한 사례'다.		
소집단의 편성	학급을 6~7명의 소집단 6개로 편성한다. 각 집단별로 조장을 선정한 뒤 제시된 주제를 가장 잘 표현하는 사례를 찾아서 이를 연극으로 제작하도록 해야 함을 고지한다. 이 연극에는 반드시 '정당한 권리 침해'와 '법을 이용한 침해 구제'의 구체적 사례, 그리고 '해당되는 법률 조항에 대한 소개'라는 세 요소가 반드시 포함되어야 한다.	학급 컴퓨터 등을 개방하고, 각 종 소송, 권리침해 구제 사례 등이 소개된 사이트 등을 교사가 미리 조사해서 알려준다.	1
연극 제작	소집단별로 각자 연극을 제작한다. 연극 제작의 순서는 1) 해당되는 조건이 포함된 사례 찾기, 2) 그 사례에 적용된 법조문 찾기, 3) 사례를 대본으로 옮기기, 4) 역할 정해 연습하기 순서로 진행한다.	학생들이 분산되어 있으므로 교사의 순환지도 필요	2~3
연극 발표	준비된 연극을 차례로 발표한다.	각종 소품 및 음향장치 필요	1~2
정리	매 연극이 공연되면 교사는 어떤 법적 문제가 쟁점이 되었는지 확인할 수 있도록 발문한다.		

이 수업은 학생들의 적극적인 참여와 흥미진진한 진행이라는 점에
서 일방적으로 실패했다고 보기는 어렵다. 그러나 몇몇 소집단은 권리

의 법률적 구제라는 주제를 근본적으로 잘못 이해하고 있었지만 수업 시간 중 교사가 개입하여 이를 수정하고 되먹임을 줄 방안을 찾을 수 없었다. 그렇다고 팔로우 업을 여섯 번에 걸쳐 진행하기도 어려운 일 이었다. 또 비슷한 주제의 연극이 6개가 잇따라 발표되다 보니 나중에 는 학생들이 지루해 하기도 했다.

이 수업은 6개의 연극을 공연함으로써 DIE가 불가능할 정도로 많은 학급당 인원수라는 문제는 해결했으나 효과적인 팔로우 업을 시행할 수 없었다는 새로운 난점을 남겼다. 그러니 DIE의 팔로우 업에 논쟁학습을 결합하고자 했던 원래의 목표는 도저히 달성할 수 없었다. 무엇보다도 시간이 모자랐다. 아무리 짧게 제작해도 한 집단의 공연에 는 10분 이상이 걸렸으며 결국 공연에만 2차시를 사용해야 했다. 현행 교육과정에서 사회과에 배당된, 엄청나게 많은 교과내용과 턱없이 부족한 수업 시수를 감안하면 '시민의 권리와 법'이라는 하나의 주제로 벌써 6시간을 사용하였는데, 현행 교육과정상 그 이상의 수업 시간을 확보하기는 현실적으로 불가능하였다.

2. DIE집단과 논쟁집단 분리 적용의 실패

6개가 넘는 연극이 공연되는 것에 부담을 느낀 저자들은 결국 한 학급에서 공연되는 연극을 2개로 줄이기로 했다. 이렇게 되면 20분은 공연을 하고 20분은 토론을 할 수 있을 것이라고 산술적으로 기대했기 때문이다. 그런데 이렇게 되자 문제가 다시 원점으로 돌아갔다. 연극 1편의 제작진을 최대 10명이라고 보았을 때 2편의 연극 제작에 참가하는 학생들은 많아야 20명에 불과하다. 나머지 15명의 학생들이 할 일이 없는 것이다. 이때 팔로우 업에 논쟁학습을 적용시키고자 했던 원래의 아이디어가 살아났다. 15명을 배심원단으로 삼아 토론 전담조로 삼는 것이다. 그 결과 학급은 두 개의 큰 집단으로 나누어져서 한 집단은 연극을 하고 다른 한 집단은 그 연극에 대해 토론을 제기하는 〈표 12〉와 같은 형식의 수업을 구상하게 되었다.

〈표 12〉 연극 조와 토론 조로 학급을 분리한 DIE

수업 단계	주요 활동	비고	차시
주제의 제시	상반된 입장이 있는 쟁점을 제시 예) 정보화 사회의 빛과 그림자, 쇄국과 개화 어느 것이 옳은가? 등	두 개의 연극을 제작하기 때문에 반드시 쟁점이 필요하다.	1
집단의 편성	연극 조: 두 개의 팀으로 다시 나누어서 각각 상반된 입장을 선택 배심 조	단지 귀찮음이 이유가 되어 배심 조에 소속되는 일이 없도록 지도.	
연극 제작	연극 조는 각 팀별로 자신들의 입장을 합리화하는 연극을 제작, 배심 조는 해당 주제 전반에 대한 자료수집 및 학습		2~3
연극 발표 및 토론	각 연극 조가 차례로 준비한 연극을 발표하면 배심 조가 여기에 대해 비판적으로 논쟁 제기		1~2
정리	양 입장의 균형을 찾으며 논쟁을 마무리		

명칭이야 어떻게 되었든 관객이 생긴 셈이다. 따라서 이 수업은 DIE라기보다는 오히려 TIE에 가깝지만 연극 제작 조 역시 순수한 아마추어 학생이기 때문에 DIE로 부르는 것이 크게 무리가 되지는 않는다. 사실 관객들도 단지 관객이 아니라 배심원이라고 하는 역할을 부여받은 것이기 때문에 연극적 상황 안에 들어와 있는 셈이다.

연극 조와 배심원단의 편성을 마쳤으면 다음은 연극 조를 다시 둘로 나눈다. 둘로 나누어진 연극 조는 한 주제에 대한 상반된 입장을 선택해서 연극으로 제작하게 된다. 두 연극 조는 하나의 주제에 대한 상반된 입장을 합리화하는 내용의 연극을 제작하고 배심원단은 그 주제에 대한 학습을 진행한다.

준비가 끝나면 두 연극 조는 상반된 내용의 연극을 공연한다. 공연이 끝나면 관객 겸 배심원들은 두 연극 조의 공연 내용에 대해 비판적으로 문제 제기하고 출연진을 소환해서 심문하기도 하면서 논쟁을 진행한다.

이 수업의 성패는 나머지 15명이 수동적인 관객으로 머물러 버리는가 아니면 적극적인 역할을 가지는가에 달려 있었다. 어쨌든 이 수업이 소집단 DIE보다 조직적이고 무엇보다 제대로 꼴을 갖춘 팔로우 업을 갖추었다는 점은 고무적이었다.

그러나 이 수업도 금세 한계를 드러내었다. 경험이 많은 교사라면 이미 설계 단계에서 문제가 내포되어 있음을 발견할 수 있을 것이다. 즉, 아무리 동등한 연극적 상황을 제공한다 하더라도 이 수업의 성패는 결국 배심 조에 속한 학생들의 동기와 의욕에 거의 전적으로 의존하고 있는 것이다. 그리고 아무리 배심 조 학생들에게 주제 전반에 대한 준비를 시킨다 하더라도 활동의 양과 수준에서 연극 조 학생들이 훨씬 우위에 서게 되는 것은 피하기 어렵다.

물론 배심 조 학생들이 적극적으로 연극 조 학생들을 몰아붙여서 분위기를 활발하게 이끌어 간 경우도 있었다. 그러나 배심 조와 연극 조가 서로 상반된 입장을 선택한 상태에서 출발한 것이 아니기 때문에 배심 조의 문제 제기도 쟁점을 구성하기보다는 트집 잡기에 불과한 경우가 많았고, 논쟁이 조직적이고 지속적으로 이루어지지 않았다. 사실 논쟁이 활발하게 이루어지려면 상반된 입장을 가진 연극 1팀, 2팀 사이에 논쟁이 일어났어야 했다. 게다가 최악의 상황으로 연극 조에는 활발한 학생들이, 배심 조에는 논리적이고 학구적인 학생들이 몰리는 경우도 있었다. 이 경우 배심 조의 날카로운 질문에 연극 조 학생들이 거의 대답을 하지 못해서 논쟁이 아니라 계속되는 질문과 침묵과 곤혹이라는 상황으로 진행되는 경우가 왕왕 나타났다.

이 수업의 실패로 연극의 팔로우 업으로 단지 논쟁이 있는 것으로는 부족하다는 것이 확인되었다. 문제는 단지 결합이 아니라 얼마나 유기적으로 두 수업 모형이 결합되었나 하는 것이다.

제2장

DIE-논쟁학습 모형의 구조

1. DIE-논쟁학습 모형

지금까지 살펴본 교육연극과 논쟁학습의 장애 요소들, 그리고 이것을 극복하기 위한 1장에서의 노력들을 자꾸 수포로 돌아가게 만든 원인은 결국 학급당 학생수가 많다는 점과 학생들 간의 학업능력이나 보유 정보량의 편차가 심하여 이 능력이 떨어지는 학생들이 자꾸 수업에서 소외되고, 끝내 이들이 학습 방해자가 되어 수업을 망가뜨린다는 점으로 압축할 수 있다.

논쟁학습의 경우 정보를 충분히 가지지 않은 학생들은 참여할 길이 없다. 또 교육연극의 경우 아무리 배심 조를 설정한다 하더라도 연극 제작에 직접 참여하지 않는 학생들은 소외된다.

앞서 확인한 바와 같이 저자들은 논쟁학습과 DIE의 메타-인지적 목표와 과정이 사실상 유사하다는 점에서 해결의 단초를 찾고자 하였다. 다만 차이가 있다면 논쟁학습이 실제 상황에 대한 정보들을 바탕으로 가치문제에 대한 의사결정 훈련을 한다면, DIE는 실제 상황을 허구적 연극 형태로 구성함으로써 보다 구체적으로 체험한다는 차이가 있을 뿐이다. 따라서 실제 상황에 대한 정보가 충분하지 않은 경우 연극을 통한 상상적 간접 체험이 오히려 고전적 논쟁학습보다 더 큰 효과를 줄 수 있는 것이다. 자꾸 반복되니까 여기에 대해서는 그만 말하도록 하자. 그럼 이 문제들을 극복한 DIE-논쟁학습 모형의 구체적인 설계를 따라가 보도록 하자.

1) 학급의 재편성

DIE-논쟁학습을 구상하기 위해 먼저 학급을 재편성하였다. 먼저 학급을 두 패로 나누었다. 현재 서울 지역 중학교를 기준으로 한 학급을 두 진영으로 나누면 15~17명 정도로 연극을 구성하기에 적절한 인원이 된다. 이에 따라 한 학급에서는 어떤 쟁점에 대한 상반된 견해를 주장하는 두개의 연극이 구성 가능하다. 여기까지는 앞의 두 번째 실패한 모형과 동일하다.

그러나 DIE-논쟁학습에서는 배심 조를 두지 않는다. 즉, 학급은 두 패로 나뉘며 두 패는 상반된 입장의 연극을 제작하게 되는데 학생들은 두 패 중 하나에 반드시 소속되어야 한다. 즉, 상반된 입장을 연극으로 제작할 두 집단은 자기편이 공연할 때는 연극 조가 되지만 상대편이 공연할 때는 배심 조가 되는 것이다. 이 경우 학급은 〈표 13〉과 같이 재편된다.

〈표 13〉 찬반 논쟁학습과 교육연극을 결합할 경우 학급 편성

진 영	조 편성	역 할		인 원
		자기 진영 공연 시	상대방 진영 공연 시	
견해 1 동조집단	1조	연극의 기본 개요와 대본의 얼개를 구성하며, 상대방의 이의제기가 들어올 경우 방어논리를 주도적으로 개발한다.	상대방 연극을 면밀히 검토하여 자신들의 주장과 쟁점이 될 부분을 지적하고 이에 대한 대안을 제시한다.	5~7명
	2조	1조가 만든 대본을 토론을 통해 완성시키며 이를 직접 연기한다. 상대방의 이의제기가 들어올 경우 방어논리를 함께 개발한다.		8~10명
견해 2 동조집단	3조	1조와 동일		5~7명
	4조	2조와 동일		8~10명

이러한 형태로 학급을 재편성하게 된다면 정보를 많이 보유하고 학업 능력이 우수한 학생과 그렇지 않은 학생들이 모두 소외됨 없이 나름의 역할을 담당할 수 있게 된다. 정보를 많이 보유한 학생은 자기 진영의 연극내용을 구성하고, 상대방 진영 연극내용에 대한 비판적 토론자가 된다. 즉, 수동적 관객은 사라지고 그 자리에 내용 구성자와 비판적 토론자가 들어서게 되는 것이다. 이렇게 학급을 편성하여 두 개의 연극을 구성하도록 진행하고, 각 연극에 대한 논쟁을 전개한다면 앞에서 제기한 논쟁수업과 교육연극의 장애물들은 상당 부분 해소될 수 있을 것이다.

2) 결합을 위한 모형의 간소화

그런데 문제는 교육연극 모형이나 논쟁학습 모형 모두 독자적인 교육 프로그램이기 때문에 이 둘을 기계적으로 결합해서는 지나치게 수

업이 복잡해질 수 있다는 것이다. 복잡한 수업은 교사에게 진행 그 자체에 모든 에너지를 소모시켜 정작 학생을 돌볼 수 없게 만든다. 따라서 논쟁학습 모형과 교육연극 모형 모두 결합을 위해 간소화될 필요가 있으며, 특히 복잡한 구조를 가진 논쟁학습 모형이 간소화될 필요가 있다.

이를 위해 앞에서 살펴본 논쟁학습의 대표적인 세 모형의 장단점을 살펴보고 이들의 장점만을 취하고 단점은 버리기로 하였다. 4부에서 다루었던 대표적인 논쟁학습 모형들의 장점과 여기에 대한 비판들을 정리하면 〈표 14〉와 같다.

〈표 14〉 주요 논쟁학습 모형들의 장·단점 비교

모형	Oliver-Shaver 모형	Engle & Ochoa 모형	Pro-Con 모형
장점	가치문제에 대한 분석적이고 엄격한 추론	쟁점을 토론하는 속에서 구체적인 의사결정과정을 체험함, 단순 명료한 구조로 적용이 용이	다양한 입장을 취하도록 함으로써 역지사지의 능력 함양
비판적 검토	가치추론의 형식적 탐구과정만 중요시, 가치 자체에 대해서는 문제 제기 안함	의사결정에 필요한 충분한 자료나 근거의 문제가 제기됨	복잡한 과정과 지나치게 많은 조 편성

표를 살펴보면 각각의 모형들은 나름의 장점이 있고, 또 약점이 있음을 알 수 있다. Oliver-Shaver 모형의 경우는 가치추론의 엄격한 과정을 익힐 수 있고, 가치문제에 대해 감정적이 아닌 분석적 접근 태도를 익히게 할 수 있으나, 지나치게 보수적이라는 비판이 제기되고 있다. 즉, 기존에 전수해야 할 가치들 외의 새로운 가치들의 등장에 대해 무관심하며, 적용이 곤란하다는 것이다. 반면 구체적인 가치들보

다는 가치문제에서 비롯된 쟁점의 논쟁적 해결과정을 중요시하는 Pro
-Con 모형은 이러한 위험을 피해 갈 수 있다. 또 학생들이 다양한
가치와 입장을 간접적으로 경험해 볼 수 있기 때문에 더욱 큰 효과를
기대할 수 있다. 그러나 조 편성을 여러 번 하고 옮겨 다니는 등의 과
정이 지나치게 번잡하다는 비판을 받아 왔다. 이러한 점은 특히 학급
이 비대한 한국 교실에의 적용을 더욱 곤란하게 만드는 약점이다. 반
면 Engle-Ochoa 모형의 경우 분명한 쟁점을 두고 의사결정을 하는
모형이기 때문에 구조가 선명하고 적용하기가 쉽다. 또 공공문제에 대
한 의사결정력 함양이라는 사회과 고유의 학습 목표에 잘 부합한다.
그러나 쟁점이 불분명한 사안을 논쟁의 소재로 다루기 어렵고, 의사결
정에 충분할 만큼의 체험과 정보가 부족할 경우 교사가 논쟁을 진행
시키기에 많은 어려움을 겪는다는 단점이 있다.

이 연구는 세 모형의 장점을 모두 융합하여 보다 간소한 모형을 구
성하기로 하였다. 그 결과는 〈표 15〉에 제시된 바와 같다. 주의할 점
은 표에서 제시하고 있는 모형은 장차 DIE와 결합하기 위해 간소화시
킨 논쟁학습 모형이지, 독자적으로 활용 가능한 논쟁학습 모형이 아니
라는 것이다. 따라서 이 모형을 단독으로 수업에 적용하기는 어렵다.
간소화된 이 모형은 논쟁을 준비하는 단계에서는 Oliver-Shaver 모형
을, 논쟁의 진행 단계에서는 Pro-Con 모형을, 그리고 논쟁의 후속작
업에는 Engle-Ochoa 모형을 사용하도록 구성되었다. 그러나 쟁점은
일상생활이나 시사문제 등에 국한하지 않고 교과내용, 즉 교과서 내에
서도 선정하도록 하였다. 이는 문화적 체험과 학업의 딜레마라는 한국
적 현실을 고려한 것이다.

〈표 15〉세 모델을 결합·간소화한 논쟁학습 모형

단 계	활동내용
1. 쟁점 제시	교과내용 혹은 공공쟁점 중에서 가장 문제가 되고 있는 쟁점을 선정하여 제시한다.
2. 가치의 확인	제시된 쟁점에서 문제가 되고 있는 가치가 무엇인지 분석한다.
3. 학급 재편성	분석 결과에 따라 쟁점의 상반된 두 입장을 나누고 학급을 두 진영으로 재편한다.
4. 논쟁	자신의 입장에 따른 결과 예상
	상대방의 대안에 대한 결과 예상
5. 의사결정	논쟁의 과정을 반성한 뒤 의사결정을 한다.

지금까지 DIE와 결합하기 위해 논쟁학습의 모형들을 압축하여 간소화된 모형으로 재구성하였다. 그럼 이제 논쟁학습을 받아들이기 위한 DIE의 모형을 재구성하도록 하자. 그런데 문제는 교육연극의 수업모형 자체가 분명하지 않다는 것이다. 교육연극을 학교 교실에 도입하고자 한 시도는 비교적 최근의 일로서, 이 분야에서는 아직 분명한 교수-학습 모형은 만들어지고 있지 않다. 그 결과 매우 다양한 모형들이 일종의 시안처럼 제시되고 있다. 그 명칭도 다양하여 DIE, TIE, Creative Drama, Youth Theater 등으로 불리고 있다. 그러나 이들은 모두 공통의 과정을 가지고 있어, 사실상 하나의 모델이라고 보아도 무방하다(박은희, 2001).

이 모델들의 공통점을 모두 추출하면 결국 [그림 2]와 같은 4개의 단계를 이루고 있다. 첫 단계는 웜 업이다. 아무리 무대를 전제로 하지 않는 교육연극이라 할지라도 자신의 생각을 언어와 몸짓으로 표현한다는 것은 쉬운 일이 아니다. 특히 수줍음이 많고 타인의 눈을 많이 의식하는 동아시아 문화권 학생들에게 이는 더욱 쉬운 일이 아니다. 따라서 이들이 자신의 벽을 깨고 자유롭게 자신을 표현할 수 있는 자세, 태도 그리고 분위기를 조성하는 것은 DIE의 첫 단계로서 대단히 중요하다. 두 번째 단계는 연극으로 구성할 내용을 만드는 것이다. 바로 이 부분이 DIE가 여타의 교육연극과 구별되는 부분인데, DIE에서는 대본의 작성과 연기 연습이 따로 구별되지 않는다. 구체적인 대본은 학생들의 난상 토론을 통해 아이디어가 나올 때마다 즉흥극의 형태로 제시하고, 여기에 대해 토론하고 수정하면서 한 장면, 한 장면을 만들어 나가도록 되어 있다. 그리고 연극이 완성되면 이를 실제 무대에 올리게 된다. 그리고 마지막 단계는 팔로우 업으로서, 공연했던 연극에 대한 토론과 평가 그리고 필요한 경우는 수정 후 재공연 등이 이루어진다.

[그림 2] 교육연극의 일반화된 모형

활동 단계	Warm up	준비 단계	발표 단계	Follow up
활동목표	논쟁에 필요한 어휘의 습득과 형식에의 친근성	내용의 구성, 연습 및 재구성	실제 공연	피드백
활동내용	신체언어, 팬터마임 게임, 조상연극	조별 연습, 조별 내용 구성, 리허설	준비된 상황극 및 즉흥극 공연	토론, 평가지, 감상문

되먹임

3) 교육연극과 논쟁학습을 결합한
사회과 연극-논쟁 수업 모형의 구성

이제 저자들은 지금까지 세 논쟁학습 모형들을 검토하여 간략화하여 재구성한 〈표 15〉의 논쟁학습 모형을 [그림 2]의 교육연극 수업

모형의 팔로우 업 단계에 유기적으로 결합시켜 DIE-논쟁수업의 모형
을 구성할 수 있게 되었다. 그 결과는 〈표 16〉과 같다. 표에서 제시하
고 있는 것은 최종적으로 완성된 연극-논쟁수업의 모형이다. 이 모형
은 기본적으로 그 순서는 논쟁학습의 모형을 따르고 있지만 논쟁의
매개체로서 허구적 산물인 연극공연을 도입하고 있다는 점에서 이와
구별되며 논쟁 역시 일종의 연극적 상황에서 진행된다는 점에서 그
특징을 가진다. 또한 기존의 연극교육 수업에 비해 팔로우 업 단계의
논쟁을 강화하고, 쟁점을 분명히 함으로써 교육적 효과를 제고하고자
하였다. 표를 살펴보면 첫 번째, 두 번째 그리고 아홉 번째와 열 번째
단계는 재구조화한 〈표 15〉의 논쟁학습 모형이고, 나머지 부분은 DIE
모형임을 확인할 수 있다. 즉, 논쟁학습 모형이 교육연극 모형의 웜
업과 팔로우 업을 보강하고 있다. 이 점에서 연극-논쟁학습은 팔로우
업이 강화된 DIE라고 볼 수도 있을 것이다.

〈표 16〉 DIE-논쟁수업 모형

단계	주요주제	활동내용	활동목표
1단계	쟁점 제시	사회적으로 가장 최근에 논란이 되고 있는 쟁점을 선정하여 제시	■흥미유발 ■문제인식
2단계	가치의 확인	제시된 쟁점에서 문제가 되고 있는 가치가 무엇인지 분석하며, 가능한 상황을 조사	■필요한 어휘, 기능의 습득 형식에의 친근성 ■내용의 구성, 연습 및 재구성 ■연극적 인지와 놀이의 결합 ■몸 풀기 ■연습 상황에서 교사와 학생 간의 신뢰감 형성 ■협동심 발휘
3단계	학급 재편성	분석 결과에 따라 쟁점의 상반된 두 입장을 나누고 학급을 두 진영으로 재편	
4단계	연극을 위한 소조 편성	각 진영에서 연극을 주도할 그룹과 토론을 주도할 그룹을 선정	
5단계	연극의 구성	각 진영의 입장에 따른 상황극을 구성한다. 이때 상황극의 구성이 일부 학생에게 집중되지 않도록 조 내부의 토론을 이끎	
6단계	연습	쟁점에 대한 자신의 생각이 어떻게 바뀌었는지 반성	

단계	주요주제	활동내용	활동목표
7단계	리허설	상대방 진영의 논리와 상황을 미리 파악하고 연극을 수정하며 논쟁전략을 수립	■발표에 대한 공포 제거
8단계	발표	각 진영별로 구성한 상황극을 발표	■몰입과 즐거움
9단계	논쟁	발표된 내용에 대해 각 진영의 입장에서 논쟁을 진행	■가치 갈등의 상황에 대한 인식과 판단
10단계	평가	주어진 쟁점에 대한 자신의 생각을 반성적으로 정리 (의사결정표 작성, 소감문 쓰기 등)	■의사결정

이 수업을 진행하기 위해 학급은 쟁점에 대한 입장에 따라 두 개조로 편성이 된다. 한 개조는 보통 16명 정도가 되는데, 이는 교육연극을 하기에 적당한 인원수가 된다. 이 두 개조는 각자 자신의 입장에 따라 상황극을 DIE 방식에 따라 제작한다. 그리고 이를 상대 조를 관객으로 하여 발표하게 된다. 마찬가지로 상대 조가 발표할 때는 관객이 된다. 이때 두 조는 쟁점을 놓고 경쟁하는 상황이기 때문에 단지 수동적인 관객이 아니라 적극적으로 상대방의 연극내용에 대해 이의 제기를 하고 논쟁을 벌이는 토론자가 된다.

한 학급에서 두개의 연극을 제작함으로써 얻어지는 이점은 다음과 같다.

1) 학생들이 15~20명 단위의 두 집단으로 나누어져, DIE의 적정인원을 유지할 수 있다.

2) 두 개의 연극을 공연함으로써 한 편의 공연 시간을 짧게 가져갈 수 있어 아직 경험이 부족한 한국 학생들의 부담을 덜어 줄 수 있으며, 반대로 한 학급에서 6편의 연극이 제작되는 어수선함을 극복할 수 있다.

3) 팔로우 업 단계에서 상대방의 연극에 대한 비판적인 상호 논쟁을 하기 때문에 상대방이 공연할 때 이를 주의 깊게 감상하도록 유도

할 수 있다. 즉, 수동적인 관객 혹은 연극과 무관한 배심원은 없다. 두 개의 소집단으로 편성된 학생들은 자기 집단 차례에서는 연극 제작자나 배우의 입장이 되지만, 상대 집단 차례에서는 논쟁을 제기할 태세가 되어 있는 비판적인 관객의 입장이 되기 때문에 누구도 수동적 입장이 되지 않는다.

그러나 이 수업의 가장 큰 특징은 연극에 참여하지 않는 학생들에 대한 배려다. 사실 학생들의 성향과 적성에 따라 외향적인 연극 활동에 어울리지 못하는 학생들이 있을 수 있다. 이 수업에서는 두 집단을 그 내부에서 다시 연극을 주로 준비하는 집단과 논쟁을 주로 준비하는 집단으로 나누었다. 물론 가장 이상적인 것은 두 집단 구성원들이 모두 연극 제작에 참여하고 또 토론에도 참여하는 것이다. 그러나 학생들 성향에 따라 외향적 활동보다는 자료수집, 논리개발 등의 주지적 활동을 선호하는 경우도 있고, 반대로 외향적 활동을 선호하는 학생들이 있을 수 있다. 이런 학생들은 각 자기 집단 내의 논쟁 조와 연극 조에 소속되어 적성에 맞게 활약하면 된다. 따라서 이 수업 모형은 수업에서 소외되는 학생이 발생할 가능성을 최소로 줄일 수 있게 된다.

이로써 저자들은 앞의 두 실패 사례들을 극복할 수 있게 되었다. 이 수업은 학급을 둘로 편성했기 때문에 학급당 인원수 과다의 문제는 해결하였고 여섯 개의 소조가 발생시키는 어수선함과 비조직성도 극복하였다. 물론 앞에서도 두 개의 연극을 공연했었다. 하지만 그때는 논쟁 조(배심원)를 연극 조와 별도로 두었기 때문에 이들의 동기 부여가 문제가 되었다. 하지만 이 수업에서는 논쟁 조를 둘로 나누어 각 연극 조에 포함시킴으로써 이들에게 경쟁심과 동기를 부여하여 맥 빠지지 않고 활발한 논쟁을 기대할 수 있게 되었다. 즉, 논쟁 조는 그

저 연극에 대해 논쟁을 제기하는 것이 아니라 자기편 연극을 옹호하
고 상대편 연극을 공격하는 입장을 가지게 된 것이다.

　[그림 3]은 〈표 16〉이 DIE-논쟁학습 모형을 논쟁학습의 순서에
맞춰 제시한 것인 데 비해 이 수업을 DIE의 단계에 따라 다음 [그림
2] 같이 표현할 수도 있다. 이 둘은 표현 방식의 문제지 실상은 동일
한 내용이다.

[그림 3] DIE의 모형에 도입해 본 DIE-논쟁수업 모형

활동 단계	준비 단계	발표 단계	후속 단계
활동내용	1. 쟁점 제시 2. 가치의 확인 3. 학급 재편성 4. 소조 편성 5. 연극의 구성 6. 연습 7. 리허설	8. 발표	9. 논쟁 10. 반성

2. DIE-논쟁학습 모형의 단계별 활동

　이제 새로 개발한 DIE-논쟁수업의 구체적인 활동들을 소개할 차
례다. 이제 수업 모형을 각 단계별로 구체적으로 살펴보자.

1단계: 쟁점 제시

　이 단계는 사회적 쟁점의 제시이며 워밍업의 시작이다. 쟁점을 선
정하는 데 특별한 규칙은 없다. 가급적 수업을 진행할 당시 사회에서

가장 논란이 되고 있는 쟁점을 선정하여 제시하는 것이 학생들의 자료수집의 곤란을 덜어 준다. 이 단계에서는 학생들이 문제를 인식하고 각각의 입장에서 연극을 제작하는 과정에 대한 흥미가 유발되도록 다양한 쟁점에서 유발되는 다양한 사례를 제시해 줄 필요가 있다.[42]

2단계: 가치의 확인

이 단계는 제시된 쟁점에서 문제가 되고 있는 가치가 무엇인지, 그리고 각 입장에서 표출되는 이해관심사의 상황이 무엇인지 확인하는 단계다. 이를 위해 교사는 학생들에게 과제를 부여하거나 혹은 미리 준비된 자료를 학생들에게 제시한다. 시청각 자료의 사용도 권장할 만하다. 이때 교사는 학생들에게 일방적으로 자료를 제시하는 것이 아니라 문제 제기식으로 제시하며 이 단계에서 브레인스토밍이나 버즈를 활용해야 한다.

3단계: 집단 나누기

쟁점이 확인되었으면 각 쟁점의 입장에 따라 학급을 여러 집단으로 나눈다. 대개의 경우 쟁점은 찬반 논쟁이 되는 경우가 많기 때문에 두 개의 집단으로 편성된다. 이때 교사는 학급에서 주도적인 역할을 하는 학생들, 적극적인 학생들이나 학업 성취도가 우수한 학생들이 특정 집단에 편중되지 않도록 유의하여야 한다. 또 팀워크가 잘 맞을 수 있도록 평소 학생들의 친소관계가 집단 편성에 잘 반영되도록 해야 한다. 그러나 이 집단 나누기를 교사가 일방적으로 결정해서는 곤란하고 원칙적으로 학생들이 자발적으로 팀을 나누도록 하되, 앞의 원칙이 잘 관철되도록 조정의 묘를 살려야 한다. 물론 이는 말처럼 쉬운 일은 아

---

42) 가능하면 TV 등 대중매체를 통해 자주 접할 수 있는 시사성 높은 것이 좋다.

니다. 사실 이런 효율적인 집단 나누기가 가능하려면 교사는 평소 학생들과 충분한 라포(RAPPORT)를 형성해야 하며 학생들의 개별적인 특성들도 충분히 파악할 정도로 관심을 가져야 한다.

이런 점들을 감안한다면 이 수업은 학기 초보다는 학기 후반에 활용하는 것이 보다 효과적일 것이다. 쟁점에 따라 집단을 편성할 수도 있고, 집단을 먼저 편성한 뒤 쟁점을 나중에 선택하게 할 수도 있다. 교육적 효과 면에서는 전자가, 활동의 원활한 진행 면에서는 후자가 더 바람직하다.

4단계: 소조 편성

4단계는 각 집단을 다시 연극을 할 소집단과 논쟁을 할 소집단으로 나누는 것이다. 16~18명의 집단에서 10~12명을 연극 조로 6명 정도를 논쟁 조로 편성하는 것이 좋다. 이렇게 소조가 편성되면 학급은 사실상 총 4개의 소집단 협동학습이 진행되는 셈이 된다. 따라서 교사는 이러한 소집단 협동 학습을 위해서 필요한 기본적인 요소가 충족되도록 세심한 관심을 기울여야 한다. 효과적인 협동학습의 기본 요소로는 ① 집단 목표의 필요성, ② 개별적 책무성, ③ 성공의 기회 균등, ④ 집단 경쟁, ⑤ 과제의 세분화 등이 있다.(정문성 · 김동일, 1998, pp.39 -40.) 교사는 이러한 요소를 고려하되 학생들의 특기와 희망에 따라 자발적으로 나눌 수 있도록 지도해야 한다.

또한 소집단의 역할을 지나치게 경직되게 규정하는 것은 바람직하지 않다. 논쟁 조에 속한 학생이 연극 조의 대본 작성이나 연습의 과정에 협력할 수 있도록 상호 교류가 활발히 이루어지도록 해야 한다. 사실 이는 필수적인 요소다. 논쟁 조는 자기 진영의 입장을 옹호하는 논리를 개발할 뿐만 아니라 그 논리를 이용하여 자기 진영 연극을 상대조의 공격으로부터 보호해야 하기 때문이다. 만약 논쟁 조의 논거와 연극의 내용이 서로 조응하지 않는다면 이 논쟁은 성공하기 어렵다. 따라서 교사는 단지 연극에 참여하기 싫어서 논쟁 조에 형식적으로 이름만 올리려는 학생이 없도록 각별히 주의하여야 한다. 연극을 만들고 토론의 자료를 준비하는 과정은 서로 긴밀한 협조와 상호 작용 속에서 이루어져야 한다. 경우에 따라 한 학생이 연극 조와 논쟁 조에 동시에 소속되기를 희망할 수 있는데, 이 경우 그 학생이 다른 학생의 자발성을 희생시키지 않는 한 허용하여야 한다.

학생들이 역할을 나누고 준비사항을 토의하고 있다

5단계: 연극 구성 및 논쟁 준비

5단계는 연극 구성 및 논쟁 준비이다. 각각의 소집단은 맡은 역할을 수행한다. 연극 소집단은 대본을 만들고, 논쟁 소집단은 자료를 준비하면서 자기 진영의 입장과 상대 진영의 입장에 대하여 연구한다.

학생들이 대본을 검토하며 구성하고 있다

6단계: 연습

6단계는 연습이다. 연극 소집단은 공연을 위해 연습하고, 논쟁집단은 상대 팀의 질문을 예상하여 문제를 만들고 답변을 준비하거나 상대방 입장에 대해 제기할 질문의 내용을 준비한다.

이때 교사의 역할과 활동이 중요하다. 교사는 교실에 흩어져 있는 4개의 소집단을 순회하며 지도해야 하고 특히 소외되어 있거나 무기력한 학생이 없도록 역할 배분을 하고 연기 지도를 해야 한다. 주의할 점은 학생들이 연기나 논쟁을 할 때 자신을 드러내는 것에 부끄러워하지 않도록 다양한 방법으로 격려하고 놀이적 요소를 활용하여 즐거움을 줄 수 있도록 도와주는 자세가 필요하다. 경직되고 권위적인 교사의 모습으로는 결코 이 수업을 성공적으로 이끌 수 없다.

학생들이 연극 연습을 하고 있다

7단계: 리허설

7단계는 리허설이다. 리허설의 목적은 DIE-논쟁학습의 실제 공연 단계의 절차와 규칙을 익히는 것이며, 또한 보다 조직적으로 논쟁을 준비하기 위해서다. 이때까지 두 진영은 상대 진영이 어떤 내용의 연극을 준비하고 있는지 모르고 있는 상태다. 그러나 리허설을 통해 비로소 상대방의 연극내용을 알게 되고, 따라서 상대 진영의 논리가 무엇인지 알게 된다. 특히 논쟁 조는 리허설 직후에 많은 준비를 해야 한다. 상대방의 논리가 무엇인지 알게 되었으므로 어떤 지점에서 공격을 가하고 논박해야 하는지 찾아야 하기 때문이다.

이때 학생들은 각각 상대 진영의 리허설을 보면서 세 번의 중단(소위 '태클걸기')을 요구할 수 있는데, 이 과정에 논쟁 시 질문을 예상하는 과정이 된다. '태클걸기'는 하나의 규칙으로써 이러한 놀이적 요소의 가미로 수업의 재미를 더하며 예상한 문제의 장면에서 중단을 요구받은 진영은 답변을 준비하고 그에 따라 질문을 준비할 수 있게 된다.

8단계: 발표

8단계는 발표 단계이다. 실제 공연의 단계다. 한 진영이 공연을 하는 동안 반대 진영은 관객이 된다. 이때 반대 진영은 공연 도중에 '중단'을 요구할 수 있다. 일단 중단이 요구되면 연극공연이 잠시 중단되었다가 속개된다.[43] 이 중단(소위 '태클걸기') 요구는 두 가지 기능을 한다. 하나는 장차 이 지점에서 논쟁을 제기할 것임을 예고하는 것이다. 따라서 논쟁 조는 자기편 연극이 중단되었던 지점의 내용이 어떤 허점을 가지고 있으며 상대가 그 지점에서 어떤 질문을 하려고 하는지 재빨리 파악해야 한다. 또 하나의 기능은 공연 중간에 기분 전환과 놀이적 요소를 가미한다는 것이다. 그러나 이 중단 요구에 제한이 없으면 연극의 공연이 심하게 방해받을 수 있기 때문에 적절한 수준에서 제한하는 것이 좋다(대략 3회 정도).[44] 또한 이 '중단' 요구는 브레히트의 용어를 빌리면 일종의 소외효과를 야기할 수 있다. 이 소외효과로 인해 연극 그 자체에 몰입했던 학생들은 연극에서 빠져나와

---

43) 이것은 나름의 규칙을 정하는 것이 좋다. '잠깐' 사인이 나면 연극이 약 5초간 멈췄다가 재개된다는 식의 분명한 규칙이 좋다.

44) 놀이연극-교육연극을 '놀이연극'으로 파악하는 입장이 있다. 프랑스의 코포(Jacque Copeau)와 뒬렝(Charles Dullin)에 의해서 이러한 인식이 유통되었는데, 기존의 연극교육 방식의 대안으로서 제시된 것이다. 연극계 내부에 국한된 놀이연극이 학교교육 현장에 접목되어 활용되기 시작하였고, 이후 어린이 청소년들을 대상으로 극 놀이식 교육 방식이 중요한 교육 매체로 도입되고 있다.(김효, 1997, pp.151-160 참조.)

쟁점을 인식하고 논쟁적으로 사고해야 함을 상기하게 된다. 또 이는 자기편이 공연할 때 자칫 느슨해지기 쉬운 논쟁 조45)의 집중과 수업 상황의 정숙 등 다양한 효과를 얻을 수 있는 방법이다.46)

 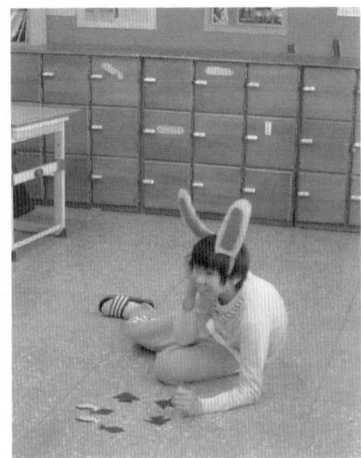

연극이 진행되고 있다. 사진에서 확인할 수 있듯이 아주 간단한 소품과 의상만으로도 충분히 원하는 효과를 얻을 수 있다.

9단계: 논쟁

9단계는 논쟁의 단계이다. 공연이 끝나고 나면 양 진영은 논쟁집단을 중심으로 마주보고 앉게 된다. 논쟁 조가 앞 열에 배치되고 연극 조가 뒤 열에 배치된다. 연극 조는 연극이 종료된 뒤에도 연극적 상황

---

45) 상대편이 공연할 때는 비판적으로 적극적 관람을 하나, 상대적으로 이미 알고 있는 자기편이 공연할 때에는 같은 편 논쟁 조가 긴장을 풀거나 소란을 피우는 경우가 있다.

46) "놀이란 의지적인 행위로서 일정한 시간과 공간 속에 한정되는 행위이며 자유로운 합의를 전제로 하되 일단 정해지면 절대적인 명령권을 갖게 되는 규칙을 따른다."(Huizinga, 1938)

에서 벗어나지 않으며 여전히 자기 배역의 입장에서 생각하고 말할 것을 요구받는다. 또한 이 논쟁 자체가 하나의 연극적 상황이라야 하는데, TV토론회 혹은 공청회가 열렸다는 상황을 설정하는 것이 효과적이다. 따라서 교사는 교사로서 참여하는 것이 아니라 이 토론회, 공청회의 사회자로서 참여한다. 말투나 톤도 TV진행자 등을 흉내 내는 것이 보다 효과적이다.

그러나 교사는 단지 흉내만 내는 것이 아니라 실제로 토론을 잘 이끌어야 한다. 교사의 적절한 발문과 진행의 노련함을 발휘해야 한다. 특히 두 진영의 경쟁을 적당히 북돋우면서 활발하게 토론을 이끄는 기술을 발휘해야 한다.

10단계: 평가

10단계는 평가의 단계다. 이 단계에서 비로소 연극적 상황이 종료된다.

논쟁이 이루어지고 있다(좌). 때로는 학생들이 논쟁에 지나치게 몰입하여 격해지기도 한다(우).

이 단계는 학생들이 편견에 사로잡히지 않도록 하기 위해 대단히 중요한 반성적 기능을 한다. 만약 이 단계를 거치지 않는다면 학생들은 연극과 논쟁을 통해 자기가 속했던 집단의 논리를 그대로 간직한 채 교실을 나가게 될 것이다. 물론 이 수업의 목적은 쟁점의 두 입장 중 한 입장에 고착되라는 것이 아니라 두 입장의 논리를 잘 살피고 예상되는 결과를 연극을 통해 추체험함으로써 반성적 사고력 그리고 의사결정 능력을 함양하고자 하는 것이다. 따라서 연극적 상황을 종료하고 특정 집단 소속이 아니라 개인의 입장에서 그동안 본 연극과 진행된 논쟁을 차분하게 정돈할 시간이 필요하다.

여기에서 활용할 만한 방법은 평가지 작성하기 그리고 의사결정표 작성하기다. 평가지는 자기편과 상대편 연극의 내용을 요약하고, 진행된 논쟁의 요지를 기록한 뒤 자신의 생각을 적도록 구성하며, 제일 마지막에 이 수업을 하기 전과 하고 난 다음의 해당 쟁점에 대한 자신의 생각을 기록하도록 해야 한다. 평가지의 양식은 〈부록〉을 참고하기 바란다.

의사결정표에 대해서는 조금 더 상세한 설명이 필요하다. 이 의사결정표는 원래 경제문제 발생 시 합리적 선택을 돕는 도구로 개발되었다. 그러나 여기에서는 쟁점의 두 입장이 야기하게 될 결과에 대한 긍정/부정의 평가를 통해 최종적인 의사결정을 돕는 도구로 사용되었다. 의사결정표 양식은 〈표 17〉과 같다.

〈표 17〉 의사결정표

편익 / 입장	환경	경제적 이익	주민의 생활	자원	일자리	국가이미지	합계
찬성(추진)	- - -	+ + -	+ - -	+ - -	+ + -	+ + -	-2
반대(보존)	+ + +	+ - -	+ + -	+ + -	+ - -	+ + +	+6

이 표의 세로축에는 논쟁을 진행한 두 입장을 표시한다. 이 예시에는 새만금 간척 추진/반대 두 입장을 기록하였다. 표의 가로축에는 각 입장의 선택하였을 경우 얻을 수 있는 긍정적인 효과의 종류를 표시한다. 여

기에는 미리 정해진 항목은 없다. 가로축은 실제 논쟁에서 쟁점이 되었던 것을 정리하여 기록한다. 따라서 학급에 따라 서로 다를 수도 있다.

이제 가로/세로축이 교차하는 각각의 칸이 예상되는 결과를 평가한 것이다. 이때 학생들은 가능하면 자기 생각과 느낌이 아니라 실제 진행된 연극과 논쟁에 근거하여 이 칸을 채워야 한다. 모든 칸에는 동일한 수의 부호가 들어가야 하며(여기에서는 세 개), +, -부호의 비율만 서로 다르다. 이렇게 각 칸을 채우고 나면 제일 오른쪽에 각 입장의 최종 +/- 합계를 구할 수 있다. 이 합산의 결과는 학생의 원래 생각과 달라질 수도 있고, 또 자신이 속해 있던 집단의 입장과 반대가 될 수도 있다. 이는 당연한 결과다. 학습의 결과 상대방의 입장을 수용하게 되는 경우는 매우 흔한 일이며 또한 권장할 만한 일이기 때문이다.

이러한 10단계의 과정은 여러 차시의 수업을 통해 이루어지는데, 물론 많은 시간을 할애할수록 효과도 커진다. 그러나 현행 한국의 사회과 수업 시수(주당 2~3차시) 배분상 대략 3주, 즉 6차시 정도의 시간이 가장 현실적인 시간이다.47) 이때 교사는 전 과정에서 DIE의 지도자, 즉 연출자 교사로서 참여하게 되며 논쟁 단계에서는 사회자로 중립적인 자세를 견지해야 한다.

준비 단계에서는 각 팀의 논쟁 조과 연극 조가 각자 소집단으로 활동한다. 논쟁 조는 자신들의 입장을 합리화하는 논리와 자신들의 입장에 대해 예상되는 비판에 대한 답변을 준비한다. 연극 조는 자신들의 입장을 가장 설득력 있게 보여주는 내용의 연극을 준비한다. 이때 연극 조와 논쟁 조는 수시로 의사소통하여 같은 팀에서 서로 모순되는 주장이 나오지 않도록 해야 하지만 기본적으로는 별개의 소집단처럼 활동한다.

---

47) 그러나 이 경우 학생들의 방과 후 개별 연습 등이 반드시 있어야 한다.

리허설 및 공연 단계부터는 각 팀의 교실 가운데를 비워 두고 양쪽으로 마주보고 배치한다. 이때 교실 가운데가 무대가 되며 각 팀의 연극 조는 상대방 조를 관객으로 삼아 여기에서 준비된 연극을 공연한다. 공연이 끝나면 마주보고 앉은 각 팀 논쟁 조는 논쟁을 개시하며, 이때 수시로 논쟁 조의 뒤에 앉은 연극 등장인물에게 질문을 할 수 있다.

그런데 이 수업은 학생들의 활발한 활동이 이루어지기 때문에 공간을 많이 요구한다. 불행히도 한국의 교실은 비좁고 학생 수는 많다. 따라서 이를 극복하기 위해서는 공간 활용을 효율적으로 해야 한다. 이를 위해 [그림 4]와 같이 교실을 배치하였다. 그림의 좌측은 준비 단계에서의 교실 배치이며, 우측은 발표 및 논쟁 단계에서의 교실 배치다. 발표 단계에서는 교실 가운데를 넓게 비우고 서로 마주보고 앉게 된다. 교실 공간을 많이 확보하기 위해 앞 열에만 책상을 배치하고 뒤 열에는 의자만 놓고 책상을 복도로 내놓는 등의 조치를 추가로 하면 더욱 좋다.

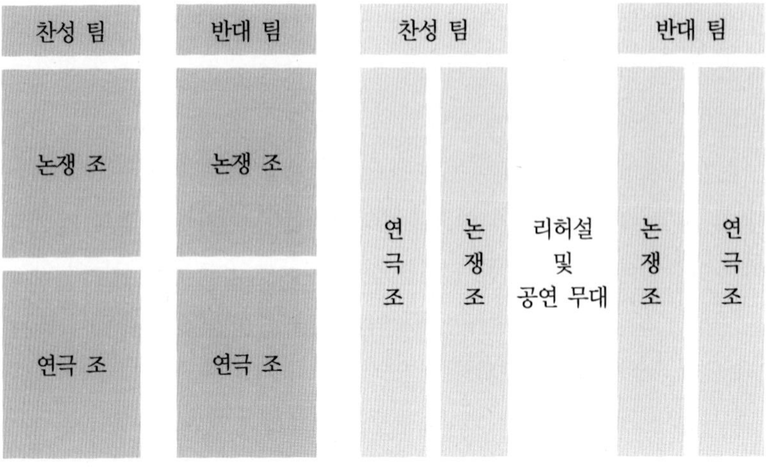

찬성 팀	반대 팀	찬성 팀			반대 팀	
논쟁 조	논쟁 조	연극 조	논쟁 조	리허설 및 공연 무대	논쟁 조	연극 조
연극 조	연극 조					

[그림 4] DIE-논쟁학습의 교실 배치

제3장

수업 지도안 예시

지금까지 저자들이 개발한 DIE-논쟁학습(이하 구 & 권 모형)의 기본 구조와 각 단계별 활동에 대해 살펴보았다. 그러나 이런 추상적인 모형만으로는 교사들에게 직접적인 도움이 되지 못한다. 따라서 이를 구체적으로 적용한 몇 가지 수업 지도안을 제시하고자 한다.

1. DIE-논쟁수업을 통한 가치문제 학습

지금까지 구성한 사회과 연극 논쟁수업 모형을 실제 적용하기 위해 중학교 2학년 문화단원을 다음과 같이 구성하였다.

1) 단원 개요

단원명: Ⅵ 개인과 사회발전 (3) 문화창조와 문화발전
교재: 중학교 사회 2학년(도서출판 디딤돌), pp.150-165.
단원 목표
① 문화의 개념을 이해한다.
② 문화를 보는 올바른 관점에 대하여 이해하고 설명할 수 있다.
③ 문화의 발전 경로에 대하여 이해하고 사례를 제시할 수 있다.
④ 다문화 시대를 살아가기 위한 개방적인 태도를 습득한다.
⑤ 주어진 쟁점에 대해 자신의 관점을 견지하여 토론할 수 있다.

2) 단원 구성 및 차시별 학습내용

이 단원에 앞에서 개발한 DIE-논쟁수업 모형을 적용하여 모두 6
차시로 구성된 단원으로 편성하였다. 이를 정리하면 〈표 18〉과 같다.
1, 2차시에는 논쟁에 필요한 기본적인 개념과 정보를 학습한다. 3차
시에는 문화를 바라보는 관점에 따라 야기될 수 있는 쟁점을 발견한
다. 이를 위해 교사의 도발적인 발문 혹은 학생들의 사고에 파문을 일
으킬 수 있는 자료 제시 등을 통한 브레인스토밍이 효과적이다. 학생
들은 이때 확인한 자신의 입장에 따라 논쟁의 두 진영 중 한 진영을
선택한다. 이렇게 두 진영의 편성이 원활하지 않을 경우 교사가 개입
할 수도 있다. 진영이 결정되면 각 진영 내에서 역할을 분담한다.
4차시에는 편성된 두 진영별로 소집단별 분임토의를 하고 이를 바
탕으로 상황극을 구성한다. 이 시간에 완성하지 못한 상황극의 대본은
과제로 부과하여 일종의 프로젝트 학습 같은 형태를 취한다. 5차시에

는 리허설을 통해 학생들이 연극-논쟁수업의 진행 방법을 익히고, 주요 쟁점을 다시 확인하며, 자신들의 입장과 논리를 정리하여 본 수업에 대비하도록 한다.

이를 바탕으로 6차시에는 실제 연극-논쟁수업을 진행한다. 그리고 마지막으로 7차시에는 쟁점이 되었던 두 입장이 모두 가지고 있는 가능성과 한계를 반성적으로 살펴보고, 대안적 가치는 없는지 모색함으로써 21세기 세계화 시대에서 문화에 대한 상대주의적이고 개방적 태도의 의미를 심층적으로 확인한다.

〈표 18〉 중학교 문화 영역 DIE-논쟁수업 단원 구성

대단원	중단원	단원 학습 목표	차시	차시별 수업내용		
				학습내용	활동내용	교수-학습 방법
VI 개인과 사회의 발전	3. 문화 창조와 문화 발전	문화의 개념을 이해한다. 문화를 보는 올바른 관점에 대하여 이해하고 설명할 수 있다. 문화의 발전 경로에 대하여 이해하고 사례를 제시할 수 있다. 다문화 시대를 살아가기 위한 개방적인 태도를 습득한다. 주어진 쟁점에 대해 자신의 관점을 견지하여 토론할 수 있다.	1	문화의 의미	논쟁을 위한 기본 지식, 정보 공유	개념 학습
			2	문화에 대한 여러 관점		
			3	세계화 시대의 문화 쟁점	쟁점의 확인 및 소집단 편성	브레인스 토밍
			4	연극내용 구성	상황극 구성을 위한 소집단별 토론	
			5	리허설	논쟁을 준비하기 위한 예비적인 발표. 연극-논쟁수업의 절차와 필요한 기능·동작의 공유 및 연습	연극-논쟁수업
			6	연극 시연 및 토론	최종적인 발표 및 논쟁	연극-논쟁수업
			7	대안적 가치의 모색	쟁점이 된 두 입장의 장단점을 비교하고 대안적인 제3의 가치를 발견함으로써 논쟁을 마무리	심층 학습

3) 본 차시 수업

장소: 멀티미디어 도서실
일시: 2004년 12월 6일
대상: 2학년 11반(33명)
본 차시 학습내용: (총 7차시 중 6차시)

본 차시 학습 목표

① 문화 사대주의와 국수주의가 가져오는 부정적 결과를 구성해 봄으로써 이를 간접적으로 체험한다.

② 문화 사대주의자나 국수주의자들의 논리를 직접 구성하고 이를 논박함으로써 그 문제점을 심층적으로 이해한다.

③ 문화를 대함에 있어 상대주의적인 접근의 필요성을 체험적으로 이해한다.

④ 다가오는 세계화 시대에 필요한 문화에 대한 개방적 자세, 특히 소수 문화에 대한 배려와 이해력을 높인다.

본 차시 교수-학습 방법: DIE-논쟁수업 모형에서 발표 및 논쟁 단계

본 차시 수업의 주안점

본 차시의 활동은 연극-논쟁수업 모형에서 지금까지 준비한 상황극을 발표하고 이를 바탕으로 논쟁을 실시하는 핵심적인 부분이다. 이를 위해 교사는 다음과 같은 점을 유의하여야 한다.

① 학생들이 쟁점에 대한 태도를 보다 분명히 하도록 연극을 시작하기 전에 논쟁을 자극할 수 있는 자료들을 제시한다.

② 학생들과 마찬가지로 교사 역시 논쟁의 진행자라는 배역을 맡아 이를 연기할 수 있도록 한다.

③ 학생들이 자신들이 선택한 진영의 입장을 벗어나지 않고, 쟁점이 분명하게 부각되도록 유도한다.

④ 이 수업의 쟁점을 이루는 두 진영은 모두 그릇된 관점임을 학생들이 선험적으로 알고 있도록 조치해야 한다. 따라서 승자도 패자도 없다.

⑤ 학생들은 자신들에게 가해진 상대편의 공격을 통해 또 상대방에게 가한 자신의 공격을 통해 두 가지 관점이 모두 그릇되었음을 보다 논리적으로 확인하고 이를 통해 대안의 필요성을 인식해야 한다. 이를 위해 정교한 팔로우 업 도구와 전략이 준비되어야 할 것이다.

〈표 19〉 교수-학습 흐름도 1

학습 단계	교수-학습 활동		자료	시간		비고
	학생 활동	교사 활동		해당	누계	
도입	조별로 모이고, 공연을 위한 준비를 완료한다.	공연 준비를 점검하고 각 조를 정돈한다. 사대주의와 국수주의 모두를 자극할 수 있는 자료화면을 멀티비전을 통해 보여준다. 토론에 참석할 패널들을 소개하고(통칭 물장구 학회와 꿀장구 학회로 한다), 먼저 제시한 자료화면에 대한 쟁점을 제시하고 논쟁적 분위기를 유도한다.	시그널음악 (Aron Copland'Fafare for common people) 인터넷 광고화면 (유럽품격의 S아파트 vs. 민속촌 광고)	2	2	컴퓨터, 멀티비전 활용

학습 단계	교수-학습 활동		자료	시간		비고
	학생 활동	교사 활동		해당	누계	
상황극	'물장구 조'는 '국수주의자' 입장을 주장하는 상황극을 공연한다. 이때 '꿀장구 조'는 중간에 이의제기를 하며 체크한다. 체크가 들어올 때 '물장구' 대본 조는 상대방의 이의제기가 무엇인지 예측하고 이에 대한 대응책을 마련한다.	교사는 논쟁의 진행자 역할을 맡아, 각 조의 상황극이 무대에 올라가도록 한다. 이때 각 조의 상황극에는 TV논쟁 프로그램의 자료화면 같은 위상을 부여한다. 학생들이 상황극을 공연할 때는 연극 진행을 돕는다. 특히 관객이 되는 다른 조의 학생들이 조용한 태도로 협조할 수 있도록 평가서를 활용한다.	각 조의 연극 진행에 필요한 소품, 음향효과 등	10	12	무대, 조명, 멀티비전 등 활용
	'꿀장구 조'는 '사대주의자' 입장을 주장하는 상황극을 공연한다. '물장구 조'의 활동은 전 상황의 '사대주의자'와 동일하다.			10	22	
토론	공연을 모두 마친 후, 각 조는 상대 조에게 이의제기한 부분에 대한 리플레이를 요구하며, 여기에 대해 자신들의 대안을 제시하며 토론을 제기한다.	토론의 사회자의 역할을 수행한다. -논쟁의 쟁점을 정리하여 각 조가 자신의 논지를 벗어난 주장을 할 때 이를 바로잡는다. 토론시 연극에 참여한 각 조의 배우들은 패널로 자리를 잡고 중앙에 앉도록 한다.	마이크	20	42	마이크 프로젝터
정리 및 반성	쟁점이 된 부분이 무엇이었는가 공유하며, 제3의 길에 대한 문제의식을 가진다.	쟁점이 된 부분을 정리하고, 차시 예고를 통해 대안적 가치를 모색할 필요성을 제시한다. 이를 위해 미리 준비한 팔로우 업 용지를 배부한다. 이는 차시 학습의 중요한 도구가 되며 동시에 평가 자료로 활용된다(평가지는 부록으로 첨부함).	평가지	3	45	

2. DIE-논쟁수업을 통한 공공문제 의사결정 학습

1) 단원의 설정

중학교 3학년 정치단원의 일부를 활용하여 민주적 의사결정력 함양을 목표로 하는 DIE-논쟁학습 단원을 구성해 보았다. 문화관용성 교육은 개방적인 태도를 함양하는 것이지만 공공문제 의사결정 학습은 학생들이 직접 의사결정을 하는 연습을 한다. 따라서 여기에는 의사결정표를 사용하여 의사결정을 하고 이를 반성하는 단계가 추가된다.

단원명: Ⅰ. 민주정치와 시민 참여 (3) 정치과정과 시민 참여
교재: 중학교 3학년 사회(지학사)

단원 목표
① 다원적 이익의 정치화 과정과 시민의 정치 참여의 의의를 파악할 수 있다.
② 정치과정에서 나타나는 정치적 쟁점의 사례를 수집, 분석하고 문제해결의 과정을 제시할 수 있다.
③ 민주적인 시민공동체의 발전과정에 비판적이고 능동적인 자세로 참여하는 태도를 갖는다.

교수학습 방법: DIE-논쟁학습

2) 차시 별 학습 목표

이 수업은 모두 6차시로 구성되어 있다. DIE-논쟁학습의 모형에 따라 1차시에 문제 제기와 집단 편성, 2, 3차시에 준비, 4차시에 리허설, 5차시에 공연과 논쟁, 6차시에 정리 및 평가를 실시한다. 각 차시별 수업의 상세한 내용은 〈표 20〉과 같다.

〈표 20〉 차시별 활동 내용

차시별활동	1차시	• 사회적 쟁점으로 부각되고 있는 새만금 사업에 대한 개발과 보존의 입장으로 대립되는 이해를 가진 두 집단으로 학생들을 나눈다. • 학생들은 소집단 토의를 통하여 각각의 입장이 타당함을 보여주는 미니집단으로 역할을 나눈다(연극을 제작하는 연극 조와 논쟁을 준비하는 논쟁 조로 나눔). • 한 집단은 국토의 개발과 지역 경제의 발전에 새만금 사업이 유의미하여 계속 진행되어야 한다는 입장이고, 다른 한 집단은 환경의 보존이 결국 먼 미래의 발전과 직결되므로 개발보다는 자연의 보존이 더 중요하다는 입장을 대변하게 된다. • 각각 소속된 집단의 입장을 강화하고 상대의 입장을 비판할 수 있는 근거 바탕을 둔 연극과 논쟁을 위해 자료를 수집하는 등 활동을 시작한다.
	2차시	• 1차시에 이어 소집단별로 분임토의를 하고 이를 바탕으로 10분 미만의 연극을 구성한다.
	3차시	• 연극의 내용은 상대 진영의 부조리함을 드러내면서 자신들의 입장을 옹호할 수 있어야 한다. 이 시간에 완성하지 못한 상황극의 대본은 과제로 부과하여 일종의 프로젝트 학습 같은 형태를 취한다. 대본이 완성되면 바로 교실에서 배역을 정하여 연습에 들어선다.
	4차시	• 리허설을 실시한다. 학생들은 DIE 수업의 진행 방법을 익히고, 쟁점을 다시 확인하며, 자신들의 입장과 논리를 정리해 본 공연에 대비한다.
	5차시	• 실제로 연극을 공연하고, 공연된 연극을 바탕으로 두 진영의 논쟁을 전개한다.
	6차시	• 모든 공연과 논쟁이 마무리되면 쟁점이 되었던 두 입장이 가지고 있는 가능성과 한계를 반성적으로 살펴보고, 대안적 가치는 없는지 모색함으로써 대립했던 두 쟁점이 모두 한계가 있으며 최대한 사회적으로 이익이 되는 합리적 결정을 도출해내도록 한다.

3) 본 차시 수업

장소: 멀티미디어 도서실
일시: 2006년 4월 28일
대상: 3학년 3반(33명)
본 차시 학습내용: (총 7차시 중 6차시)

본 차시 학습 목표
① 공공문제의 쟁점을 정의할 수 있다.
② 공공문제의 쟁점에서 문제가 되는 영역을 정의할 수 있다.
③ 공공문제에서 쟁점을 이루는 진영들의 논리를 이해할 수 있다.
④ 각 쟁점이 야기할 결과들을 반성적으로 예측할 수 있다.
⑤ 반성적 예측을 바탕으로 합리적인 토론을 진행할 수 있다.
⑥ 이를 바탕으로 합리적인 의사선택을 할 수 있다.

본 차시 교수-학습 방법: 연극-논쟁수업 모형에서 공연 및 논쟁 단계

본 차시 수업의 주안점
본 차시의 활동은 연극-논쟁수업 모형에서 지금까지 준비한 상황극을 발표하고 이를 바탕으로 논쟁을 실시하는 핵심적인 부분이다. 이를 위해 교사는 다음과 같은 점을 유의하여야 한다.
① 학생들이 쟁점에 대한 태도를 보다 분명히 하도록 연극을 시작하기 전에 논쟁을 자극할 수 있는 자료들을 제시한다.
② 학생들과 마찬가지로 교사 역시 논쟁의 진행자라는 배역을 맡아 이를 연기할 수 있도록 한다.

③ 학생들이 자신들이 선택한 진영의 입장을 벗어나지 않고, 쟁점이 분명하게 부각되도록 유도한다.

④ 이 수업의 쟁점을 이루는 두 진영은 모두 그릇된 관점임을 학생들이 선험적으로 알고 있도록 조치해야 한다. 따라서 승자도 패자도 없다.

⑤ 학생들은 자신들에게 가해진 상대편의 공격을 통해, 또 상대방에게 가한 자신의 공격을 통해 두 가지 관점이 모두 그릇되었음을 보다 논리적으로 확인하고 이를 통해 대안의 필요성을 인식해야 한다. 이를 위해 정교한 팔로우 업 도구와 전략이 준비되어야 할 것이다.

<표 21> 교수-학습 흐름도 2

학습 단계	교수-학습 활동		자료	시간		비고
	학생 활동	교사 활동		해당	누계	
도입	조별로 모이고, 공연을 위한 준비를 완료한다.	공연 준비를 점검하고 각 조를 정돈한다. 새만금 간척 사업에 대한 찬성과 반대의 입장을 보여주는 뉴스와 인터뷰 장면의 동영상을 멀티비전을 통해 보여준다. 토론에 참석할 패널들을 소개하고(통칭 물짱구 학회와 꿀짱구 학회로 한다), 먼저 제시한 자료화면에 대한 쟁점을 제시하고 논쟁적 분위기를 유도한다.	<뉴스 시그널 음악> 뉴스 앵커의 새만금 간척 사업소개와 정부 홍보자료 vs 해당 지역 어민들의 간척사업 반대 시위 및 인터뷰 자료	2	2	컴퓨터, 멀티비전 활용

학습 단계	교수-학습 활동		자료	시간		비고
	학생 활동	교사 활동		해당	누계	
상황극	찬성 혹은 반대의 입장을 주장하는 상황극을 공연한다. 이때 각 조은 중간에 "STOP" "PLAY"를 하며 체크한다. 체크가 들어올 때 각조는 상대방의 이의제기가 무엇인지 예측하고 이에 대한 대응책을 마련한다.	교사는 논쟁의 진행자 역할을 맡아, 각 조의 상황극이 무대에 올라가도록 한다. 이때 각 조의 상황극에는 TV논쟁 프로그램의 자료화면 같은 위상을 부여한다. 학생들이 상황극을 공연할 때는 연극진행을 돕는다. 특히 관객이 되는 다른 조의 학생들이 조용한 태도로 협조할 수 있도록 평가서를 활용한다.	각 조의 연극 진행에 필요한 소품, 음향 효과 등	20	22	무대, 조명, 멀티비전 등 활용
토론	공연을 모두 마친 후, 각 조는 상대 조에게 이의제기한 부분에 대한 리플레이를 요구하며, 여기에 대해 자신들의 대안을 제시하며 토론을 제기한다.	토론의 사회자의 역할을 수행한다.－논쟁의 쟁점을 정리하여 각 조가 자신의 논지를 벗어난 주장을 할 때 이를 바로잡는다. 토론 시 연극에 참여한 각 조의 배우들은 패널로 자리를 잡고 중앙에 앉도록 한다.	마이크	20	42	마이크, 프로젝터
정리 및 반성	쟁점이 된 부분이 무엇이었는가 공유하며, 제3의 길에 대한 문제의식을 가진다.	쟁점이 된 부분을 정리하고, 차시 예고를 통해 대안적 가치를 모색할 필요성을 제시한다. 이를 위해 미리 준비한 팔로우 업 용지를 배부한다. 이는 차시 학습의 중요한 도구가 되며 동시에 평가 자료로 활용된다(평가지는 부록으로 첨부함).	평가지	3	45	

제5부

DIE-논쟁학습의 효과 검정

이 부분은 특별히 과학적이고 경험적인 검증이 아니면 어떤 정보도 믿지 못하는 독자가 아니라면 구태여 읽을 이유가 없을 것이다. 사실 저자들은 앞의 1~4부에서 주장하고자 하는 바를 모두 주장하였고 보여주고자 한 바도 모두 보여주었다.

주장하고자 하는 바는 간단하다. 창의성 교육은 예술적 수업과 결합해야 하며, 이 예술적 수업은 예술 수업이 아니라 정규 교과 수업이라야 한다. 따라서 이 수업은 단지 창의성뿐만 아니라 각 교과의 고유한 학습 목표에도 효과적이라야 한다.

교육연극, 이 중에서 DIE는 특히 상상력으로 매개된 경험을 제공함으로써 사회과의 목표인 민주시민성에 기여할 수 있다. 그러나 DIE 그 자체를 적용하기에는 여러 가지 한국 학교 실정상의 장애물들이 있기 때문에 마찬가지로 한국적 장애물 때문에 시련을 겪어 온 사회과 수업 방법의 제왕 논쟁학습과 창조적 결합을 시도해야 한다.

저자들은 몇 차례의 시행착오 끝에 35명이 좁은 교실에서 바글대는 한국 교실에서도 효과적으로 DIE와 논쟁학습의 장점을 모두 살리면서 적용 가능한 DIE-논쟁수업 모형을 개발하였다. 그리고 실제 이를 중학교 사회과에 적용한 수업 지도안도 개발하여 제시하였다.

본인의 정체성을 교육학자가 아니라 교육자에 두고 있는 독자라면 여기에서 더 이상의 독서를 중단하고 바로 이 모형을 적용할 수 있는 단원을 찾아 수업 지도안을 작성해 보는 것이 생산적일 것이다. 그러나 본인을 교육학자라고 생각하고, 그래서 저자들이 개발한 수업 모형이 정말 효험 있는 것인지 확인해야만 인정할 수 있는 독자라면 이 5부를 읽는 것도 도움이 될 것이다. 여기에서는 앞에서 예시로 든 수업 지도안을 바탕으로 실제 실험을 실시하고 DIE-논쟁학습이 사회과에서 목표로 하는 문화관용성이나 민주시민성 같은 태도 변화에 효과적이었는지 검정하였다.

제1장

DIE-논쟁학습이
문화관용성 함양에 미치는 효과

1. 문제 제기

세계화의 흐름 속에 한국도 높아진 경제력과 국제적 위상을 바탕으로 아시아 허브국가를 지향하고 있다. 여러 민족과 문화가 공존하는 다문화 사회의 도래가 머지않다는 진단도 설득력을 얻고 있다. 이에 따라 관용(toleration)이 다문화 사회 시민성의 중요한 요소로 대두되었다(이경호, 1997). 이때 필요한 관용에는 정치적 소수자, 성적 소수자에 대한 관용뿐만 아니라 소수민족과 그들의 문화에 대한 문화관용성도 중요한 자리를 차지할 것이다. 타민족, 타문화와 공존할 수 있는 바탕이 되는 문화관용성은 세계화 시대의 시민교육의 중요한 목표 중 하나인 것이다(조기제, 2002).

그런데 일선 학교에서 이러한 문화관용성 함양 교육을 실시하기란 쉬운 일이 아니다. 무엇보다 아직 다문화 사회가 미래형이기 때문이다. 따라서 학생들은 다문화 사회에서 발생할 수 있는 쟁점을 미국이나 호주 등 외국의 사례를 통해 간접 체험하거나, 아니면 상상적(imaginary)으로 체험하여야 한다. 그러나 외국의 사례, 상상 모두 인쇄 혹은 영상매체 등 간접 체험에 머무르고 만다면 학생들이 다문화 사회를 느끼고 거기에 필요한 관용성을 내면화하기에는 어려움이 있을 것이다.

이때 하나의 대안으로 제기할 수 있는 것이 연극을 활용한 수업이다. 이미 사회과에서 가치·태도 함양에 있어 역할극(Role play)이나 시뮬레이션 등 연극적 요소를 활용한 수업의 효과는 충분히 입증된 바 있다(박건호, 1999, Shaftel & Shaftel, 1982). 그러나 역할극이나 시뮬레이션은 단편적인 상황의 재현에 그칠 뿐, 실제 그 속에 내러티브를 포괄하기 어렵기 때문에 다른 민족의 '문화'를 이해하기에는 한계가 있다.

반면 연극적 요소가 보다 강조되면서도 학생들의 능동적 참여를 보장하는 교육연극(Drama in Education, 이하 DIE라 함)은 이 문제에 대한 적절한 대안이 될 수 있다. 그러나 DIE가 사회과에 적용된 사례가 충분하지 않기 때문에 그 효과에 대해서는 검증된 바가 없다. 이에 이 연구는 DIE를 활용한 다문화 쟁점 학습의 모형을 개발하고, 이것이 청소년의 문화관용성 함양 교육에 얼마나 효과적인지 검정하고자 실시되었다.

2. 이론 및 가설의 설정

1) 다문화 사회의 시민성과 문화관용성

1990년대 이후 세계화는 지방화와 함께 진행되어 국민국가의 협애

한 틀을 해체하고 다양한 문화와 가치가 공존하는 다원주의의 흐름을
만들었다. 따라서 시민교육의 과제도 국민국가의 틀을 벗어나 여러 문
화, 가치들과 공존하고, 의사결정을 할 수 있는 다중시민성 함양으로
확대되어야 한다(김왕근, 1999, 조기제, 2002).

이러한 다중시민성에서 특히 중요시되는 가치가 바로 관용이다(이
경호, 1997). 관용은 자신이 가장 혐오하는 상대나 집단의 생각이나
행동을 감내하고 부정적 반응을 억제할 수 있는 능력이나 태도다
(King, 1976). 자신이 가장 혐오하는 상대라 할지라도 공존을 인내할
수 있다는 것은 다양한 문화와 가치들이 공존하는 다원주의 사회를
살아가는 시민에게 반드시 요구되는 중요한 자질이다(조영제, 1999).

관용은 행위자가 감내해야 하는 영역에 따라 공공영역에서 요구되
는 정치적 관용, 일상의 영역에서 요구되는 문화적 관용으로 나누어
볼 수 있다. 이 중 문화적 관용은 세계화와 다원화가 공적인 영역에서
점차 일상의 영역으로 삼투하고 있는 현실과, 도래하고 있는 다민족·
다문화 사회를 감안하면 반드시 갖추어야 할 시민의 자질이다. 문화관
용성이 높은 시민은 자국 문화 혹은 선진국의 문화뿐만 아니라 저개
발국가나 적대적인 국가의 문화도 객관적으로 바라볼 수 있게 된다.
이는 합리적인 의사결정을 함에 있어 중요한 바탕이 된다.

물론 관용이 문화 다원주의 사회에서 요구되는 유일한 가치나 덕목
은 아니다. 편견 없이 훌륭한 문화들을 받아들여서 발전시키는 것과,
모든 문화를 감내하는 것은 별개의 것이기 때문이다. 그러나 혐오하는
대상조차 객관적으로 바라보기 위해서는 부정적인 반응을 억제하고
참을 수 있어야 한다. 즉, 관용이 밑바탕이 되어야 하는 것이다(조영
제, 1999).

그러나 관용은 그것이 중요하다는 것을 앎으로써 얻어지는 능력이

아니다. 실천을 해야 한다는 사실을 아는 것과 실제 실천에 필요한 자질은 별개의 것이다. 실천 또한 훈련되어야 하며, 아는 것과 별도로 사회적 실천의 기능 역시 교육 프로그램에 포함되어야 한다(박상준, 2003). 따라서 사회과 교육에서 실제 사회적 실천을 행할 수 있는 민주시민을 지향한다면 관용성, 특히 문화관용성의 함양을 위한 목적의식적인 프로그램이 개발되어야 할 것이다.

2) DIE - 논쟁학습의 효과와 문화관용성

DIE - 논쟁학습은 무엇보다도 DIE의 효과를 논쟁학습을 통해 조직화하는 것이다. DIE의 교육적 효과는 다양하다. 우선 DIE는 총체적 언어능력을 향상시킨다(Stewig & Buege, 1994). 총체적 언어능력이란 사회적 맥락 속에서 전략적으로 언어를 사용할 수 있는 능력이다(Goodman, 1988). DIE는 상황에 따른 상징적 상호 작용의 연습 기회를 제공할 수 있다. 따라서 시청각 매체나 인쇄 매체에 비해 전략적 언어 활용 기회를 풍부하게 제공할 수 있다. 또한 DIE는 가치교육이나 고차 사고력 함양에 효과적이다(민병욱, 2000, 오판진, 2003). 이는 DIE의 학생 활동 중 상당 부분을 차지하고 있는 연극에서 비롯된다. 연극은 복잡한 언어구조물임과 동시에 행위, 몸짓 등, 거의 모든 상징 작용을 활용하는 활동이다. 따라서 이는 복잡한 상징적 상호 작용인 사회생활에 필요한 의사소통 기술이나 복합적인 상징체계인 가치교육에 효과적이다(Shaftel & Shaftel, 1982).

이 효과는 연극적 인지과정에 내재되어 있다. 연극적 인지는 생활세계에서 수립한 가설을 가상의 구성(as if)을 통해 구체화하고 증명하는 과정이다. 즉, 허구와 모방을 통해 실재(reality)에 대한 지식을 구성한다. 이러한 연극적 인지는 감각을 통해 현실(actuality)에 대한 구체적 정보를 획득하기 어렵거나, 실재가 미래형일 경우 유용한 인지 수단이다(황정현, 2001).

인지심리학에서는 이러한 과정을 매개된(mediated)활동을 통한 인지라 한다. 가치의 내면화와 같은 고등 심리과정은 매개된 활동을 통하여 효과적으로 획득되며, 인간과 인간의 실제적인 관계는 이러한 활동의 기반이 된다(Vygotsky, 1986).

문화관용성은 단지 다른 문화 차이에 대한 무차별적 허용을 의미하는 것이 아니다. 이는 충분히 숙고한 끝에 관용하기로 받아들이는 의사결정이며 복합적 가치 판단을 요구하는 능력이다. 비고츠키(1986)는 이런 복합적 가치 판단을 요구하는 고등 사고능력은 현실적·사회적 경험을 통해서 획득되지, 문어(written language)를 통해서는 획득되지 않는다고 하였다.

그러나 문화관용성을 함양하기 위한 경험은 애초에 시공간적 한계를 가진다. 세계의 여러 민족들의 문화를 직접 여행을 다니면서 체험할 수는 없는 일이다. 또 외국으로 나가지 않는다 하더라도 우리나라에 거주하고 있는 외국인들을 일일이 만나는 것도 청소년들에게는 벅찬 일이다. 그렇다고 단지 책이나 인터넷만으로 다른 문화를 접하게 된다면 이때는 생생한 경험, 그리고 타자 입장에서의 경험이 아니라 협소한 자신의 경험 내에서 수용 혹은 거부를 결정하고 말 가능성이 크다.

연극은 이런 의미에서 문화관용성 교육에 큰 보탬이 된다. 이때 현실적으로 경험하기 어려운 상황을 상상적으로 매개하는(imaginary mediation) 활동이 놀이나 예술적 활동이다. 연극의 교육적 효과는 바로 이 지점에서 발휘된다.

DIE는 연극적 요소를 활용하지만 연기력·문학적 탁월함을 요구하지 않고, 꾸며진 무대, 의상, 분장도 요구하지 않기 때문에 학생들의 접근장벽을 최소화한 모형이다. DIE의 교육적 효과는 공연에서 얻어지는 것이 아니라 연습과정에서 얻어지는 교실 수업에 활용하기 가장 적합한 연극적 교수 방법이다(김균형, 2001). 또 사회문제나 쟁점을 소재로 DIE를 실시할 경우, 문학작품을 소재로 한 경우보다 청소년들이 보다 용이하고 구체적으로 극을 구성하고, 이를 통해 태도와 사고력의 향상을 기대할 수 있다고 한다(김창화, 2003). 이러한 사실들은 DIE가 다가올 미래에 청소년들이 경험할 다문화 사회 쟁점에 대한 상상적 매개 활동을 제공할 효과적 수단임을 지지하고 있다. 또 DIE는 팔로우 업 과정을 통해 획득한 가치를 내면화하는 데 도움을 줄 수 있다. 따라서 DIE가 제공하는 다양한 문화적 쟁점에의 가상적 경험과 참여는 문어로 제공되는 수업에 비해 문화관용성 함양에 보다 효과적일 것이다.

DIE는 문화적 쟁점을 다룸에 있어 가상의 상황을 현실화시켜 체험할 수 있게 한다. 또한 DIE는 팔로우 업 과정을 통해 이 체험 속에서 가치를 발견하여 내면화할 수 있게 한다. 따라서 DIE는 청소년의 문화관용성 함양을 목표로 하는 다민족·다문화 사회의 가치교육에 있어 높은 효과를 보일 것이라고 기대할 수 있다.

물론 DIE만으로 논쟁이 야기되는 상황을 적절하게 학습하기는 어려울 것이다. 그러나

이제 지금까지 논의된 내용을 명제화하면 다음과 같은 가설을 수립할 수 있다.

〈가설〉 DIE-논쟁학습에 참가한 학생의 문화관용성 점수의 향상
　　　정도는 그러지 않은 학생보다 높을 것이다.

3. 실험 설계

1) 연구변인

가설의 검정을 위해 다음과 같이 독립변인과 종속변인을 설정하였다. 이 연구의 독립변인은 DIE 수업의 실시 여부다. 이를 위하여 중학교 2학년을 대상으로 사회과 문화단원에 적용할 DIE-논쟁학습을 구성하였다(4부의 〈표 18〉, 〈표 19〉 참조). 수업은 모두 6차시로 구성되어 있으며, 1차시에는 문제가 되는 쟁점의 발견, 2차시와 3차시는 연극의 제작, 4차시는 리허설, 5차시와 6차시는 연극공연 및 팔로우 업으로 구성되어 있다. 팔로우 업 단계에서는 논쟁과 함께 의사결정 등의 활동이 이루어진다.

통제 군에는 1차시는 실험 군과 동일하나, 2, 3, 4차시에 연극 대본 구성, 연습 대신 자료의 수집과 논리의 개발 등이 들어가고, 5차시와 6차시에는 패널형 토론이 들어가는 논쟁학습을 실시하였다.

이 연구의 종속변인은 문화관용성 점수다. 여기에서 문화관용성이란 자신이 가장 혐오하는 나라 국민과의 여러 문화적 공존 상황에서 부정적인 반응을 얼마나 참을 수 있는가를 측정한 것이다. 이를 위해 사용한 측정도구는 설리반 등(1979)이 개발하고 김영인(2002)이 번역한 '내용통제 최대혐오지수(index of least-liked indicators)'를 연구문제와 실험대상 수준에 맞게 수정한 '문화관용성 척도'다.

원래 이 측정도구는 구체적인 대상을 묻는 대신 자신이 가장 혐오하는 대상을 설정하고 거기에 대한 반응을 묻는 10개의 문항들로 구성되어 있다. 이 척도에서 높은 점수를 나타내면 이는 가장 혐오하는 대상에 대해서조차 부정적인 반응을 억제할 능력이 높다는 의미로, 이는 관용성이 높다고 해석할 수 있다.

이 연구에서는 자신이 가장 혐오하는 나라 사람들의 문화에 대한 반응을 묻는 10개의 지표를 2배수인 20개의 4점 척 문항들로 구성하였다. 이 문항들을 65명의 청소년들에게 배부하여 그 결과를 바탕으로 요인 분석, 반분 신뢰도 그리고 내적 일관도 검사를 실시하였다. 요인 분석 결과 20개 문항의 공통성(communality)은 모두 600 이상으로 나타났고, 반분 신뢰도 계수는 .947로 나타나 각 10문항씩의 사전·사후 검사지로 나누어 활용함에 무리가 없음을 확인하였다. 그러나 이 척도는 원래 정치관용성 측정을 목적으로 개발된 것을 문화관용성 측정용으로 개조한 것이기 때문에 관련 전문가들에게 의뢰하여 내용 타당도 검정을 받았다. 이 척도의 크론바하 알파 값은 사전 검사용이 .7543, 사후 검사용이 .7339로 나타났다.

2) 연구대상

이 연구의 실험대상은 서울 K구 소재 중학교 2학년 학생 4개 학급이다. 보다 엄밀한 통제를 위해서는 이들을 단순 무선할당하는 것이 이상적이지만, 일선 학교 사정상 짝짓기법을 사용해 실험 군과 통제 군으로 무선할당하고 사전 검사로 통제하였다. 처치가 이루어진 3주간의 수업 기간 중 한 번이라도 결석한 학생은 표본에서 제외하였고, 그 결과 실험 군의 66명과 통제 군의 65명의 자료가 최종 분석대상이 되었다. 실험 군과 통제 군의 특성은 〈표 22〉와 같다.

〈표 22〉 표본의 일반적 특성

	사회 성적			성별		합계
	하	중	상	여자	남자	
실험 군	10	32	24	22	44	66
통제 군	10	26	29	22	43	65
합계	20	58	53	44	87	121

3) 실험 절차

이 연구의 실험 절차는 〈표 23〉과 같다. 먼저 중학교 2학년 4개 학급 131명을 짝짓기법으로 각 2학급씩의 실험 군과 통제 군으로 무선할당하고 문화관용성 사전 검사를 실시하였다. 실험 군에는 6차시에 걸쳐 DIE-논쟁학습을 실시하였고, 통제 군에는 연극이 포함되지 않는 논쟁학습을 실시하였다. 수업은 두 집단 모두 같은 교사가 실시하였고 모든 프로그램이 종료된 뒤 사후 검사를 실시하였다. 실험 기간은 2005년 4월 1일부터 5월 22일까지 3주간이며 수업 시수로 환산하면 모두 6차시씩이다.

〈표 23〉 실험 절차

집단	시점 1	처치	시점 2
실험 군	R O_1	X1	O_3
통제 군	R O_2	X2	O_4

R: 무선할당, O_1: 실험 군 사전 검사, O_2: 통제 군 사전 검사
X1: DIE-논쟁수업, X2: 논쟁수업, O_3: 실험 군 사후 검사, O_4: 통제 군 사후 검사

4) 분 석

이 연구의 실험 결과에 대한 분석에는 두 집단 간의 평균 차 검정이기 때문에 독립 T검정을 이용하였다. 먼저 사전 검사 결과에 대한 T검정을 실시하고, 처치가 모두 끝난 뒤 사후 검사에 대한 T검정을 실시하였다. 또 사전 검사와 사후 검사의 점수 차이의 유의성을 확인하기 위하여 실험 군과 통제 군에 각각 대응표본 T검정을 실시하였다. 통계 처리를 위한 컴퓨터 프로그램으로는 SPSS 12.0 영문판을 사용하였다.

4. 실험 결과

1) 기술적 통계

먼저 기술적 통계를 살펴보자. 이 연구 결과 나타난 실험 군과 통제 군의 문화관용성 점수의 사전 검사와 사후 검사의 평균은 〈표 24〉와 같다. 먼저 사전 검사 점수를 살펴보면 실험집단보다 오히려 통제집단의 점수가 높음을 확인할 수 있다. 그러나 그 차이는 통계적으로 유의하지 않다. 그런데 사후 검사 결과를 보면 오히려 실험집단의 문화관용성 점수가 통제집단보다 높음을 확인할 수 있다. 이는 실험 전에는 DIE-논쟁학습을 실시하지 않은 집단이 실시한 집단보다 문화관용성 점수가 같거나 높았지만, 수업을 실시한 뒤에는 DIE-논쟁학습을 실시한 집단의 문화관용성 점수가 더 높아졌음을 의미한다. 그러나 여기서는 일단 기술적 묘사에 만족하고 그 차이와 효과의 유의성 여

부는 뒤에서 두 집단 간의 독립 T검증과 사전·사후 검사간의 대응표
본 T검증으로 확인할 것이다.

〈표 24〉 사전 검사와 사후 검사 점수의 집단별 평균

	수업 모형	N	평균	표준 편차
사전 검사	통제집단	65	2.6435	.34302
	실험집단	66	2.4879	.57016
사후 검사	통제집단	65	2.6974	.57602
	실험집단	66	3.2530	.38838

다음으로 표본을 이루는 하위 집단별로 문화관용성 점수의 평균을
살펴본 결과는 〈표 25〉와 같다. 먼저 성별로 살펴보면 남자, 여자 모
두 실험집단의 문화관용성 점수가 통제집단보다 높음을 확인할 수 있
다. 또 학업 성적별로 살펴보아도 상위권, 중위권, 하위권 학생 모두
실험집단의 문화관용성 점수가 통제집단보다 높음을 확인할 수 있다.
이 차이들의 유의성 여부는 독립 T검증을 통해 확인할 것이다. 그 차
이는 상위권보다는 중위권이나 하위권에서 더 높게 나타나고 있는 것
을 확인할 수 있는데, 그 유의성 여부는 실험연구라는 이 연구의 특성
상 표본의 수와 같은 한계가 있기 때문에 별도의 서베이 조사를 통해
검증되어야 할 것이다.

〈표 25〉 하위 집단들의 문화관용성 사후 검사 결과

		수업 모형	N	평균	표준 편차
성별	남자	통제집단	43	2.6223	.61608
		실험집단	44	3.2068	.34935
	여자	통제집단	22	2.8441	.46691
		실험집단	22	3.3455	.45116

		수업 모형	N	평균	표준 편차
성적별	상	통제집단	29	2.7459	.59835
		실험집단	24	3.2792	.29485
	중	통제집단	26	2.7769	.52863
		실험집단	32	3.3156	.42130
	하	통제집단	10	2.3500	.55628
		실험집단	10	2.9900	.40401

　　종속변인의 분포상의 특성을 살펴보기 위해 작성한 박스플롯은 [그림 5]와 같다. 플롯을 살펴보면 통제집단의 경우 사전 검사나 사후 검사 모두 분포의 폭이 큰 차이를 보이지 않으나, 실험집단은 사후 검사 결과의 분포 폭이 좁아졌음을 확인할 수 있다. 이는 DIE-논쟁학습을 실시한 집단이 문화관용성 점수가 향상되었을 뿐만 아니라 집단 내 편차도 줄였음을 보여주는 결과지만 그 효과의 유의성은 통계적 검증을 통해 확인할 것이다.

[그림 5] 사전 검사와 사후 검사의 통제·실험집단 간 분포 비교

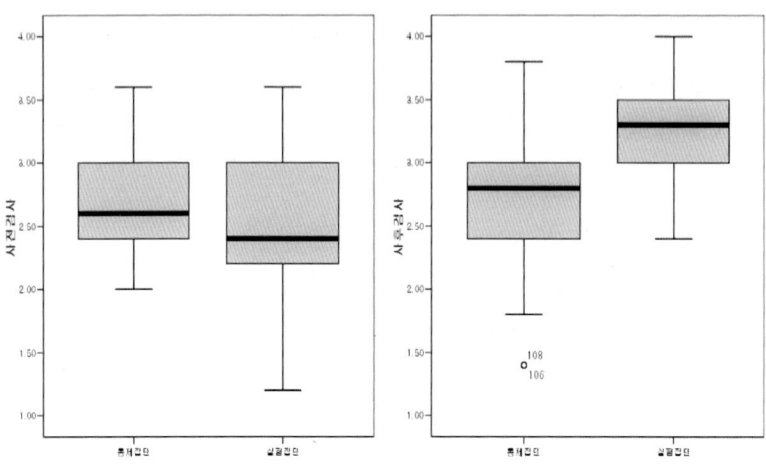

2) 가설 검증

가설 검증을 위해 실시한 독립 T검증의 결과는 〈표 26〉과 같다. 이미 기술 통계를 통해 확인하였지만(〈표 25〉 참조), 사전 검사 시점에는 오히려 문화관용성 점수가 더 낮았던 실험집단이 사후 검사에서는 오히려 더 높은 문화관용성 점수를 보여주었다. 그리고 사전 검사 점수의 차이는 두 집단 간에 유의하지 않았지만, 사후 검사 점수의 차이는 $p<.01$ 수준에서 이 차이는 통계적으로 유의한 것으로 나타났다. 따라서 "DIE-논쟁학습을 실시한 집단은 논쟁학습만 실시한 집단보다 문화관용성 향상 효과가 클 것이다."라는 가설이 검증되었다.

다음 표본을 구성하는 하위 집단별로 실험 군과 통제 군의 문화관용성 점수의 평균 차를 비교한 T검증의 결과도 함께 표시해 두었는데, 표를 살펴보면 모든 하위 집단별로 그 차이는 $p<.01$ 수준에서 유의한 것으로 나타났다.

〈표 26〉 주 가설 및 하위 가설 검증 결과

| | | 문화관용성 평균 | | t | 자유도 | p | 표준 오차 차 |
		통제 군	실험 군				
전체		2.6974	3.2530	-6.464**	112.026	.000	.08597
성별	여자	2.8441	3.3455	-3.622**	42	.001	.13843
	남자	2.6223	3.2068	-5.427**	66.162	.000	.10771
성적별	상위권	2.7459	3.2792	-4.220**	42.398	.000	.12636
	중위권	2.7769	3.3156	-4.321**	56	.000	.12468
	하위권	2.3500	2.9900	-2.944**	18	.009	.21741

*: $p<.05$, **: $p<.01$

마지막으로, 이 결과가 실제 처치에 의한 효과인지 보다 확실히 살펴보기 위해 사전·사후 검사의 연계성을 살펴본 대응표본 T검증의 결과는 〈표 27〉과 같다. 표를 살펴보면 통제집단이나 실험집단 모두 사후 검사 점수가 사전 검사 점수보다 높지만, 그 차이는 실험집단에서만 $p < .01$ 수준에서 유의한 것으로 나타났다.

〈표 27〉 통제 및 실험집단의 사전 검사·사후 검사 대응표본 T검증

통제집단					실험집단				
평균 차	SD	t	df	p	평균 차	SD	t	df	p
-.05385	.46065	-.942	64	.350	-.76515	.62647	-9.923**	65	.000

*: $p < .05$, **: $p < .01$

5. 실험 결과 논의

지금까지 DIE-논쟁수업이 다문화 사회의 시민성에 필수적인 문화 관용성에 미치는 효과를 확인하기 위하여, 실제 수업을 구안하고 실험을 통하여 검정하였다. 이러한 결과를 통해 다음과 같은 시사점을 확인할 수 있었다.

첫째, 가설 검정을 통하여 이 연구는 사회과에서 DIE-논쟁학습을 적용한 구체적인 사례와 그 효과를 검정하였다(〈표 26〉 참조). 그동안 사회과 수업에 연극적인 요소를 도입한다거나, 아니면 교육연극에 사회과의 내용을 접목시키려 한 시도는 종종 있어 왔다. 그러나 전자의 경우 간단한 역할 놀이나 시뮬레이션 수준에 그쳐 연극이 가지고 있는 흥미유발과 정서적 효과를 충분히 활용하지 못하였다. 또 후자의 경우 구체적인 수업 모형으로까지 발전하지 못하였다. 이 연구는 사회과의 한 영역인 문화단원을 대상으로 연극을 활용한 DIE-논쟁수업을 구상하고, 문화관용성이라는 구체적인 효과까지 검정함으로써 이러한 문제들의 해결책을 보여주었다. 또 박스플롯을 그려본 결과([그림 6] 참조), DIE-논쟁수업은 문화관용성을 증가시켰을 뿐만 아니라 그 분포도 고르게 만들었음을 확인할 수 있다. 이는 DIE가 가지고 있는 놀이의 요소가 하위권 학생이나 소극적인 학생들을 동기화시킨 결과라고 예측할 수 있다. 실제로 모든 하위 가설들이 검정됨에서 확인할 수 있듯이 DIE의 효과는 성별, 학업 성적에 따라 분류된 모든 하위 집단에 동일하게 나타났다.

둘째, 이 연구는 DIE를 한국 교실 상황에 그대로 적용하기 어려운 한계를 극복하기 위하여, 이를 변형시켜 새로 개발한 DIE-논쟁수업을 사용하였고, 그 효과를 입증하였다. 이는 대도시 과밀학급에서도 DIE를 적용할 수 있는 방안을 제시하였다는 데서 그 의의를 가진다.

셋째, 이 연구는 기존의 연구들과 달리 통제 군에 강의식 수업을 실시하는 대신 논쟁학습을 실시하였고 그럼에도 불구하고 DIE-논쟁수업이 문화관용성 함양에 더 효과적임을 검증하였다. 이와 같은 결과는 종속변인이 인지적 영역이 아닌 가치·태도 영역이라는 점이 한 원인으로 제기될 수 있다. DIE는 가상적으로 매개된(imaginary mediated) 놀이 활동의 일종이다. 따라서 이러한 결과는 아동이나 청소년은 문어를 통한 학습보다 놀이같이 가상적으로 매개된 활동을 할 경우 가치와 도덕을 보다 높은 차원에서 습득하며 장기간 유지한다는 비고츠키(1986)의 이론을 보강해 주는 결과다.

그런데 대응표본 T검정의 결과(〈표 27〉 참조)는 또 다른 시사점을 던져 준다. 여기에 따르면 DIE를 실시한 실험 군의 사전-사후 검사는 유의한 차이가 있으나 논쟁학습에는 유의한 차이가 없었다. 즉, 논쟁학습은 청소년의 문화관용성 향상에 있어 DIE보다 효과가 약할 뿐만 아니라 유의한 효과 자체가 관측되지 않았던 것이다. 그러나 이러한 결과의 해석에는 많은 주의와 보강연구가 필요할 것이다. 이를 보다 면밀히 분석하기 위해 실험 군과 통제 군의 각 하위 집단별로 사전-사후 검사 대응표본 T검정을 실시할 필요가 있지만, 이렇게 될 경우 사례 수가 너무 적어지기 때문에 그 결과를 일반화하기 어려워진다. 다만 논쟁학습에는 놀이의 요소가 없고, 비고츠키가 말한 문어(written language)에 의존한다는 점을 조심스레 제기할 수 있다. 이 경우 여러 해에 걸쳐 학습된 무기력 상태에 빠져 있기 쉬운 성적 하위 집단이나 소극적인 학생들을 수업과정에서 소외시킬 수 있기 때문이다.

이러한 의의들에도 불구하고 이 연구에는 다음과 같은 제한점들이 있기 때문에 후속연구들을 통해 보강되어야 한다.

첫째, 무선할당의 문제이다. 물론 이 연구는 짝짓기법을 사용하기는 하였지만, 완전한 무선할당을 하지 않았기 때문에, 실험의 타당도에 제한이 있을 수 있다. 이를 해결하기 위해서는 더 많은 독립변인들을 공변량으로 투입한 회귀분석이 필요할 것이다.

둘째, 통제집단의 문제이다. 이 연구의 통제집단에서는 논쟁학습을 실시하였다. 따라서 이 연구의 결과는 DIE가 문화관용성 함양에 있어 논쟁학습보다 효과적이라고 제한적으로 해석되어야 한다. 물론 논쟁학습이 대부분의 연구에서 가치나 태도 함양에서 강의식 수업보다 효과적임이 입증되었기 때문에 강의식과의 비교는 큰 의미가 없을 것이다. 그러나 연극을 활용한 다른 수업 모형들(역할 놀이, TIE)과의 비교는 실시하지 않았기 때문에, 후속연구를 통하여 이를 보강하여야 할 것이다.

제2장

DIE - 논쟁학습이
민주시민성 함양에 미치는 효과

1. 이론의 요약과 가설 설정

앞에서 DIE-논쟁수업에 대한 이론적 배경은 충분히 소개되었으니 생략하기로 하자. 또 애초에 이 수업 모형을 개발한 이유가 창의적 활동을 통한 민주시민성의 함양에 있음은 앞에서 누차 반복 설명하였으니 이 또한 생략하기로 하자. 또한 민주시민성을 목표로 하는 사회과 DIE-논쟁학습 수업 프로그램 및 그에 따른 실제 수업 지도안도 이미 제시하였다(4부 참조). 조금 지루하겠지만 그래도 그 논의들을 마지막으로 한 번만 더 요약해 보면 다음과 같다.

DIE는 청소년에게 사회적 쟁점을 보다 구체적으로 파악하게 하여 민주시민으로서 합리적인 의사결정을 할 수 있는 민주시민성 향상에 유용한 학습 모형이 될 수 있다. DIE는 사회적 쟁점을 다룸에 있어 가상의 상황을 현실화시켜 체험할 수 있게 하고, 또한 후속 단계의 논쟁을 통해 가치 갈등을 발견하여 내면화할 수 있게 한다. 그러나 이를 바로 적용하기에는 한국의 여러 교실 여건이 적합지 않기 때문에 팔로우 업 단계에서 논쟁학습을 체계화하여 결합한 DIE-논쟁수업을 개발하였다. 이 수업은 상반된 이해관심사와 가치를 확인하고 의견을 교환하는 논쟁학습의 장점과 사실에 가까운 경험을 제공함으로써 사태를 느낄 수 있게 하는 DIE의 장점을 결합한 것으로 민주시민성 향상에 도움을 줄 수 있을 것이다.

이 새로운 모형은 논쟁학습과 DIE의 메타-인지적 목표와 과정이 사실상 유사하다는 점에서 해결의 단초를 찾은 것이다. 논쟁학습이 실제 상황에 대한 정보들을 바탕으로 가치문제에 대한 의사결정 훈련을 한다면, 교육연극은 실제 상황을 허구적 연극 형태로 구성함으로써 보다 구체적으로 체험한다는 차이가 있다. 이 둘을 결합했다는 것은 논리적 언어에 능한 학생과 직관적 체험에 더 잘 반응하는 학생을 모두 충족시킬 수 있다는 의미다. 따라서 이 수업은 그동안 사회과의 주요 방법으로 활용되며 많은 효과를 거두기는 했지만 논리보다 직관이 발달한 학생들을 소외시켰을 가능성이 큰 논쟁학습에 비해 더 큰 효과를 보일 것이라고 기대할 수 있다.

이제 지금까지 논의된 내용을 명제화하여 다음과 같은 가설을 수립할 수 있다.

〈가설〉 DIE-논쟁수업에 참가한 학생은 논쟁학습만 실시한 학생보다 민주시민성 점수가 더 높을 것이다.

2. 실험 설계

1) 실험대상

이 연구의 대상은 서울 지역 강동구의 K중학교 3학년 학생들이다. 실험을 위해 모두 8개 학급 239명의 학생들을 실험 군과 통제 군으로 임의 할당하였다. 학교 사정상 무선할당을 하지 못해 두 집단의 동질성 을 최대한 확보하지 못한 것은 이 실험의 내적 타당도를 위협하는 요 인이나, 사후분석에서 예상되는 외생변인들을 모두 공변량(covariate) 으로 투입한 회귀분석(regression analysis)을 실시하여 이를 통제하고 자 한다.

표본의 인구학적 특징은 〈표 28〉과 같다. 남학생은 모두 122명, 여 학생은 115명으로 성비는 균형을 이루고 있다. 통제 군과 실험 군 내 부에서도 남녀 학생 비율은 각 65 : 58, 57 : 57로 균형을 이루고 있다.

〈표 28〉 표본의 인구학적 특징

	성별		생활수준별				계
	여자	남자	하	중하	중상	상	
통제 군	57	60	13	62	36	1	112
실험 군	68	63	6	80	35	7	128
계	125	123	19	142	71	8	240

다음으로 생활수준을 살펴보면, 통제 군과 실험 군 사이에 큰 차이 가 나타나지는 않음을 확인할 수 있다. 다만 통제 군에 생활수준을 중 상 이상이라고 응답한 학생들이 더 많은 것을 확인할 수 있는데, 그

차이는 카이자승(Chi-Square) 검정 결과 통계적으로 유의하지 않은 것으로 나타났다. 따라서 인구학적 특성에 있어 실험집단과 통제집단은 동일하다고 할 수 있다.

2) 연구의 변인

이들을 종속변인과 독립변인의 순서로 제시하면 다음과 같다.

이 연구의 종속변인은 민주시민성이다. 여기에서 민주시민성이란 자신과 입장이 다른 사회집단의 이해와 요구를 객관적으로 파악하고 합리적으로 판단할 수 있는가를 측정한 것이다. 여기에서 사용한 척도는 참여적 정향, 묵종적 정향이란 Almond & Verba(1963)를 근거로 이수영과 한배호(1996)가 사용한 정치문화 척도를 연구자가 청소년 수준에 맞게 발췌·개조한 척도상의 점수를 말한다.

참여적 정향의 점수가 높다는 것은 정치체계의 투입에 관심을 갖고 참여할 가능성이 높다는 의미이다. 이러한 참여적 정향은 민주화 역사가 짧은 한국사회에서는 민주시민 양성을 위해 적극적으로 함양해야 할 정향이다. 묵종적 정향의 점수가 높다는 것은 정치체계에 투입에의 참여보다 산출 결과에만 관심을 가지며, 결과적으로 복종적인 문화를 내면화할 가능성이 큼을 의미한다. 이들은 각각 8개씩의 4점 척들로 이루어져 있다. 이 척도의 발췌·개조과정에는 정치교육 전공자가 액면 타당도 검사를 했으며, 크론바하 알파(Cronbach'α)는 각 .6551과 .7022로 신뢰도에 문제가 없는 것으로 나타났다.

민주시민성에 어떤 효과나 역기능을 보인다면 그것은 태도의 영역인 정치문화와 관계할 가능성이 크다. 따라서 문제는 민주적 정치문화는 무엇인가 하는 것으로 좁혀진다.

정치문화와 관련하여 가장 널리 알려진 이론은 정치적 행위자가 정치체계의 투입·산출에 대해 가지는 정향(orientation)에 따라 분류한 지방형(parochial)·신민형(subjective)·참여형(participant)의 정치문화 이념형이다. 지방형은 투입·산출 모두에 무관심한 정치적 무기력 문화이다. 신민형 문화는 정치체계의 산출에 대한 묵종적(obedience) 정향은 발달한 반면, 투입에 대한 참여적 정향은 발달하지 않은 문화이다. 정치체계의 산출에 대한 정향과 투입에 대한 능동적 참여의 정향이 모두 발달한 정치문화가 바로 참여형인데, 이것이 민주적 정치문화에 가장 가깝다(Almond & Verba, 1963).

참여형 정치문화가 민주주의에 가장 가까움에는 이견이 없지만, 여기에 도달하기 위한 방법은 각 나라의 역사적·정치적·사회적 상황에 따라 다르다. 특히 우리나라처럼 군사독재를 경험하고, 민주화가 아직 공고화되지 않는 사회에서는 신민형과 함께 대체를 추종하는 수용형, 정치체계와 긍정적 일체감을 갖지 못하고 저항을 내면화한 길항(拮抗)형 같은 독특한 정치문화가 발달하였으며, 참여형 문화가 가장 희박하다(이수영, 한배호, 1996).

신민형 문화와 수용형 문화가 참여형이 되기 위해서는 참여적 정향이 증가하고 묵종적 정향은 감소할 필요가 있다. 길항형 문화의 경우는 그 반대가 적용될 것이다. 그리고 아직도 국민의 대다수가 수용형이나 신민형에 머물러 있는 한국사회는 민주시민성 함양을 위해 묵종적 정향보다 참여적 정향을 보다 향상시킬 것을 요구한다(한배호, 2003). 따라서 현재 민주시민성 함양의 정치문화적 의미는 참여적 정향의 증가와 묵종적 정향의 감소이다. 따라서 사회적 쟁점을 소재로 한 교육연극이 민주시민성 향상을 가져올 것임을 입증하고자 한다면, 그것이 이 부분에서 정적인 효과를 야기함을 보여야 할 것이다.

 이 연구의 독립변인은 크게 가설을 설명할 것으로 기대되는 주 설명변인과, 공변량으로 투입할 통제변인으로 구별된다.

 이 연구의 주 설명변인은 DIE-논쟁수업의 실시 여부다. 이를 위하여 중학교 3학년을 대상으로 사회과 민주정치 단원에 적용할 DIE 수업을 구성하였다(4부 참조). 수업은 모두 6차시로 구성되어 있으며, 1차시에는 문제가 되는 쟁점의 발견, 2차시와 3차시는 연극의 제작, 4차시는 리허설, 5차시와 6차시는 연극공연 및 팔로우 업으로 구성되어 있다. 팔로우 업 단계에서는 논쟁과 함께 의사결정 등의 활동이 이루어진다. 통제 군에는 1차시와 2차시는 실험 군과 동일하나, 3차시와 4차시에 연극 대본 구성, 연습 대신 자료의 수집과 논리의 개발 등이 들어가고, 5차시에는 패널형 토론이 들어가는 논쟁학습을 실시하였다. 반면 통제 군 집단에는 〈표 29〉과 같은 논쟁수업을 구성하였다.

〈표 29〉 통제 군에 적용된 수업: 논쟁학습(Pro Con모형)

교재 및 단원	중학교 3학년 사회(지학사) I. 민주정치와 시민 참여 (3) 정치과정과 시민 참여
단원학습 목표	1.다원적 이익의 정치화 과정과 시민의 정치 참여의 의의를 파악할 수 있다. 2.정치과정에서 나타나는 정치적 쟁점의 사례를 수집, 분석하고 문제해결의 과정을 제시할 수 있다. 3.민주적인 시민공동체의 발전과정에 비판적이고 능동적인 자세로 참여하는 태도를 갖는다.

차시별활동	1차시	사회적 쟁점으로 부각되고 있는 새만금 사업에 대한 개발과 보존의 입장으로 대립되는 이해를 가진 두 집단으로 학생들을 나눈다. 학생들은 소집단 토의를 통하여 쟁점이 되는 사업의 개요 및 토의를 위해 필요한 시청각적 자료를 수집하고 상대방과 논쟁을 효과적으로 전개하기 위해 역할을 분담한다. 국토의 개발과 지역 경제의 발전에 새만금 사업이 유의미하여 계속 진행되어야 한다는 입장과 환경의 보존이 결국 먼 미래의 발전과 직결되므로 개발보다는 자연의 보존이 더 중요하다는 각각의 입장을 대변하는 두 개의 소집단으로 편성되어 자신들의 입장을 강화하고 상대의 입장을 비판할 수 있는 사실에 바탕을 둔 자료를 수집한다.
	2차시	1차시에 이어 소집단별로 분임토의를 하고 이를 바탕으로 다양한 자료를 재구성하여 각각 자신이 속한 집단의 입장을 강화하고 상대방을 설득할 수 있도록 자료를 재구성한다.
	3차시	자료 재구성 시 내용은 상대 진영의 부조리함을 드러내면서 자신들의 입장을 옹호할 수 있어야 한다. 이 시간에 완성하지 못한 자료는 과제로 부과하여 일종의 프로젝트 학습 같은 형태를 취한다. 자료가 완성되면 역할을 나누어 발표하고 논쟁할 수 있도록 분야별로 전문화된 역할을 부여한다.
	4차시	각자 맡은 발표와 논쟁 시 질의응답을 배분하여 연습하며, 상대방의 질문을 예상하여 질의응답서를 작성한다.
	5차시	준비한 자료를 바탕으로 각 조는 상대방에게 설명하고 두 진영의 논쟁을 전개한다.
	6차시	모든 논쟁이 마무리되면 쟁점이 되었던 두 입장이 가지고 있는 가능성과 한계를 반성적으로 살펴보고, 대안적 가치는 없는지 모색함으로써 대립했던 두 쟁점이 모두 한계가 있으며 최대한 사회적으로 이익이 되는 합리적 결정을 도출해 내도록 한다.

외부 효과의 통제를 위한 공변량(covariate)으로 투입되는 독립변인들은 성별, 생활수준, 부모학력, 공연예술 접촉 정도, 학업 성취도, 사회 성적이다. 생활수준과 부모학력과 같은 사회경제적 배경변인은 사회경제적 지위가 낮을수록 청소년은 무기력을 학습하여 수동적이 되고 묵종적이 될 가능성을 통제하기 위해 투입하였다. 공연예술 접촉

정도는 이 연구의 이론적 전제 자체가 연극적 경험이 민주시민성 향상에 긍정적 효과를 준다는 것이기 때문에, DIE 수업 이전에 이미 학생들이 가지고 있는 연극적 경험의 영향력을 통제하기 위해 공변량으로 투입하였다. 학업 성취도는 학생들의 지적 능력을 통제하기 위하여, 사회 성적은 사회라는 교과 자체가 민주시민성을 목표로 삼고 있기 때문에, DIE 수업 이전에 학생들이 받았던 사회과 교육의 효과를 통제하기 위해 공변량으로 투입하였다.

3) 실험 절차

이 연구의 실험 절차는 〈표 30〉과 같다. 먼저 중학교 3학년 8개 학급명을 홀수 반은 실험 군으로 짝수 반을 통제 군으로 각 4학급씩 체계적 할당을 실시하였다. 두 집단의 동질성 확인을 위해서는 사전 검사를 실시하였다. 실험 군에는 6차시에 걸쳐 DIE-논쟁학습을 실시하였고, 통제 군에는 논쟁학습을 실시하였다. 수업은 두 집단 모두 같은 2명의 교사가 사전에 협의하여 실시하였고 경험이 많은 교사가 전체 수업을 이끄는 방법으로 실시하였다. 모든 프로그램이 종료된 뒤에는 사후 검사를 실시하였다. 실험 기간은 2006년 4월 3일부터 4월 21일까지 3주간이며 수업 시수로 환산하면 모두 6차시씩이다.

〈표 30〉 DIE-논쟁수업과 민주시민성 실험 절차

집단	시점 1	처치	시점 2
실험 군	O_1	X	O_3
통제 군	O_2		O_4

O_1: 실험 군 사전 검사, O_2: 통제 군 사전 검사
X: DIE-논쟁수업, O_3: 실험 군 사후 검사, O_4: 통제 군 사후 검사

4) 자료수집

이 연구의 자료수집 방법으로는 자기 기입식 설문지법을 사용하였다. 자료수집을 위해 총 34문항으로 구성된 설문지 250장을 사전 검사용으로, 장을 사후 검사용으로 배부하였으며, 정선과정을 거쳐 불량응답을 제거한 239장을 분석대상으로 삼았다. 설문지의 지표와 측정 수준은 〈표 31〉과 같으며 구체적인 설문지 내용은 부록으로 첨부하였다.

〈표 31〉 설문지의 지표와 측정수준

변인	지표	문항	측정 수준
민주시민성	신뢰도/효능감/참여도/묵종/차등의식/의인주의/형식주의	22	1. 전혀 아님 2. 아닌 편이다 3. 그런 편이다 4. 매우 그렇다
배경변인	학업 성적	1	1. 60 이하 2. 60~70 3. 70~80 4. 80~90 5. 90 이상
	사회교과 성적	1	1. 60 이하 2. 60~70 3. 70~80 4. 80~90 5. 90 이상
	반 번호	1	( )반, ( )번
	성	1	1. 여자, 2. 남자.
	가정의 소득 수준	1	1. 가난 2. 가난한 편 3. 부유한 편 4. 부유
	부모학력	1	1. 고졸 이하 2. 고졸 또는 대학 중퇴 3. 대졸 4. 대학원 졸

5) 자료 분석

수집된 자료의 분석 방법으로는 이 실험이 무선할당으로 통제 군과 실험 군을 할당하지 않았기 때문에, 예상되는 외생변인들의 간섭을 통제하기 위해 중다선형 회귀분석(Multi linear Regression)을 실시하였

다. 이때 가능한 외생변인들을 모두 공변량으로 투입하는 '일괄 투입
법(enter)'을 사용하였다.

이 연구의 가설은 [그림 6]의 회귀 모형에서 X1의 계수 b1이 통계
적으로 유의하면서 양수의 값을 가지면 검정된다. 물론 이 연구는 무
선할당을 실시하지 못하여 여러 외생변인들의 간섭을 받았을 가능성
이 크고, 또 실험 군과 통제 군의 민주시민성 사전 검사 점수가 통계
적으로 동질적이지 않게 나올 가능성도 있다. 그러나 이 연구의 회귀
모형은 간섭이 예상되는 인구사회학적 변인들과 사전 검사 점수를 모
두 독립변인으로 투입하였다. 따라서 그럼에도 불구하고 X1의 계수가
유의하다면, 이는 다른 외생변인들의 간섭에도 불구하고 DIE가 민주
시민성 향상에 유의한 영향력을 발휘했다는 의미로 해석할 수 있기
때문에 이 연구의 가설은 충분히 지지된다고 볼 수 있다.

통계적 분석을 위한 프로그램으로는 SPSS영문판 13.0을 사용하였다.

[그림 6] 민주시민성 회귀 모형

$$Y = a + b_1X_1 + b_2X_2 + b_3X_3 + b_4X_4 + b_5X_5 + b_6X_6 + b_7X_7$$

a=상수, Y=민주시민성, X1(DIE 수업 여부: 1=실시함, 0=실시 안 함), X2
(가정의 경제 수준), X3(부모의 학력), X4(성별: 0=여, 1=남), X5(학업 성
적), X6(사회 성적), X7(사전 검사 점수)

3. 실험 결과

이 연구의 주요 변인들의 기술적 통계치는 〈표 32〉와 같다. 먼저
이 연구의 종속변인인 민주시민성 사전 검사 점수를 보면 평균이

2.7738로 중간 값보다 위에서 형성되어 있음을 확인할 수 있다. 학업 성적과 사회 성적 역시 3.46 및 3.33으로 중간 값보다 위에서 형성되었다. 생활수준이나 부모학력은 중간 값에서 형성되었다. 그런데 공연예술 접촉 빈도인 클래식 관람, 뮤지컬 관람, 연극 관람은 평균이 1.42~1.55로 중간 값인 2.5보다 훨씬 아래에서 형성되어 있다. 이는 우리나라 청소년들의 척박한 문화체험 실태를 보여주고 있는 결과다.

〈표 32〉 주요 변인들의 기술적 통계

변 인	사례 수	최솟값	최댓값	평 균	표준 편차
민주시민성 사전 검사	239	2.00	3.77	2.7203	.26905
학업 성적	235	1	5	3.53	1.223
사회 성적	234	1	5	3.34	1.369
생활수준	234	1	4	2.28	.656
부모학력	234	1	4	2.42	.727
클래식 관람	239	1	5	1.45	.765
뮤지컬 관람	239	1	5	1.41	.628
연극 관람	239	1	5	1.51	.787

통제 군과 실험 군의 동질성을 확인하기 위해 실시한 독립 T검정[48]의 결과는 〈표 33〉와 같다. 표를 살펴보면 종속변인인 민주시민성의 사전 검사뿐만 아니라 모든 독립변인들, 인구사회학적 변인들에서 통제 군과 실험 군 사이에 유의한 차이가 나타나지 않음을 확인할 수 있다. 따라서 통제 군과 실험 군은 통계적으로 동질적인 집단으로

---

48) 독립 T검정은 두 집단 간의 평균 차이의 통계적 유의성을 검정하는 것이다. 이때 T값은 두 집단 간의 평균 차이를 표준 오차로 나눈 것이다. 즉, 이 값이 클수록 두 집단의 평균 차는 오차범위를 벗어난다는 의미이기 때문에 통계적으로 유의하게 된다. 이때 유의 수준은 통상 $p < .05$(95% 신뢰)로 잡는다.

간주할 수 있으며, 사후 검사에서 종속변인에 차이가 관측될 경우 이를 주 설명변인의 효과로 간주할 수 있는 조건이 성립된다.

<표 33> 각종 변인들의 통제 군과 실험 군 비교

변 인	집 단	평 균	표준 편차	T 값
민주시민성 사전 검사	통제 군	2.7180	.25930	-.130
	실험 군	2.7224	.28028	
클래식 관람	통제 군	1.48	.829	.572
	실험 군	1.42	.612	
뮤지컬 관람	통제 군	1.43	.666	.531
	실험 군	1.39	.584	
연극 관람	통제 군	1.54	.900	.532
	실험 군	1.48	.640	
학업 성적	통제 군	3.57	1.258	.416
	실험 군	3.50	1.240	
사회 성적	통제 군	3.37	1.414	.298
	실험 군	3.31	1.323	
생활수준	통제 군	2.22	.705	-1.331
	실험 군	2.34	.641	
부모학력	통제 군	2.41	.718	-.249
	실험 군	2.43	.755	

*: $p < .05$, **: $p < .01$

실험을 종료한 뒤 청소년들의 민주시민성을 측정한 사후 검사 결과는 <표 34>와 같다. 표에서 보는 바와 같이 통제 군의 민주시민성 사후 검사 점수는 2.7640으로 사전 검사 점수와 큰 차이를 보이지 않는 반면, 실험 군의 사후 검사 점수는 2.9025로 사전 검사 점수와 차이를 보이고, 또 통제 군과 통계적으로 유의한 차이를 보여주고 있다. 그러나 이 연구는 완전한 무선할당을 하지 않았기 때문에 이 차이가 교육연극의 효과인지 아니면 다른 외생변인들의 간섭 때문인지는 평균만 비교해서는 확인할 수 없고, 다른 통제변인들을 모두 투입한 회귀분석으로 확인해야 할 것이다.

〈표 34〉 통제 군과 실험 군의 사후 검사 결과

집단	사례 수	평균	표준 편차	T값
통제 군	119	2.7640	.25878	−4.265***
실험 군	132	2.9025	.25514	

***: p〈.001

[그림 7] 통제군과 실험군의 사전 사후 검사 박스플롯

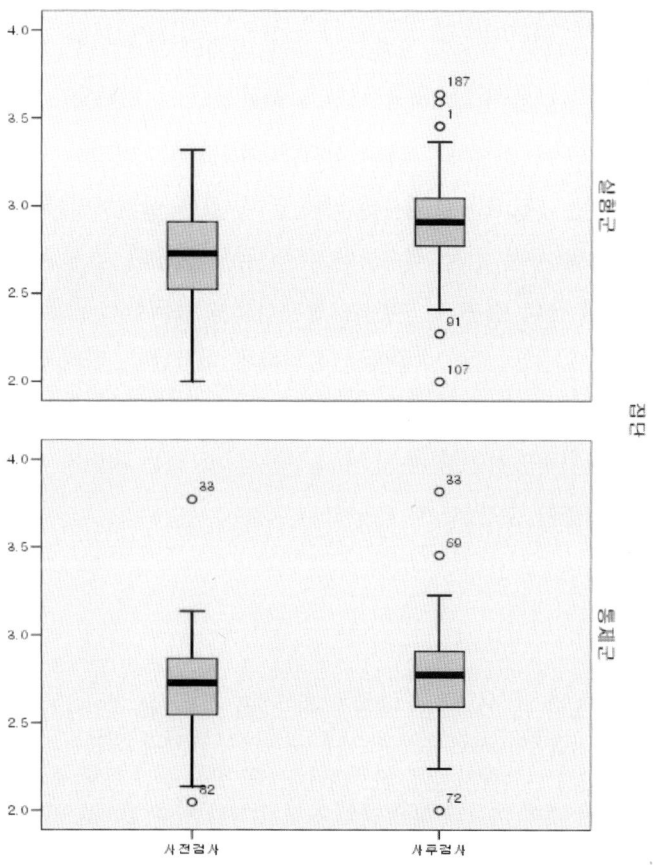

통제 군과 실험 군의 사전, 사후 검사를 시각적으로 표현한 박스플롯은 [그림 7]과 같다. 그림을 보면 사전 검사 시점에서는 오히려 통제 군이 실험 군보다 민주시민성이 조금 높거나 차이가 거의 없음을 알 수 있다. 그리고 통제 군의 상하위권의 편차가 실험 군에 비해 보다 작음을 확인할 수 있다. 그런데 사후 검사의 경우 실험 군의 민주시민성 점수의 가 사전 검사보다 증가하였을 뿐만 아니라 상하 편차도 현저히 축소되었음을 확인할 수 있다. 반면, 통제 군의 경우 뚜렷한 증가도 없을 뿐만 아니라 상하 편차가 오히려 증가하기까지 하였다.

이제 이 연구의 가설을 검정하기 위해 실시한 본격적인 추론 통계 결과를 살펴보도록 하자. 먼저 사전 검사와 사후 검사의 차이가 통계적으로 유의한지 검정하기 위해 실시한 대응표본 T검정[49] 결과부터 살펴보면 이는 〈표 35〉에 제시된 바와 같다. 표를 살펴보면 통제 군과 실험 군 모두 사전 검사 점수보다 사후 검사 점수가 높게 나타났다. 그러나 통제 군의 경우 이 차이는 통계적으로 유의하지 않았고, 실험 군은 이 차이기 $p < .001$ 수준에서 유의하게 나타났다. 따라서 실험집단의 민주시민성 점수는 실험 직전에 비해 실험 직후에 통계적으로 유의하게 증가하였지만 통제 군의 경우는 의미 있는 차이가 나타나지 않았음을 확인할 수 있다.

---

49) 대응표본 T검정(Pairde samples T test)은 한 집단의 두 가지 속성이 차이가 있을 때 이 차이의 통계적 유의성을 검정하는 것이다. 이 경우에는 어느 집단이 사전 검수와 사후 검사에서 차이가 있는데 이 차이가 통계적으로 유의한지 검정하는 것이다. 즉, 실험 군과 통제 군의 차이를 비교하는 것이 아니라 실험 군의 사전 검사와 사후 검사를, 또 통제 군의 사전 검사와 사후 검사를 비교하는 것이다.

〈표 35〉 대응표본 T검정 결과

		평균 차이	표준 편차	표준 오차	T	자유도	p
통제 군	사전 검사- 사후 검사	-.04599	.27519	.02523	-1.823	118	.071
실험 군	사전 검사- 사후 검사	-.18004	.30581	.02662	-6.764	131	.000

그런데 이 실험은 통제 군과 실험 군을 완전하게 무선할당하지 않았기 때문에 이 효과가 다른 외부변인에 의해 야기되었을 가능성을 완전히 배제할 수 없다. 따라서 이러한 외부변인의 효과를 통제하기 위해 가능한 외부변인을 모두 공변량으로 투입한 회귀분석을 실시하였다. 그 결과는 〈표 36〉과 같다. 먼저 모형의 R제곱을 살펴보면 .483으로 나타나 이 회귀 모형은 종속변인인 민주시민성 사후 검사 점수를 48.3%만큼 설명하고 있고, 이 모형은 p<.001 수준에서 유의함을 확인할 수 있다. Tolerance 값을 살펴보면 모든 변인들이 0.1보다 커서 회귀 모형의 가장 큰 위협인 다중공선성의 문제는 우려할 만하지 않은 것으로 나타났다.

종속변인인 민주시민성 사후 검사 점수에 통계적으로 유의한 영향을 주는 것으로 나타난 변인을 살펴보면 민주시민성 사전 검사 점수와 DIE-논쟁수업 여부 두 변인만 유의함을 확인할 수 있다. DIE-논쟁수업 여부 변인은 계수가 양수를 보일 경우 DIE-논쟁수업을 실시한 실험집단 소속 여부가 민주시민성 향상에 유의한 효과를 준다는 의미다. 반대로 음수의 값을 보이면 논쟁수업이 더 유의한 효과를 준다는 의미다. 이를 확인하기 위하여 변인들의 회귀계수(B)를 살펴보면 사전 검사 점수와 집단이 모두 양수의 값을 보여 종속변인과 정적인 관계임을 확인할 수 있다. 따라서 DIE-논쟁수업 실시가 논쟁수업

보다 민주시민성을 더 높인다는 가설이 검정되었다.

다음으로 변인들 간의 상대적인 영향력을 비교하기 위해 표준화 회귀계수(Beta)를 살펴보면 사전 검사 점수는 .328, DIE 실시 여부는 .246으로 나타나 사전 검사 점수의 영향력이 더 큰 것으로 나타났다. 이는 원래 민주시민성이 높은 청소년이 수업 실시 후 민주시민성이 향상될 가능성이 크다는 의미이다. 그러나 DIE 수업 여부의 .246이라는 표준화 회귀계수도 결코 작은 값은 아니다.

〈표 36〉 가설 검정을 위한 회귀분석 결과

	B	표준 오차	Beta	T	유의도	tolerance
(Constant)	1.894***	.180		10.529	.000	
DIE 수업(a)	.130***	.031	.246	4.140	.000	.983
클래식 관람	.012	.025	.034	.489	.625	.724
뮤지컬 관람	.030	.034	.068	.883	.378	.593
연극 관람	.003	.025	.009	.117	.907	.652
생활수준	−.031	.025	−.077	−1.242	.216	.895
부모학력	−.034	.022	−.094	−1.544	.124	.932
학업 성적	.031	.019	.142	1.683	.094	.485
사회 성적	2.25E−005	.017	.000	.001	.999	.478
성별(b)	−.033	.032	−.062	−1.024	.307	.935
사전 검사 점수	.323***	.061	.328	5.268	.000	.897

〈모델 적합성〉

제곱 합	자유도	평균 제곱	F	유의도	R	R 제곱	수정 R 제곱	표준 오차 추정	Durbin-Watson
3.746	10	.375	6.708	.000	.483	.233	.198	.23633	1.920
12.343	221	.056							

a 실시함=1, 실시 안 함=0   b: 남자=1, 여자=0   ***: p〈.001

이제 이와 같은 결과를 정리하면 민주시민성 사전 검사 점수가 높을수록 그리고 DIE - 논쟁수업을 실시한 집단에 소속될수록 민주시민성 사후 검사 점수가 높아진다고 결론을 내릴 수 있다. 따라서 이 연구의 가설은 다른 외부변인들을 통제한 상황에서도 명백하게 검정되었음을 확인할 수 있다. 이를 수식으로 표현하면 다음과 같다.

민주시민성 사후 검사 점수=1.894+.323×민주시민성 사전 검사 점수
+.130×DIE - 논쟁수업 실시 여부(1=DIE - 논쟁수업, 0=논쟁수업)

4. 결과 논의

지금까지 청소년의 민주시민성 교육에서의 논쟁학습의 한계를 극복하기 위해 DIE를 도입한 DIE - 논쟁학습 모형을 구안하였고 가설을 설정하여 그 효과를 검정하였다. 그 결과 DIE - 논쟁학습이 논쟁학습보다 청소년의 민주시민성 향상에 더 효과적임이 확인되었다. 이제 이러한 결과가 가지는 의미와 시사점에 대해 논의해 보기로 하자.

먼저 가설 검정의 의미부터 살펴보자. 이 연구의 가설이 검정되었다는 것은 DIE를 도입한 DIE - 논쟁수업이 논쟁수업보다 청소년 민주시민성 교육에 보다 효과적이라는 의미다. 이는 DIE - 논쟁수업이 사회과의 가장 근본적인 학습 목표에도 효과적임을 입증하는 결과다. 그동안 교육연극을 청소년교육에 적용하려는 시도가 있어 왔으나 대개 정서, 언어교육에 치중되었다. 또 DIE를 단독으로 활용할 뿐 이를 다른 수업 모형과 결합하여 효과를 배가하는 방안은 연구되지 않았다. 이 연구의 결과는 DIE의 효과가 언어, 정서교육에 국한되지 않으며,

논쟁학습 등 다른 학습 모형과 결합함으로써 시너지 효과를 올릴 수 있음을 입증하였다.

민주시민성과 같은 복합적인 가치 판단능력은 현실적 · 사회적 경험을 통해서 획득된다. 논쟁학습이 훌륭한 도구임은 분명하지만, 이런 현실적 경험이 부족한 청소년들에게 바로 적용하기에는 무리가 있었다. 이 연구는 연극을 이용하여 간접 경험을 제공함으로써 이러한 한계를 극복하고자 하였다.

실제로 교육연극과 논쟁수업을 결합할 경우 연극의 놀이적 요소가 학습자의 가치 · 태도 영역의 학습 목표를 극대화하여 문화관용성이나 고차 사고력 함양에 탁월한 효과를 발휘한다는 선행연구 결과들이 있다(권재원, 2004, 권재원, 구민정, 2004). 이 연구는 그 효과의 영역을 민주시민성 함양까지 확장하였고, 그 효과를 실험을 통하여 입증하였다.

다음으로 이 연구의 결과가 청소년의 민주시민성 교육에 주는 시사점에 대해 논의해 보자. 한국 민주주의는 이미 이행기의 단계를 지나 공고화 단계에 접어들었다고 한다. 그리고 민주주의의 공고화를 위해 청소년을 대상으로 하는 민주주의교육의 중요성은 민주적 문화의 생성과 정착을 위해 재삼 강조할 필요도 없다. 그런데 문제는 청소년의 민주주의교육에 적합한 민주적인 모델이 부족하다는 것이다. 만약 민주주의교육이 주입식 교육, 즉 은행 저금식 교육으로 행해진다면 이는 언어도단이 될 것이다. 이 연구는 바로 이러한 목적에 부합하는 민주적이고 의사소통적인 수업 모형을 제공하였다.

제3장

DIE-논쟁학습과정에 대한 질적 사례 분석

　지금까지 DIE-논쟁학습이 문화관용성, 민주시민성 같은 사회과의 중요한 학습 목표를 효과적으로 달성하는 데 도움이 됨을 통계적으로 확인하였다. 그러나 이러한 양적 자료만 가지고는 실제 수업 시간에 어떤 일이 일어났으며 학생들이 구체적으로 어떤 경험을 하고 무엇을 느꼈는지 생생하게 파악하기가 어렵다. 따라서 이를 위해 별도의 질적 자료를 수집하여 분석하였다. 이제 3장에서는 저자들이 DIE-논쟁수업을 실시하면서 수집한 질적 자료의 분석 결과를 제시하고자 한다.

　분석에 사용한 자료들은 참여관찰법을 기본으로 하여 수집되었다. 자료수집 절차는 다음과 같다. 먼저 연구자가 실제로 DIE-논쟁학습을 이용한 수업을 실시하면서 참여관찰록을 작성하고 동영상을 촬영하였다. 또 필요한 경우 학생들을 대상으로 면접법과 포트폴리오법을 활용하였다. 이렇게 수집한 자료들을 검토하면서 실제 수업 현상을 맥락적(contextual)으로 재구성할 수 있다고 보이는 대표적인 사례들을 문서화하여 분석 자료로 삼았다. 참여관찰은 2006년 3월 2일에서 6월 18일에 걸쳐 서울 강동구 소재 K중학교에서 이루어졌다.

1. 교사와 학생의 신뢰감 형성을 위하여

연극은 자신을 벗어나고 드러내는 행위를 요구한다. 이는 자신의 벽을 깨야 한다는 의미이며, 참여자들 간의 유대가 필요하다는 의미다. 따라서 이 책에서 개발한 DIE-논쟁학습 모형을 적용하기 위해서는 교사와 학생 간의 신뢰감 형성이 무엇보다도 중요한 전제조건이다. 신뢰감이 형성되지 않으면 학생들이 쉽사리 자신을 표현하지 않을 것이다. 여기서 말하는 신뢰감은 교사가 다소 난해하거나 번거로운 수업 방법을 제시하더라도 학생들이 이를 거부감 없이 참여하고자 하는 마음의 상태를 의미한다.

따라서 학년 초에 DIE-논쟁수업을 실시하는 것은 신중하게 고려해야 한다.[50] 이 수업을 적용하기 위해서는 학기 초부터 강의식 수업을 가급적 배제하고 다양한 자기 주도적 학습 방법을 적용하여 학생들이 스스로 활동하고 탐구하고 산출하는 것에 익숙하도록 만들어야 한다.

실제로 저자들은 DIE-논쟁수업을 적용하기 몇 주 전부터 학생들에게 협동학습, 논쟁학습, 노작학습 등의 기회를 자주 부여하였으며, 다양한 형태의 발표 수업을 실시하였다. 말하자면 일종의 웜 업이라고

---

50) 물론 전 학년도에 가르쳤던 학생들일 경우는 사정이 다를 것이다.

할 수 있겠지만 고유의 학습 목표를 가진 독자적 수업이라는 점에서 단순히 웜 업은 아니다.

이렇게 고유의 사회과 수업 목표를 달성할 수도 있으면서 동시에 DIE-논쟁학습의 웜 업 역할도 기대할 수 있는 수업으로는 저자들은 다음과 같은 수업들을 활용하였다.[51]

팀워크와 즐거움을 주는 포트폴리오 작업은 웜 업이 효과적이다.

민주주의에 대한 개념도를 그리고 발표하기 (조별 협동학습)

민주주의의 개념과 원리가 주제인 대단원 학습에서 '민주주의'의 개념도를 조별로 작성하여 발표하는 협동학습을 실시하였다.[52]

이때 발표를 하게 되는 집단의 구성원들 모두가 다른 학생들 앞에 나와 자신이 맡은 내용(민주주의 개념과 원리 중 일부)을 발표하도록 하여 타인 앞에서 발표하는 경험을 갖도록 하였다.

---

51) 물론 이 수업들만 활용해야 한다는 의미는 아니다.
52) 이 수업에 대한 구체적인 내용은 권재원, 구민정(2007), 『민주주의교육의 이론과 실제』, 파주: 한국학술정보를 참고하기 바란다.

인권선언문 작성 후 낭독하기

인권과 기본권이 주제인 소단원 학습에서 역시 소집단으로 나누어 인권선언문을 작성, 낭독하는 수업을 실시하였다. 이를 위해 먼저 학급을 소집단으로 편성하고 각각 다른 사회집단의 역할을 맡도록 하였다. 소집단이 담당하게 되는 사회집단은 추첨을 통해 결정하는 것이 바람직하다. 이렇게 소집단 별로 담당하게 되는 사회집단이 결정되면 서로 협력하여 해당 사회집단의 인권선언문을 작성하도록 하고 이를 전체 앞에서 발표하도록 하였다. 그 결과 다음과 같은 여섯 가지 인권선언문

- 학생 인권선언문
- 교사 인권선언문
- 부모 인권선언문
- 외국인 노동자 인권선언문
- 청소년 인권선언문
- 노인 인권선언문

조별로 추첨을 통해 뽑은 각 집단의 인권선언문을 작성하도록 하였다. 발표 시 학생들은 큰 소리로 인권선언문을 낭독하도록 하여 역시 타인 앞에서 수치스러워하는 청소년의 특성을 극복하는 연습을 하도록 하였다.

처음에는 이런 수업들이 잘 진행되지 않았다. 발표자는 앞에서 준비한 원고를 알아듣기 힘든 작은 목소리로 읽기만 하였고, 청중들은 소란을 떨거나 발표자에게 무관심했다. 그러나 수업이 진행될수록 학생들은 조금씩 청중 앞에서의 수줍음을 극복할 수 있게 되었다. 그리고 실제 DIE-논쟁수업이 적용하게 되었을 때 이미 여러 사람들 앞에서 발표하고 자신을 드러내는 것에 대해 충분히 경험하여 자신감을 가질 수 있게 되었다.

2. DIE 수업의 질적 자료

다음에 제시하는 질적 자료들은 교실의 맥락적 상황을 그대로 표현하기 위해 2006년 4~5월, DIE-논쟁수업이 실제 진행되는 과정에서 보인 학생들의 표현을 그대로 인용하였다. 제목은 각 단계에서 학생들이 보인 모습을 특징적으로 표현하기 위해 붙였다. 당시 논쟁 주제는 '새만금 사업 중단할 것인가? 진행할 것인가?'였다.

1) 새만금 사업? 그게 뭔데?

이 문장은 학생들은 당시 시점(2006년 4월 1주)에서 논란이 되고 있는 문제인 새만금 간척 사업에 대해 보인 가장 전형적인 반응이다. 즉, 학생들은 기본 정보나 지식이 부족한 상태였다. 따라서 본격적인 수업에 들어가기 전에 TV보도 자료를 수집하여 동영상으로 보여주고 관심을 유발하였다. 학생들은 동영상 자료를 보면서 새만금 사업에 대한 기본 지식을 갖게 되었고, 자료가 제시되는 동안 새만금 간척 사업에 대해 자신들의 생각을 한두 마디씩 이야기하였다. 그러나 여전히 학생들의 생각은 당위의 입장에서 자연스럽게 튀어나오거나 막연한 경우가 많았다.

> "뭐야! 저건 해 보나 마나 환경보호를 위해 반대해야 하는 거 아냐?"
> (김병운, 남. 이하 모두 가명)
> "야! 그래도 디즈니랜드 같은 거 만들면 더 좋은 거 아냐?"
> (정종철, 남)

2) 야, 너는 우리 조야!

조를 구성하는 단계에서는 학생들의 경쟁심이 발휘되어 매우 민감하게 반응하는 경우가 많다. 특히 평가(수행평가)에 반영이 되는 경우 더욱 민감해지는데, 대개 학생들은 자신이 무엇을 어떻게 하느냐보다는 자기 조에 우수한 학생이 들어오느냐 하는 문제에 더 민감하게 반응한다. 예컨대,

> "재일이가 있으면 우리 조는 만점이야!"
> "윤수가 우리 편이냐? 망했다."

이런 반응을 쉽게 보인다. 그런데 학생들이 서로 자기 조로 끌어들이고자 하는 대상은 학업 성취도가 높은 학생인 경우가 많다. 하지만 이와 동시에 유머 감각이 있거나 오버 잘 하는 학생들 또한 경쟁적인 영입대상이 된다. 대개의 경우는 이합집산을 거듭하다 보면 역량 있는 학생들이 두 조에 적절하게 분산, 배치되지만 만일 두 조가 서로 반목하거나 조 편성에 불만이 남으면 교사가 적절하게 개입하여 학급의 구성원이 골고루 나누어지도록 협조해 주면 쉽게 납득하였다.

이때 교사의 권위나 당위의 힘으로 받아들이도록 강압하는 편보다는 평소 학습능력이 저조한 학생이라도 연극 논쟁수업의 다양한 활동에서 새로운 면모를 보일 수 있을 것이라고 설득하고 격려해 주었을 때 학생들의 참여와 활동이 원활하게 이루어졌다. 주로 학급의 회장이 조장이 되는 조와 사회반장(사회 수업 도우미를 매 학기 초에 미리 선정하면 좋다)이 조장이 되는 팀으로 나누고[53] 학생들을 번호 차례

---

53) 2학기에 수업을 실시할 경우는 1학기 회장과 2학기 회장으로 나누는 것

대로 호명하여 자신이 속할 팀을 결정하게 하는 방법이 학생들의 의사를 존중하며, 또한 학생들의 평소 친소관계를 잘 반영하기 때문에 효과적이었다.

3) "아! 창피해서 어떻게 바닥에 누워?"

처음에는 학생들이 연극 대본 구성하는 일을 어려워한다. 그러나 교사가 주어진 쟁점에 관련된 실제의 사례를 소재로 정하는 것을 도와주고, 다양한 연극공연의 표현 기법들을 알려 주면서 지도해 주었을 경우 학생들은 생각보다 훨씬 흡수력이 뛰어나기 때문에 금방 습득한다.

연극을 관람한 경험이 있는 학생이 구성원 가운데 있는 경우 매우 효과적으로 대본을 구성하고 표현 방법들을 제시하는 경우가 자주 나타났다. 또 계발 활동 연극 반 동아리가 있었던 학교에서 연극 논쟁수업을 실시했던 2005년 11월의 경우 학교 연극 반 동아리 활동을 하여 연극을 제작해본 경험이 있는 학생들이 자신이 속한 조를 이끌어가는 것을 볼 수 있었다. 이 학생들은 짧은 촌극 분량의 연극을 구성하더라도 조명이나 음향 및 배경까지도 세심하게 고려하는 모습을 보였다.

교육연극은 공연 자체를 목표로 하는 것은 아니지만 연극에 대한 전반적인 내용을 가르치는 것 또한 교육에 포함이 되므로 교사는 연습하는 학생들에게 발성이나 동작의 동선 등을 지도해 주어야 하고 연출을 맡은 학생들 따로 지도해 주어 소집단의 연극이 전달하고자 하는 내용을 효과적으로 전달하도록 도움을 주어야 한다.

그런데 정작 학생들이 가장 어려움을 많이 느끼는 부분은 대본의 구성이 아니라 실제 몸을 사용해서 해야 하는 연기였다. 이때 학생들

도 적당하다.

이 쑥스러움을 극복하지 못하여 연습에 제대로 참가하지 않고, 따라서 대본도 제대로 외우지 못하는 경우가 나타난다. 대본의 암기는 연극의 기본이지만 몸을 함께 써서 연기하지 않고 입으로만 읽어서는 외어지지 않는다.

이때 학생들에게 몸을 사용하는 연기를 독려하는 것보다는 연습과 정에서 교사가 직접 동작을 해 보이며 연습을 도와주었을 경우 학생들이 훨씬 적극적이 되어 스스로 연습에 참가하는 경우가 많았다. 즉, 교사가 먼저 쑥스러움의 벽을 깨어야 신뢰가 형성되는 것이다. 이런 교사의 시도는 권위적인 교사가 많은 한국의 현실에서 매우 신선한 것으로 학생들에게 받아들여진다.

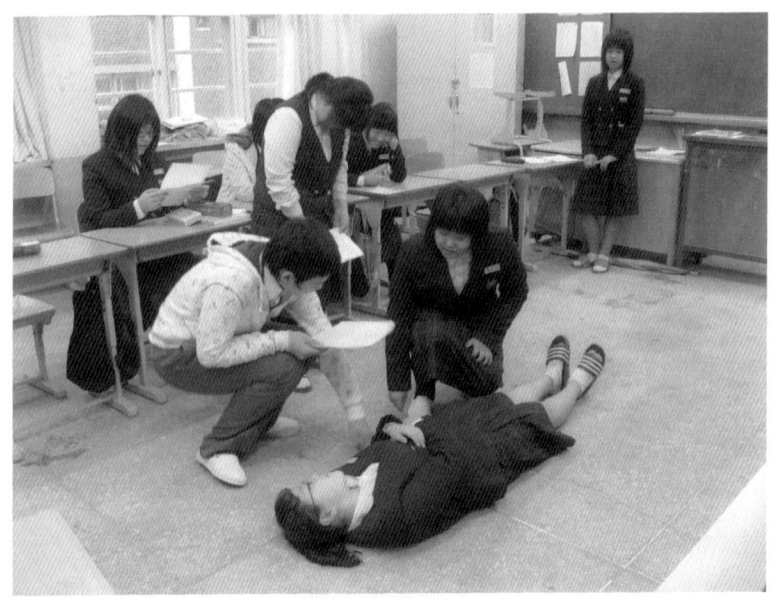

분위기가 조성되면 학생들은 교실 바닥에 드러눕는 동작까지도
마다하지 않는다.

(사례1)

3학년 C반의 새만금 사업 찬성 팀의 경우, 갯벌에서 공사하는 장면을 연습할 때 교실 바닥에 주저앉는 것을 부끄러워하던 J 군이 있었다. 극중에서 J가 맡은 역할은 새만금 사업의 관리 팀장이다. 그는 새만금 사업의 관리 팀장으로 활약하고 가족과 윤택하고 화목한 생활을 하고 있었는데, 깨어 보니 그 모든 행복한 상황은 꿈이었고 실은 실업자가 되어 노숙자 생활을 하고 있었다는 내용을 연기해야 했다. 노숙자임을 보여주기 위해서 J는 교실 바닥에 드러누워야만 했다.

그런데 이 학생은 평소 학업 성적이 저조하고 자신감도 없어서 학습 활동에 적극적으로 참여하지 않았으나 이 수업에서는 주인공 배역까지 맡게 되었던 것이다. 그 이유는 단지 목소리가 크고 우렁차서 다른 조원들이 맡겼다는 것이다.

J는 처음에는 동작을 해 보이는 것을 매우 어색해 하였으나, 교사가 먼저 동작을 해 보이자 나중에는 바닥에 앉는 것뿐만 아니라 노숙자가 되어 바닥에 눕는 장면까지 스스로 보여주었다. 이후 실제 공연때 J는 현저히 달라진 연기 동작으로 급우들의 박수를 받았고 그 학생의 성취감은 매우 만족스러워하는 표정에서 읽을 수 있었다.

연습 단계에서 흔히 관찰할 수 있는 상황은 한쪽 소집단이 연극을 만들고 연습하는 동안에 논쟁을 준비하는 학생들은 한두 명의 주도적인 학생들을 제외하고는 무기력하게 참여를 하지 않는다는 것이다. 이경우 교사가 논쟁 소집단에게 상대 팀의 질문에 대한 예상 문제를 만들어 답변하는 연습을 하도록 지도하였다. 2명이 한 팀이 되어 시간안에 한 문제씩 질문을 만들고 답변을 글로 작성해 보도록 책임을 지어 줌으로써 참여의 자세를 촉구할 수 있었다.

간혹 이 모든 관찰과 기록이 평가에 반영이 될 것임을 알려 주어 학생들의 경각심을 일깨우는 것도 필요하였다. 이렇게 예상하여 만든 질문이 본 논쟁 시 상대 팀으로부터 나왔을 때 적중한 학생은 강한 성취감을 느끼며 환호하는 모습을 볼 수 있었다. 이를 통해 보다 즐거운 수업 시간과 효과적인 논쟁이 동시에 가능하였다.

4) 'Stop! / Play!'

리허설 단계에서 상대방의 연극을 미리 보면서 문제 제기를 할 부분에 소위 '태클'을 걸게 된다. 이 태클에는 놀이적 요소가 반영되고 그 안에 규칙이 성립되어 있을 때 학생들이 고도로 몰입하는 모습을 볼 수 있었다.

리허설을 학생들은 매우 즐거운 경험으로 받아들였다. 리허설 때는 상대방 진영의 연극을 미리 볼 수 있으며 대개의 경우 상대방의 연극에 비해 자신들의 연극이 허술하다고 생각하여 많은 자극을 받았다.

학생들이 상대방의 연극을 보면서 자신의 진영과 반대되며 논리적으로 문제가 된다고 생각하는 부분에서 'Stop!'을 외치고 'Play!'를 외쳐 주어 상대방 연극을 중단 또는 지속시키는 연습을 리허설 때 처음 하게 되는데, 이 과정이 마치 게임을 하는 것과 같아 많은 학생들이 즐겁게 과정에 참석하는 동력으로 작용하였다. 학생들은 이 단계의 'Stop!'을 흔히 '태클걸기'라고 한다.

리허설 단계는 다음 단계인 논쟁을 하기 위해 상대방의 연극에 대해 미리 알아볼 수 있는 단계이기 때문에 학생들은 가장 많은 흥미를 보이며, 또 상대방에게 태클을 걸기 위해 매우 집중하여 연극을 관람하는 모습이 자주 관측되었다.

이 단계에서 연극을 하거나 관객이 되는 상황이 발생하는데 'Stop! / Play!'의 태클걸기는 간혹 상대방의 연극에 집중하지 않고 소란스러워질 수 있는 상황을 방지하는 방법이 되기도 한다.

5) "이 작은 무대에 마지막 땀 한 방울을……
창피함은 저 멀리!"

마침내 발표 단계가 되면 학생들은 준비된 연극을 배경 그림과 음악 및 기타 의상과 소품을 모두 갖추어 발표하게 된다. 리허설 때와 달리 학생들은 매우 긴장하기도 하고 또 의상과 소품을 이용하여 변신한 급우들의 모습을 보며 즐거워하기도 한다. 학생들은 대체로 발표가 시작되기 전에 이미 상당히 상기되고 약간은 흥분한 상태에 있는 경우가 많았다. 따라서 교사가 수업이 시작되기 전에 교실 상황을 미리 잘 정리하여 연극 발표를 위한 준비를 마치지 않으면 어수선한 가운데 진행이 잘 되지 않아 시간이 모자라게 되는 경우도 자주 나타났다.

(사례2)
　3학년 3반의 '새만금 간척 사업 반대' 팀 연극에는 사람뿐만 아니라 갯지렁이, 조개, 세발낙지 등 갯벌에 사는 동물들도 등장하였다. 이때 각각의 역을 맡은 학생들은 대사는 그리 많지 않았지만 해당 갯벌 동물들의 특징을 몸짓으로 표현하며 익살스런 연기를 하며 인상적인 대사를 선보여 관객을 사로잡고 상대편을 주눅 들게 하였다. 그 대사 일부분을 인용하면 다음과 같다.

　　조개: (뻐끔거리며) 아! 정말 살 수가 없어! 언제 어떻게 집을 잃
　　　　　고, 언제 죽을지 모르는 이 신세…… 사람들은 너무 잔인해!
　　갯지렁이: (몸을 흐느적거리고 좌우로 흔들며) 그러게 말이야! 어제
　　　　　는 옆집 지돌이가 그만 나가 놀다가 다리가 절단 났잖아!
　　낙지: (온 몸을 비틀며) 야! 그래도 너네는 절단 나도 살 수 있잖
　　　　　아! 우리는 다리 잘리면 신세 망치는 거야~흑흑 불안해서
　　　　　못살겠어, 정말!

갑자기 뒤에서 꺅 소리가 난다.

조개네 아들이 불도저에 깔려 저세상으로 가고 말았다.

한편 리허설 때 쑥스러워하며 연기를 잘 못했던 학생들은 상대방의 연극을 보고, 연기를 열심히 하는 급우들을 보면서 용기를 얻기도 하고 경쟁심이 일어 본 공연에서 달라진 모습을 보이기도 하였다. 특히 노숙자 역을 맡았던 학생이 교실 바닥에 누워 신문지를 덮고 열연을 하는 장면은 그 후로도 학생들 사이에서 명장면으로 손꼽히게 되었고, 일명 스타 탄생으로 계속 입에 오르내리곤 하였다.

**연극은 놀이이며 축제이다. 그러나 단지 놀이가 아니라 진지하게
생각하는 계기가 되기도 한다.**

연극을 마치고 논쟁을 하게 되면 연극을 맡았던 학생들은 논쟁을

맡은 학생들 뒤쪽에 앉아 상기된 얼굴로 논쟁의 장면을 지켜보게 된다. 때때로 사회를 맡은 교사나 상대 팀의 학생이 질문을 던지면 연극에서 맡았던 등장인물의 입장에서 답변하는 역할을 계속해야 하는데 이것을 학생들은 매우 흥미로워하였다.

사회자로서 교사는 첫 시작의 대사를 멋지게 해 주어야 한다. 의상도 마치 TV방송국의 토론 프로그램 사회자처럼 갖추어 입고 마이크를 준비하면 더욱 좋다. 그 한 부분의 실례를 들어보면 다음과 같다.

(사례 3)

사화자(교사): 안녕하십니까? 여기는 KBC공개홀입니다. 오늘은 새만금 간척 사업에 대하여 사회 가계 각층을 대표하는 여러분을 한 자리에 모시고 토론의 시간을 마련하였습니다. 오늘 사회를 맡은 저는 □□□입니다. (정중하게 인사) 이때 학생들은 자연스럽게 환호와 박수를 아끼지 않았다.

각각의 입장을 대변하는 논쟁자들에게 골고루 질문과 대답의 시간을 마련해 주고, 간혹 대답이 잘 나오지 않거나 질문을 이해하지 못할 경우 사회자는 적절하게 분위기를 환기시켜 주는 질문과 유머로 논쟁을 활성화시켜 주었다.

(사례 4)

사회자(교사): 잠시 질문에 대해 답변을 마련하시는 동안 뒤에 계신 아주머니께 한 말씀 여쭙겠습니다.

(논쟁자가 아닌 연극을 한 학생에게) 오랫동안 조개를 채취하여 살고 계시는 아주머니, 요즘 생계의 위협을 느끼신다고 하셨는데, 그 심정을 이야기해 주시겠어요?

학생(아주머니 역): 말도 마세유. 자식을 공부시키려고 평생을 이 일을 해 왔는데 갑자기 하던 일 그만 하라고 하니, 당장 돈이 있어야 학용품도 사주고 하죠. 아침마다 돈 달라고 하는데…… 죽겠어유.

이렇게 즉석에서 질문을 하였을 때 학생은 연극에서의 역할이 되어 임기응변으로 답변을 한다. 교실은 웃음바다가 되고 그 학생은 의기양양한 모습이 되는 것을 볼 수 있었다. 또한 외국인 역을 맡았던 학생은 시종 외국인의 제스춰를 하면서 영어를 섞어 가며 답변하는 등 학생들의 임기응변은 기대 이상이었다. 논쟁을 맡은 학생들은 이미 리허설 때 제시한 '태클'에 대해 질문을 하고 상대방의 답변을 들으며 다시 질문하는 방식으로 논쟁이 이어지는데 존대어를 사용하는 등 형식을 갖추어 질의응답을 이어갔다. 간혹 자신의 입장을 지나치게 옹호하여 흥분을 하게 되는 경우도 있었는데, 사회자 역을 맡은 교사가 조정을 해주면 즉시 높아진 언성을 가라앉히고 자세를 가다듬었다.

논쟁 단계에서 교사는 진행자이자 조정자로서 활발한 역할을
수행해야 한다.

(사례 5)

새만금 사업이 진행되면 고용효과가 높아지고 국민의 삶의 질이 개선된다고 하는 입장에 대하여

반대 팀: 아니, 고용이 높아진다고 평생 바닷가에서 갯벌 조개 잡 이 하던 어민들을 내몰고 보상금 약간 준다고 하면 해결 됩니까? 어민은 국민이 아닌가요? 당신네들 책상에 앉아 서 이익계산하고 좋다고 우기지만 그것은 숫자 놀음에 불과합니다. 책상에 앉아 어민 심정 어떻게 이해해요?

찬성 팀: 뭐라고요? 권위 있는 연구기관의 보고를 뭐로 아는 겁니 까? 누가 우리만 잘살자고 그러는 건가요?

반대 팀: 권위 있는 연구기관이 어딥니까? 대보세요!

찬성 팀: 아까 말했잖아요? 그때 안 듣고 뭐했습니까?

사회자(교사): 여러분 잠시 흥분을 가라앉히시고…… 진정하십시 오. 논쟁의 열기가 스튜디오를 뜨겁게 하고 있습니 다. 이러한 시민들의 관심이 정책에 반영되기를 바 랍니다. 자, 찬성 팀께서는 죄송하지만 연구기관의 보고와 기대효과에 대한 조사과정을 다시 이야기해 주시겠어요?

찬성 팀: 예, 흥분해서 죄송합니다.

6) 마무리는 차분하게

논쟁의 결과 결론이 도출되면 이상적이겠으나, 대개의 경우는 논쟁이 어느 정도 무르익으면 계속해서 평행선을 달리는 경우가 많았다. 그런 데 정해진 시간만 논쟁에 할애할 경우 학생들이 아쉬워하는 경우도 자 주 발생하여, 다음 시간에 10분 정도의 추가 논쟁을 실시하기도 하였다.

논쟁이 어느 정도 마무리 된 학급은 활동지(혹은 평가지)를 나누어 주어 작성하게 하였다. 앞에서 소개한 바대로 활동지에는 의사결정표

가 있고, 편익란을 함께 구성하는 것은 교사가 지도해 준다. 학생들은 의사결정표 작성에 대해 생소하므로 작성 방법을 안내하였다.

예를 들어 설명해 주면 학생들은 가로축의 편익란을 학급별로 조금은 다르게 채워 갔다. 주로 경제적 이익과 환경의 보존을 중심으로 자신들이 속했던 입장을 떠나 새만금 사업의 진행 여부에 따라 얻을 수 있는 편익을 고려하여 작성하도록 지도하였다.

학급에 따라 다음과 같은 편익 항목이 주로 나왔다.

편익 입장	환경	경제적 이익	주민의 생활	자원	일자리	국가 이미지	합계
찬성(추진)							
반대(보존)							

편익 입장	경제적 이익	국토개발	자원	국가 이미지	주민의 인권	고용효과	합계
찬성(추진)							
반대(보존)							

7) 흐뭇했던 마음을 적어 볼까?

학생들이 작성한 소감문의 일부를 소개한다. 많은 학생들은 이 수업을 하면서 그동안 막연하게 알아 왔거나 혹은 전혀 관심을 두지 않았던 시사문제에 관심을 갖게 되고 이런 공공문제를 스스로 깊이 생각하고 따져 보았던 경험을 자랑스럽게 생각했다.

(사례 6)

학습 활동을 하는 동안, 하고 난 후에도 뉴스에서 새만금 간척 사업 이야기가 나오면 그 이야기만이라도 보고 채널을 돌릴 만큼 관심이 커졌고, 새만금 간척 사업이 무조건 안 좋다고 생각했지만 물 부족 해결 등 좋은 점도 있다는 것을 알게 되었다.

(전서경, 반대 팀 연극 조 '지역 주민 2' 역)

(사례 7)

이 수업을 마치고 국가 정책에 시민이 많은 관심과 참여를 하여야만 더욱더 좋은 나라 정책으로 발전된다는 것을 알았고, 요즘 사회문제인 새만금 간척 사업에 대하여 찬반 토론을 해 보니 간척 사업의 장단점을 알고 우리나라 정책에 대하여 간접적으로라도 참여한 것 같아 기분이 새로웠다.

(찬성 팀 토론 조 상대의견 반론하기－태클걸기－역할)

또 처음에는 막연히 자기가 속한 조의 입장을 옳다고 생각하였지만, 논쟁이 계속되는 동안 생각이 바뀐 경우도 자주 나타났다. 사실 이는 이 책에서 소개한 DIE－논쟁학습의 가장 우려되는 약점이 생각처럼 심각하지 않음을 보여주는 사례다. 저자들은 학생들이 자신이 맡았던 역할의 입장과 가치관에 고착될 가능성에 대해 우려했었다. 그러나 단지 연극이 아니라 심화된 논쟁이 함께 진행되었기 때문에 그런 우려와는 달리 학생들은 자기 역할을 벗어나 비교적 객관적인 입장에서 쟁점을 바라보고 따져 보았다.

(사례 8)

이 연극을 하고 나서 약간 의견이 바뀌었다. 새만금 간척 사업을 하는 (찬성하는) 친구들의 의견을 듣다 보니 새만금 간척 사업이 꼭 나쁜 것만은 아니라는 생각이 들었다. 그리고 국가 정책에 대해 신문

에 나와 있는 새만금 기사도 읽어 보고 주민 참여가 무척이나 중요하
다는 것도 깨닫게 되었다.

(신동양, 반대 팀 연극 조 '딸' 역)

이는 학생들이 상대방의 연극과 논쟁을 듣고 보는 과정에서 자신과
다른 입장도 얼마든지 설득력 있음을 깨닫고 독단에서 벗어나는 경험
을 했음을 반증한다. 실제로 학생들은 자기편뿐만 아니라 상대편의 연
극과 논쟁에서 인상적인 경험을 하였으며, 자기편 주장을 옹호하기 위
한 주장만큼 상대편 주장을 옹호하는 주장도 많음을 조사과정에서 확
인하였다.

(사례 9)

일단 새만금 간척 사업을 조사하여 많은 사람들이 이 사업에 관심
이 있다는 것을 알았다. 새만금에 대해 많은 사람들이 토론하고 주장
을 펼치고 있었고, 새만금에 대해 확실히 안 건 물론 기타 국가 정책
에 관심이 생겨 요즘은 신문도 읽고 자주 뉴스를 보곤 한다. 이 수업
을 하고 토론을 하면서 어떤 일이든 해답이 없고 장단점이 있다는 것
을 알았고, 사람들의 (가칭)생각 기준에 따라 펼치는 주장도 다르다
는 것을 알게 되었다. 앞으로도 국가 정책에 대해 생각하고 참여할
것이고, 새만금 간척 사업은 완공이 된다 하더라고 몇 십 년이 지나
도 반대의 의견이 계속 나올 거라 생각한다.

(구진산, 찬성 팀 논쟁 조 자료수집과 토론담당 학생)

그러나 이 수업을 진행하면서 학생들이 토로한 가장 좋은 경험은 즐
거움과 자신감이었다. 특히 자신을 표현하는 경험과 공동작업의 경험
이 적은 한국의 실정에서 이렇게 자신을 드러내고 또 하나의 작품을
위해 동료들과 협력하는 경험은 학생들에게 큰 즐거움을 제공하였다.

(사례 10)

처음에는 내가 연극을 어떻게 하나 걱정이 앞섰지만 막상 하니까 떨리지도 않고, 대사도 술술 나오고 재미있었던 것 같다. TV소품까지 만들어서 하니까 더 재미있었고 나중에 한 번 더 하고 싶다.

(홍루극, 찬성 팀 연극 조 아나운서 역)

(사례 11)

무조건 토론하는 것보다 즐겁게 하면서 각자 역할을 맡아 잘 연기한 것이 좋았다. 진짜 재밌고 웃겼다. 연극을 하면 처음 준비할 때는 어려웠지만 연극을 하고 나니 속이 시원하고 통쾌했다. 무조건 자료 모으는 것보다 연극 대본을 쓰면서 자료 검색을 하니 재미없는 것이 없었던 것 같다. 앞으로도 계속 이런 수업을 했으면 좋겠다.

(서문정, 반대 팀 연극 조 대본작성 및 배경 그림 담당)

특히 이 수업은 학업 성취도가 비교적 떨어지는 학생들의 흥미를 이끌어 내고 그들도 무엇인가 할 수 있다는 자긍심을 심어주는 데 기여하였다.

(사례 12)

시사문제라고 하면 너무 어려워서 이해가 안 갈 수도 있었던 것을 쉽게 연극으로 풀어서 보여주어서 이해가 잘 갔고 A4프린트 용지를 여러 번 보는 것(수업 방법)보다 한 번에 쏙 이해가 가서 좋았고 직접 하는 것을 보고 느끼는 것이 그 지역의 주민들과 추진하는 사람들의 생각이 잘 나타나 있어서 비교도 해 보고 참 좋았던 것 같다.

(찬성 팀 연극 조 노숙자의 꿈속 아내 역)

(사례 13)

나는 대본 작성하는 데에 참여했는데 연극을 통해 조원끼리 협동심이라든가 재미를 느꼈던 게 좋았다. 이번 연극의 내용은 딱딱한 것이었는데 연극을 통해 친근하게 내용을 이해할 수 있었다.

(찬성 팀 연극 조 대본 작성)

3학년 지택이는 학업 성취도, 지능도 낮고, 가정형편도 어려워서 늘
위축된 아이였다. 그런데 이 수업을 하면서 어찌어찌하여 주연급 배역
을 맡게 되었다.[54] 연구자는 처음 지택이가 대사라도 제대로 말할 수
있을까 몹시 걱정했지만 생애 처음 자신이 어떤 집단의 중심이 되어
본 지택이는 결코 그 기회를 망치려 하지 않았다. 지택이는 훌륭하게
역할을 소화해 내었다. 다음 지택이의 간략한 소감문에는 만년 꼴지
학생이 처음 느껴 본 자부심이 묻어 있었다.

(사례 14)
나는 머리 쓰는 게 딸려서 연극을 했는데 좋았다. 주인공이라서 대
사가 많았고 기대를 많이 하는 것 같아 불편하기도 했다. 그리고 연
극을 통해서 새만금 사업에 대해 사실을 알게 되어 좋았다.

(나지택, 반대 팀 연극 조 노숙자 역)

반면 학업 성취도가 높은 학생들은 주로 시사문제에 자신의 관심의
지평을 넓혔다는 것, 무엇인가 능동적으로 성취, 생산해 내었다는 것,
그리고 협동작업을 통해 친구들과 사이가 더 좋아졌다는 것 등이 이
수업의 보람이라는 반응을 보였다.

(사례 15)
이 수업을 계기로 새만금 사업에 대해 자세히 알게 되었고, 친구들
을 더욱더 잘 알 수 있는 계기가 되어 좋았다. 그리고 새만금 사업의

---

54) 아마 위축되어 있는 상태라서 거절을 하지 못했을 것이다.

현재 진행 상황에 대해 계속 관심을 갖기 되었다.

(노동준, 반대 팀 노쟁 조 논쟁 담당)

(사례 16)

새만금 공사 추진 팀과 새만금 공사 반대 팀의 심정을 구체적으로 알기 좋았다. 재미있게 수업을 하면서도 더 잘 알게 되었다. 시야를 넓힐 수 있었고 현재 관심이 많아져서 옛날에는 지루할 거라고 생각해서 나오기만 하면 채널을 돌렸던 다큐멘터리를 지금은 나오면 다 보고 있다.

(조은옥, 찬성 팀 논쟁 조 자료 준비 및 문제 제기-태클담당)

이 외에도 소감문에는 여기에 일일이 소개하기 어려울 정도로 많은 학생들의 소감과 견해가 나와 있었지만 대부분 비슷한 내용들이었다. 이를 정리하면 다음과 같다.

1. 수업 전에는 새만금 사업에 관심이 없었거나 사업의 내용을 대강 알고 있어서 찬성이니 반대하는 입장을 갖고 있지 않았는데, 수업 후에 사업의 내용을 자세히 알게 된 것과 자신의 입장을 갖게 되었다.
2. 찬성에서 반대로 혹은 그 반대에서 찬성으로 입장의 변화도 생겼고, 장단점을 고려하게 되었다는 것과 상대방의 의견에 대해 객관적으로 생각하게 되었다.
3. 국가 정책에 시민으로서 참여한다는 것에 대해 의의를 깨닫게 되었다.
4. 학급 친구들과 좀 더 친해질 수 있는 기회가 되었다고 협동하여 해냈다는 뿌듯함을 느꼈다.
5. 학업 성적이 낮은 학생들의 경우 이 수업에서 무언가 하나의 역할이라도 하게 되어 성취감을 얻을 수 있었고 자신이 속한 팀에 약간이라도 기여할 수 있어 좋았다.

이렇게 방관적인 자세로 임하지 않았음을 표현하는 내용이 학생들의 소감의 주를 이룬다. 이는 DIE-논쟁학습이 다양한 유형의 학생들로 하여금 나름의 역할을 찾아 기여할 수 있도록 만들었음을 보여주는 사례들이다.

지금까지 DIE-논쟁수업과정에서 수집한 질적 자료의 일부를 제시하였다. 그러나 저자들은 수업과 관련한 질적 자료를 제시할 때마다 겪게 되는 극복하기 어려운 한계를 실감하게 되었다. 애당초 질적 자료는 양적 자료만으로는 드러내기 어려운 수업의 구체적이고 맥락적인 상황을 제시하기 위해 수집하였다. 그러나 신체 활동이 많은 이 DIE-논쟁수업의 상황을 문자로 표현하는 것은 질적 자료라 하더라도 쉬운 일이 아니었다. 그럼에도 불구하고 이러한 질적 자료의 분석을 통해 저자들은 DIE-논쟁수업의 효용성을 보다 구체적으로 알아볼 수 있었다. 학생들은 강의식 수업의 지루함에서 벗어나 자유롭게 학급 구성원들과 협동하는 가운데 수업의 과정을 통해 매우 복합적인 교육의 효과를 경험할 수 있었다. 또 DIE 수업만 실시했을 경우에 비해 신체 활동보다는 주지적 활동을 좋아하는 학생들의 적극적인 참여도 끌어낼 수 있었다.

결 론

지금까지 청소년의 창의성을 함양하고 이를 바탕으로 민주시민성 함양에 기여할 수 있는 DIE-논쟁학습 모형을 개발하고 이 모형의 실제 효과를 가설을 세워 실험으로 검증하였다.

이 책의 기본 연구문제는 "창의성을 함양할 수 있는 DIE를 민주시민교육인 논쟁학습과 결합했을 때 청소년의 흥미와 창의성을 유지한 채로 민주시민성도 함양할 수 있는가?"하는 것이었다. 이에 따라 세부적으로 나누어 연구의 목적을 제시하였다.

이에 따라 DIE와 논쟁학습을 결합하여 새로운 수업 모형을 구안하였고, 그 효과를 실험을 통해 검증하고 또 질적 자료를 수집하여 수업의 구체적인 상황도 제시하고자 하였다. 실험 결과 DIE-논쟁학습 모형은 청소년의 문화관용성, 민주시민성 등의 함양에 논쟁학습보다 더 훌륭한 효과를 보여주었다. 또 질적 자료의 분석을 통해 확인한 결과 청소년들은 이 낯선 수업 모형에 빠르게 적응하고 또 즐거움을 느끼며, 그 즐거움은 다양한 학생 집단들에게 다양한 유형으로 골고루 나타나는 것으로 나타났다. 이러한 실험과 질적 자료의 분석을 통해 DIE-논쟁학습은 효과적일 뿐만 아니라 한국의 교육 여건에서 구체적으로 실시 가능함이 확인되었다.

사실 그동안 DIE를 교과에 적용하려는 시도가 왕왕 있어 왔으나 구체적인 수업 모형으로까지 발전하지 못하였다. 또 사회과에서 연극적인 요소를 수업에 도입하려는 시도들도 대부분 역할 놀이나 시뮬레이션 수준에 그쳐 연극이 가지고 있는 흥미유발과 예술적 성취감 및 정서적 효과를 충분히 활용하지 못하였다. 그 이유는 과밀학급, 소극적 학생, 교사-학생의 권위적 관계라는 한국적 장애물들이 작용하였기 때문이다. 이 책의 가장 중요한 의의는 바로 이러한 한국적 장애를

극복하면서 DIE를 효과적으로 적용할 수 있는 모형을 개발하였다는
데 있을 것이다.

이 책의 또 다른 의의는 DIE의 교과적용의 지평을 넓혔다는 데서
찾아볼 수 있을 것이다. 그간 DIE를 교과에 적용하려 한 시도는 주로
초등학교교육이나 언어교육 위주였다. 간혹 과학과 등에서 적용하려
한 시도도 있었으나 교과 고유의 목표와 효과적인 접점을 이루지 못
하였고 결국 연극 놀이에 그치고 말았다. 그러나 사회과와 과학과는
대단히 주지적인 과목이며 단지 놀이 수준으로 그치는 수업 모형은
정착하기 어렵다. 이런 이유 때문에 교육연극은 중등교육에서 적극적
으로 수용되지 못하였다.

여기에는 DIE가 태생적으로 가지고 있는 한계가 작용하였다. DIE
는 애초에 총체적 언어교육의 수단으로서 개발되어 왔다. 따라서 DIE
를 여러 교과에 적용하려면 DIE의 원형을 그대로 고집할 것이 아니라
각 교과의 특성에 맞는 모형을 개발할 필요가 있었다. 이를 위해서는
해당 교과에서 전통적으로 가장 효과적으로 알려진 교수-학습 모형
과 DIE의 접합을 적극적으로 모색해야 했다. 그러나 원형을 해체하여
다른 교수-학습 모형과 결합, 재구성하는 용기를 한국의 교사들은 선
불리 내지 못하였다.

이 책은 이런 실정에서 적지 않은 성과를 거두었다. 여기에서 소개
한 DIE-논쟁학습 모형은 DIE를 사회과에서 효과적인 수업 방법으로
널리 사용되거나 권장되어 왔던 논쟁학습과 적극적으로 결합한 성과
다. 더 나아가 이 책에서는 단지 논쟁학습만 활용한 경우보다 DIE-
논쟁학습을 활용했을 경우 사회과의 주요한 학습 목표 달성에 더 효
과적임을 실험을 통해 입증하기도 하였다. 이 책의 성과를 하나의 전

범으로 삼아 논쟁학습뿐만 아니라 다양한 수업 모형과 DIE를 결합시켜 나간다면 전 교과에 걸쳐 일상적으로 적용 가능한 DIE의 카탈로그가 만들어질 수 있을 것이다.

그러나 이 책이 가지는 가장 큰 의미는 새롭고 역동적인 수업 모형이 소개될 때마다 발목을 잡곤 하던 혹은 가장 효과적인 변명거리가되곤 했던 이른바 한국적 교실 상황의 여러 장애를 극복하는 과정을보여주었다는 것이다. 이 한국적 교실 상황은 대략 다음과 같다.

① 한국 학교는 학급당 학생 수가 지나치게 많아 여러 역동적 수업을 적용하기 어렵다.
② 한국 교사에게 부과된 수업 시수와 업무 부담이 과중하여 창의적 수업을 기대하기 어렵다
③ 지나치게 수준의 차이가 큰 학생들이 한 교실에 있고, 또 수동적인 문화가 지배적이라 역동적 수업이 어렵다.
여기에서 비롯되는 암묵적인 결론은
④ 그러므로 기존의 강의식 일방통행 수업이 불가피하게 현실적인선택이다.

그러나 이 책에서는 이러한 한국적 교실 상황을 극복하면서 DIE를사회과에 도입하기 위한 다양한 시도와 장치들을 고안하였고, 여러 시행착오 끝에 마침내 안정적인 모형으로 개발하는 데 성공하였다. 이러한 과정은 설사 이 수업 모형을 적용할 의사가 없는 교사라 할지라도생각할 거리를 충분히 던져 주고 있다고 자부한다.
그럼에도 불구하고 이 책에서 마무리 짓지 못한 한계점들이 있다.

이런 한계점들은 성실하고 재능 있는 여러 교육자들에 의해 후속연구로 채워져야 할 것이다.

첫째, 저자들은 이 책에서 제시한 수업들을 실시하기 위해 적어도 한 달 이상을 학생들과의 신뢰감 형성을 위해 노력하였다. 여기에는 다양한 교수·학습 방법들의 적용이 포함된다. 이렇게 교사와 학생 사이에 오랜 시간 신뢰감이 형성되어 있고, 연극적 요소가 조금씩 들어간 수업을 미리 경험했기에 DIE-논쟁학습은 성공적으로 적용될 수 있었다. 그러나 이 책에서는 이렇게 장기간 신뢰감의 중요성을 강조했음에도 불구하고 실제 1년 이상의 장기적인 계획을 수립하여 프로그램을 진행하지 못하였다. 따라서 동일한 교사가 동일한 학생들에게 보다 장기적인 교육연극 프로그램을 적용하고 여기에 대한 시계열 분석 등이 이루어지는 후속연구가 필요할 것이다. 그러나 이러한 연구가 가능하기 위해서는 일선 학교와 지역 교육청의 지원이 필수적이다. 이러한 지원 방안에 대한 연구 또한 훌륭한 후속연구의 주제가 될 수 있을 것이다.

둘째, 이 책에서 개발한 DIE-논쟁학습은 원칙적으로 교실 수업에 적용하기 위한 것이다. 그러나 아무리 극복하고자 노력했음에도 불구하고 여전히 학교 현장의 공간적 여건은 학생들의 DIE 수업을 자유로이 할 만큼 넓지 않다는 현실은 바뀌지 않았다. 좁은 교실 공간에 서른 명 이상의 학생이 있고 교실 안에는 교탁 및 컴퓨터 책상, 사물함 등 시설들이 자리 잡고 있어서 제대로 연극을 펼치기에는 어려움이 많았다. 이 책에서 소개하는 DIE-논쟁학습을 적용하더라도 이는 DIE를 겨우 교실에서 펼칠 수 있게 만들 뿐, 쾌적하게 펼치는 것과는 거리가 멀다.

　학생들이 보다 적극적으로 호응하면서 유쾌한 수업을 하기 위해서 교실 여건의 개선이 필요하다. 따라서 이러한 교실의 공간적 배치에 대한 연구가, 더 나아가서 학교의 공간 활용에 대한 연구가 필요할 것이다.

　셋째, 이 책에서 제시한 DIE-논쟁학습은 교사 자신이 숙련되어야 하며 경험을 쌓아 가며 익혀야 하는 비교적 고난이도의 수업기술이다. 또 이러한 고난이도의 수업기술은 교사 개인의 실천보다는 공동의 실천, 공동의 연구를 통해 보다 효과적으로 익힐 수 있다. 이런 점에서 동일 학년, 동일 교과 교사 간의 협조는 이 수업을 효과적으로 적용함에 있어 결정적인 역할을 한다. 그러나 공립학교의 경우 대개 5년마다 교사들의 전보 내신이 있기 때문에 동일한 교과의 교사들이 지속적으로 DIE 수업을 연구하고 협력하여 지도하기 어렵다. 이를 개선하기 위해서 후속연구에서는 교육연극을 지도하는 교사들이 학교교육을 통해 지속적으로 교육연극을 통한 교육을 할 수 있도록 교육연극의 학교교육 적용 프로그램을 개발하여 보급하는 방안의 연구가 이루어질 필요가 있다.

　또한, 교육연극의 필요성과 효용에 대한 인식이 넓어지고 있으나 이를 효율적으로 적용할 수 있는 교사 및 교육연극 지도자는 많지 않은 형편이다. 교육연극을 지도하는 교사에게는 자신감과 노련한 수업 운영의 노하우 등 전문성이 요구되기 때문에 교육연극의 활용과 저변 확대를 위해서 교육연극 지도교사 양성을 위한 체계적이고 장기적인 교육 프로그램의 접근이 수반되길 바란다.

　청소년을 장차 민주적인 시민으로 성장시키는 일은 우리 사회의 중요한 과제이다. 청소년의 문화체험 실태는 매우 척박하고 부박하여 문화 한국의 미래가 어둡게 느껴질 정도로 심각하다. 청소년이 대부분의 시간을 보내는 학교교육은 입시제도와 사회적 압박으로 교육과정의 운영이 정상적으로 이루어지기 어려우며 학생들은 그 안에서 가장 직접적인 피해를 받는 존재들이다.

이러한 청소년의 문화적 상황을 고려해 볼 때, 연극은 종합적인 예술의 체험을 가능케 하는 이상적인 예술교육의 형태이다. 연극을 교육에 활용하는 교육연극은 단순히 교수·학습 방법의 마련에만 의미가 있는 것이 아니라고 본다.

교육이 과연 과학(학문)의 영역인가, 아니면 기예(예술)의 영역인가를 두고 많은 토론이 있어 왔다. 딜타이(Dilthey)는 교육학을 정신과학의 하나로 보면서 교육이라는 인간의 독특한 행동양식에 대한 이해와 관련한 학문이라고 하였다. 이렇게 교육학의 경계를 그음으로써 교실 현장에서 이루어지는 구체적인 수업, 교수-학습의 영역은 교육학의 범위 바깥에 남게 되었다. 이것은 결코 일선 교사들의 실천을 무시하는 처사가 아니다. 오히려 교육학자들이 일선 학교 교사들의 실천에 지침과 방향을 제시하는 위치에 있지 않다는 겸손함의 결과다. 교육학은 교육 실천의 결과들을 수집하여 보편화하고 이론화하는 미네르바의 부엉이다.

따라서 일선 학교의 교사들은 자신들의 수업을 구성하고 개발함에 있어 교육학의 까다로운 과학적 조건에 얽매일 필요가 없다. 이는 일종의 예술이며, 기예이기 때문이다. 학생들은 재료가 아니며 조작의 대상도 아니다. 오히려 교사의 작품을 함께 만들어 나가는 공동제작자이거나 감상자다. 이런 입장에서 저자들은 이 책에서 소개한 DIE-논쟁수업 모형을 어떤 학문적인 이론으로 제출하는 것이 아니다. 이는 차라리 희곡을 제출하는 것에 가깝다. 희곡을 어떻게 무대화할 것인가 하는 것이 전적으로 연출자, 배우, 디자이너의 몫이듯, 이 수업을 어떻게 교실화할 것인가는 전적으로 교사들과 학생들의 몫일 것이다.

　다만 이 책이 미력하나마 교육연극의 활성화에 기여하고, 또한 청소년의 민주시민교육과 문화예술의 체험적 교육에 조금이라도 일조하기를 바란다. 이 작은 소망만이라도 충족된다면 저자들은 그걸로 만족하며 어눌한 붓을 그만 내려놓을 것이다.

참고문헌

고경화(2003). 『예술교육의 역사와 이론』, 서울: 학지사.

구정화(1997). 「청소년의 건전한 여가활동을 위한 지도-청소년의 건전한 여가문화 형성을 중심으로」, 『상담과 지도』, 32, pp.87-105.

권낙원(1996). 『토의수업의 이론과 실제』, 서울: 현대교육출판.

권오정, 김영석(2002). 『사회과 교육학의 구조와 쟁점』, 서울: 교육과학사.

권재원(2004). 「교육연극이 청소년의 문화관용성에 미치는 효과 연구」, 『한국교육연구』.

권재원, 구민정(2004). 「연극-논쟁수업 모형 개발에 대한 연구: 청소년 문화활동을 통한 고차 사고력 함양을 위하여」, 『한국교육연구』.

김광자(2000). 『교수학습방법의 이해』, 서울: 집문당.

김균형(2001). 「연극의 교육적 사용방법에 대한 연구」, 『연극교육연구』, 7, pp.5-44.

김미윤(2001). 「청소년들의 문화경험과 문화교육」, 『청소년문화포럼』, 4, pp.89-107.

김민정(2003). 「청소년 문화 복지 실태 및 만족도와 요구 분석연구」, 『청소년학연구』, 9(3), pp.337-361.

김양분, 김미숙(2002). 『입시학원의 교육실태 분석』, 한국교육개발원, RR 2000-1.

김영인(2003). 『정치 참여의 시민교육 효과에 대한 연구: 법의식·관용·효능감 형성에 미치는 영향을 중심으로』, 서울대 박사논문.

김창화(2003). 『청소년을 위한 연극교육』, 서울: 문음사.

김한종(1994) 「역사학습에서의 상상적 이해-역할극을 중심으로」, 서울대 박사논문.

남세진(1997). 『역할놀이』, 서울대학교 출판부.

노용오(2005). 『청소년 문화론』, 서울: 도서출판 구상.

박상준(2003). 「행위성향 중심의 시민교육」, 서울대학교 박사논문.

심상교(2004). 『교육연극 연극교육』, 서울: 연극과 인간.

민병욱(2000). 「창의적 드라마의 교육적 효용성에 관한 실증적 연구」, 『한국연극학』, 15, pp.149-184.

박건호(1999). 「의사결정력 향상의 받침대로써 시뮬레이션의 역할과 시뮬레이션 프로그램의 개발 방향」, 『시민교육연구』, 28, pp.201-220.

박은희(2001). 「교육연극이란 무엇인가?」, 민병욱, 심상교 편(2001), 『교육연극의 이론과 실제』, 서울: 연극과 인간, pp.31-48.

손봉호(1994). 「민주시민교육 이대로 좋은가? 민주시민교육 어떻게 할 것인가?」, 한국사회과 교육학회, pp.5-14.

심상교(2004). 『교육연극 연극교육』, 서울: 연극과 인간.

오판진(2003). 「비판적 사고교육을 위한 연극적 교수-학습 방법에 관한 시론」, 『문학교육학』, 11, pp.401-431.

윤기옥, 정문성, 최영철, 강문봉, 노석구(2002). 『수업 모형의 이론과 실제』, 서울: 학문출판.

윤세철(1993). 『역사적 의사결정과 역사교육』, 고등학교 교사 공통사회 연수교재-일반사회 영역, 서울: 교육부.

이광성(1997). 「고급수준 질문의 활용 정도가 사회과 고급 사고력과 학업성취에 미치는 효과 연구」, 서울대학교 박사논문.

이남복(1996). 『연극사회학』, 서울: 현대 미학사.

이성은(1996). 『총체적 언어교육』, 서울: 창지사.

이순재(2003). 「사회과 쟁점중심 수업이 비판적 사고 및 학습태도에 미치는 효과」, 서울대학교 박사학위논문.

이지훈(1989).『한국정치 문화와 정치 참여』, 서울: 형설출판사.

이지윤(1991).「시뮬레이션 게임에 의한 지리과 학습의 연구」, 이화여
　　대교육대학원 석사학위논문.

이진석(1999).「사회과 교육에서 문제해결 학습의 재구성: 수업전략과
　　단원의 실제」,『시민교육연구』, 28, pp.151 - 170.

이학식 · 김영(2001).『SPSS 10.0매뉴얼』, 서울: 법문사.

조기철(1998).「단원주제별 단막극 학습 활동이 역사의식 함양에 미치
　　는 효과」, 전국현장교육연구대회논문.

정소임(1997)「역사학습에서 역할놀이 학습지도 연구」, 이화여대교육
　　대학원 석사학위논문, 1997, pp.9 - 19.

전숙자(2001).『사회과 교육의 새로운 이해』, 서울: 교육과학사.

정세구 외(1974).『탐구 수업 효과에 관한 한 실험 연구』. 서울: 한국
　　교육개발원.

정준교(2002).「인권지향적 고등학교의 문화적 특성과 학생 청소년들의
　　창의성 및 복장변형행동」,『청소년학연구』, 9(1), pp.141 - 165.

지향배(1992)「역사 이야기 꾸미기 및 재연활동을 통한 학습의욕 고
　　취 방안」, 전국현장교육연구대회논문.

조광준(1983).「사회과 지리에서의 가상실연학습」,『서울교대 논문집』, 16.

주은옥(2001).「논쟁문제를 위한 '찬반협상 모형'의 개발과 효과 연구」,
　　서울대학교 박사학위논문.

차경수(2000).『현대의 사회과 교육』, 서울: 학문사.

최병모(1994).「사회과 경제 교육론」,『한국사회과 교육학개론』, 서울:
　　교육과학사.

최석진(1987).「사회회과에서 모의 놀이학습 - 지리적 사례를 중심으로」,

한국교육개발원.

최장집((2002). 『민주화 이후의 민주주의』, 서울: 후마니타스.

한국청소년개발원(2005). 『청소년 문화론』, 서울: 교육과학사.

황정현(2001). 『동화교육 방법론 - 교육연극을 중심으로』, 서울: 열린교육.

김승종, 이상태(2003). 『교육연극과 학습전략』, 서울: 평민사.

한경자, 김한종(1989). 『역사과 수업 모형의 이론과 실제』, 청주: 한국
　　교원대학교 교육연구원.

Almond, G. A. & Verba, S. (1963). *The Civic culture.* Princeton:
　　Princeton University Press.

Arendt, H.(1951). *The Origin of Totalitarianism.* San Diego: Harvest.

Arendt, H.(1958). *The human Conditions.* Chicago: University of Chi-
　　cago Press.

Arendt, H.(1982). *Lectures on Kant's Political Philosophy.* Chicago:
　　Univ. of Chicago Press.

Banks, J.(1977). *Teaching Strategies for the Socail Studies: Inquiring,
　　Valuing, and Decision - Making.* MA.: Addison - Wesley
　　Publishing Company.

Barr, R., Barth, J. L., & Shermis, S. S.(1978). *The Nature of Social
　　Studies.* Palm Springs: ETC Publication.

Bentley, Eric(1955). *Playwright as Thinker.* New York: Harcourt.

Bloom, B. S., Engelhart, M. D., Furst, E. J., Hill, W. H. &
　　Krathwohl, D. R.(1956). *Taxonomy of educational objects, the
　　Classification of educational goals: Handbook Vol.1,* New York:

Longmans, Green.

Brockett, O.(1969). *The Theatre: An Introduction.* Holt: Rinehart and Winston,

Boyd, W.(1964). *The History of Western Education.* London: Cambridge Univ. Press.

Brecht, Bertolt(1937). *Zur Theorie des Lehrstuecks.* 오제명 외 역 (2005). 『브레히트의 연극이론』, 서울: 연극과 인간, pp.91-100.

Carlson, M.(1993). *Theories of the Theatre.* Ithaca & London: Cornell Univ. Press.

Courtney, R.(1989). Play, *Drama & Thought.* Toronto: Simon & Pierre.

Croce, B.(1901). *Fundamental Theses of an Esthetic as Science of Expression and general Linguistic.* / 이해완 역(1994). 『크로체의 미학』, 서울: 예전사.

Csikszentmihalyi, M.(1975). *Beyond Boredom and Anxiety: The Experience of Play in Work and Games.* San Francisco: Jossey -Bass. / 이삼출 역(2003). 『몰입의 기술』, 서울: 더불어 책.

Csikszentmihalyi, M.(1996). *Creativity-Flow and Pschology of Discovery and Invention.* New York: Harper Collins.

Csikszentmihalyi, M.(1997). *Finding Flow.* New York: Brockman Inc. / 이희재 역(2002). 『몰입의 즐거움』, 서울: 해냄.

Dahl, J. C.(1971). *Polyarchy: partcipation and opposition.* New York: Yale university Press.

Dahlhaus, C.(1967). *Musikästhetik.* Köln: Musikverlag Hans Gerig.

Danner, H.(1994). *Methoden geistwissenschftlichen Pädagogik.* München:

Ernst Reinhardt Verlag.

Dewey, J.(1921). *Democracy and education: An introduction to the philosophy of education.* New York: Macmillan.

Dewey, J.(1933). *How we think.* Boston: Heath and Company.

Dewey, J.(1934). *Art as Experience.* New York: Penguin.

Dewey, J.(1937). *Experience & Education.* New York: Simon & Shuster.

Engle, S. H. & Ochoa, A. S.(1988). *Education for democratic citizenship: Decision making in Social Studies.* New York: Teacher's College, Columbia University.

Erikson, E.(1950). *Childhood and Society.* New York: Norton.

Fromm, E.(1976). *To have or to be.* New York: Harper & Row.

Banks, J. A.(1976). *Teaching Strategies for the Social Studies.* MA.: Addison & Wiley.

Gardner, H.(1996). *Extra Ordinary Minds.* New York: Basic Books.

Gardner, H.(1983). *The Frames of Mind.* New York: Basic Books.

Goffman, E.(1961). *Encounters: Two Studies in the Sociology of Interaction.* Indianapolis: Bobbs Merill.

Goodman, K.(1986). *What's a whole in whole language?* Portsmouth, N.H.: Heinemann Educational Books.

Heater, D.(1990). *Citizenship: The civic ideal in world history, politics and education.* London & New York: Longman.

Horkheimer, M.(1967). *Zur Kritik der instrumentellen Vernunft.* S. Fischer Verlag: Frankfurt a.M.

Huizinga, J(1955). *Homo Ludens, A Study of the play Element in Culture* Boston: The Beacon Press, Boston. 김윤수 역(1993). 『호모루덴스』, 서울: 까치.

Jennings, S.(1998). *Introduction to Dramatherapy: Theatre and Healing.* London: Jessica Kingsley.

Jones, P.(1996). *Drama as Therapy: Theatre as Living.* London: Routledge.

Kant, I.(1911). *Kritik der reinen Vernunft*, Berlin: AA Bd. 3.

Kesting, M.(1978) *Das epische Theater Zur Struktur des modernen Dramas.* 차경아 역(1996). 『서사극 이론』, 서울: 문예출판사.

Landy, R.(1994). *Drama Therapy.* Charles C. Thomas Publisher.

Langer, S.(1957). *The Problems of Art.* New York: Columbia Univ. Press.

Lukacs, G.(1916). *Die Theorie des Romans.* Berlin: Luchterhand.

Lukacs, G.(1971). *Aesthetik Bd.1-4.* Berlin: Luchtherhand.

Mead, G. H.(1934). *Mind, Self and Society.* Chicago: University of Chicago Press.

Nelms, H.(2000). *Play Production.* London: Dover Publications.

Newman, F.M.(1991). Classroom thoughtfulness and student's higher order thinking: Common indicators and diverse social studies courses: Theories and Research *in Social Education*, 14(4).

Oliver, D. W. & Shaver, J. P.(1966). *Teaching Public Issues in High School.* Boston: Houghton-Mifflin Co.

Orlich, D. C, Harder, R. J., Callahan, R. C., Kravas, C. H., Kavchak, D.

P., Pendergrass, R. A., & Keogh, A. J.(1985). *Teaching Strategies(2nd. ed.)*. Lexington, MA: Heath.

Parsons, M., Blocker, H. G.(1993). *Aesthetic and Education*. Illinois: University of Illinois Press.

Randy, R. 이효원 역(2002). 『연극치료: 억압받는 사람들을 위한』, 서울: 울력.

Sank, T. (1969). *The Art of Dramatic Art*. Belmont, California: Dickenson Publishing Company.

Shaffer, D. R.(1999). *Developmental Psychology*. New York: Thomson Learning. / 송길연 외 역(2001). 『발달심리학』, 서울: 시그마프레스.

Shaftel, F. R., Shaftel, G.(1967). *Role Playing for social value: Decision making in the social studies*. Englwood Cliffs, N.J.: Prentice Hall.

Shaftel, F. R., Shaftel, G.(1982). *Role Playing in the Curriculum*. Englwood Cliffs, N.J.: Prentice Hall.

Siks, G. B.(1958). *Creative Dramatics: An Art for Children*. N.Y.: Harper & Row.

Stewig, J. W., Buege, C.(1994). *Dramatizing Literature in whole Language Classroom*. N.Y.: Columbia Univ. 황정현 역(2004). 『총체적 언어교육을 위한 교육연극』, 서울: 평민사.

Sweeny, J. A. C., Parsons, J. B.(1975). Teacher preparation and models for teaching controversial social issues, In Muessig, R. H(Ed.), *Controversial issues in the social studies: A contemporary perspective*. Washington D.C.: National Council for

288

Socail Studis.

Schechner, R..(1985). *Between Thear and Anthropology* Philadelphia：University of Pennsylvania Press. 김익두 역(2004). 『민족연극학』, 서울: 한국문화사.

Schiller, F.(1973). *Uber die asthetische Erziehung des Menschen in einer Reihe von Briefen.* 최익희 역(1997). 『인간의 미적 교육에 관한 서한』, 서울: 도서출판 이진.

Swortzell, L.(1990). *International Guide to Children's Theater and Educational Theater.* London: Greenwood Press.

Turner, V.(1982). *From Ritual to Theatre: The Human Seriousness of Play.* New York: Performing Art Journal Press. 이기우, 김익두 역(1996). 『제의에서 연극으로』, 서울: 현대미학사.

Vygotsky, L. S.(1986). *Thought and Language.* Cambridge, M.A.: MIT Press.

Vygotsky, L. S.(1986). *Mind in Society.* Cambridge, M.A.: MIT Press.

Young, R. E.(1990). *A Critical Theory of Education－Habermas and Our Chidren's Future.* U.K: Pearson Education.

Zakaria, F.(2003). *The Future of Freedom.* Junklow & Nisbit.

부록

〈부록1〉 사전 검사

설문지

'청소년의 문화생활과 정치의식에 대한 조사'

안녕하십니까?

학업으로 바쁜 중에 시간을 내어 설문에 응해 주신 청소년 여러분께 감사드립니다.

본 설문지는 여러분의 문화생활과 정치의식에 대해 알아보고자 하는 것입니다. 솔직하고 성실한 응답은 장차 여러분과 여러분 후배들에게 보다 유익한 사회 수업을 위해 소중한 밑거름이 될 것입니다. 여러분의 성실한 응답이 청소년들의 문화생활 개선과 정치의식의 발전에 도움을 준다는 자긍심을 가지면 감사하겠습니다.

각 질문에는 맞거나 틀리는 답이 없으니 생각하는 그대로 솔직하게 답변해 주시면 됩니다. 이 설문지는 모두 익명으로 처리되어 여러분의 신상자료는 절대 공개되지 않으며, 조사 결과는 학술적인 목적 외에는 절대 사용하지 않음을 약속드립니다.

이 설문지는 모두 4쪽으로 구성되어 있습니다.

강일 중학교 교사 구민정 올림

Ⅰ. 다음의 각 문장들에 대해 귀하가 어떻게 생각하시는지 해당되는 곳에 표시해 주십시오.

	전혀 아니다	아닌 편이다	그런 편이다	매우 그렇다
1 인간의 가치는 어떤 경우에도 가장 중요하다.				
2 국가의 이익을 위해 개인의 희생을 강요할 수 없다.				
3 개인의 자유만은 어떤 일이 있어도 보장되어야 한다.				
4 사람은 능력에 관계없이 동등한 대접을 받아야 한다.				
5 나라의 주인은 국민이므로 정부는 국민의 의견을 따라야 한다.				
6 중요한 문제를 결정할 때 여러 사람이 토론하는 것이 유능한 한두 사람이 처리하는 것보다 좋다.				
7 결과만 좋으면 과정이나 절차는 아무래도 상관없다.				
8 서로 경쟁하는 것은 마찰을 일으키기 쉬우므로 가급적 피해야 한다.				
9 남과 다른 의견을 내세우는 것은 싸움의 원인이 되니 참는 것이 좋다.				
10 상대방에게 양보하고 타협하는 것보다는 자신의 소신을 밀고 나가야 한다.				
11 대다수 의견에 반대되는 견해를 말하는 것은 옳지 못하다.				
12 내 생각과 다르더라도 다수가 결정했으면 반드시 따라야 한다.				
13 나라 문제나 사회문제에 대해 사람들의 의견이 서로 다른 것은 당연하다.				

		전혀 아니다	아닌 편이다	그런 편이다	매우 그렇다
14	나는 국회나 정부에서 일어나는 일이나 선거나 정치 등에 관심이 많다.				
15	나는 정치 관련 신문기사나 뉴스를 자주 본다.				
16	선거와 관련된 TV토론회나 후보자 공청회를 시청한 적 있다.				
17	정부가 결정한 사항일지라도 시민들이 반대하면 바뀔 수 있다.				
18	나 같은 사람은 정부가 하는 일에 대해 말할 자격이 없다.				
19	좋은 지도자가 있다면 모든 것을 그에게 맡기는 것이 좋다.				
20	나는 다른 사람들과 우리나라의 여러 가지 사회문제에 대해 자주 토론한다.				
21	나는 내가 소속한 학급이나 단체에 일이 생기면 적극적으로 앞장서는 편이다.				
22	정부나 학교에 불만이 있을 때 관청에 문의하거나 진정서, 항의 메일 등을 작성한 적이 있다.				

Ⅱ. 다음은 여러분들의 문화경험에 대한 질문입니다. 잘 읽고 해당되
  는 곳에 표시하시기 바랍니다.

1. 여러분은 공연예술 관람 경험이 어느 정도입니까?

(1) 클래식, 오페라, 발레

① 전혀 없다. ② 1년에 1~3회 ③ 1년에 4~6회
④ 1년에 7~9회 ⑤ 10회 이상

(2) 뮤지컬

① 전혀 없다. ② 1년에 1~3회 ③ 1년에 4~6회
④ 1년에 7~9회 ⑤ 10회 이상

(3) 연극

① 전혀 없다. ② 1년에 1~3회 ③ 1년에 4~6회
④ 1년에 7~9회 ⑤ 10회 이상

2. 여러분은 공연예술에 대한 정보를 어떻게 얻습니까?

① 정보 없음 ② 친구를 통해서 ③ 인터넷을 통해서
④ 신문이나 TV를 통해서 ⑤ 현수막이나 포스터를 통해서
⑥ 학교를 통해서 ⑦ 기타

3. 공연예술체험을 하게 되는 동기는 무엇입니까?

① 안 한다. ② 내가 좋아서 ③ 친구의 권유로 ④ 부모님의 권유로
⑤ 선생님의 권유로 ⑥ 단체관람 ⑦ 학교과제 때문에 ⑧ 기타

4. 여러분이 공연을 보러 가려고 한다면 부모님의 반응은 어떨 것 같습니까?

① 공부나 하라면서 못 가게 하실 거다.
② 말리지는 않지만 썩 좋아하지 않으실 거다.
③ 가거나 말거나 관심 없으실 거다.
④ 즐겁게 보라며 격려하실 것이다.
⑤ 격려도 하시고 티켓 값도 내주실 것이다.

Ⅲ. 다음의 문항들은 귀하의 신상에 대한 질문입니다. 이 응답 결과는
   절대 공개되지 않으므로 솔직하게 답변해 주시기 바랍니다.

1. 귀하의 성은 무엇입니까?

① 여자 ② 남자

2. 귀하는 몇 학년입니까?

① 1학년 ② 2학년 ③ 3학년

3. 귀하는 몇 반입니까?

(   )반 (   )번

4. 다음에 표시된 가정들 중 귀하의 가정과 가장 생활수준이 가장 비슷하다고 생각되는 가정을 찾아 표시해 주십시오.

① 부모님이 특별한 직업이 없고, 학비지원이나 중식지원을 받는 갑돌이네
② 부모님이 작은 가게를 운영하시고 넉넉하지는 않으나 단란하게 살고 있는 을돌이네
③ 부모님이 국민은행에서 지점장으로 근무하시며 30평대 아파트에 살고 있는 병돌이네
④ 부모님이 의사나 변호사 같은 전문직에 종사하고 늘 넉넉하게 살고 있는 병을이네

5. 귀하의 부모님이 가장 마지막에 졸업한 학교는 어디입니까? 두 분 중 학력이 더 높은 분을 기준으로 표시해 주십시오.

① 고졸 이하(고교 중퇴 이하 포함) ② 고졸(대학 중퇴 포함)
③ 대졸 ④ 대학원

6. 귀하의 학업 성적은 어느 정도입니까? 가장 잘한 시험을 기준으로 응답해 주십시오.

① 60점 이하 ② 60~70점 ③ 70~80점 ④ 80~90점 ⑤ 90점 이상

7. 귀하의 2학년 사회 성적은 어느 정도입니까? 가장 잘한 시험을 기준으로 응답해 주십시오.

① 60점 이하 ② 60~70점 ③ 70~80점 ④ 80~90점 ⑤ 90점 이상

〈부록2〉 사후 검사

설문지

'청소년의 문화생활과 정치의식에 대한 조사'

안녕하십니까?

학업으로 바쁜 중에 시간을 내어 설문에 응해 주신 청소년 여러분께 감사드립니다.

본 설문지는 여러분의 문화생활과 정치의식에 대해 알아보고자 하는 것입니다. 솔직하고 성실한 응답은 장차 여러분과 여러분 후배들에게 보다 유익한 사회 수업을 위해 소중한 밑거름이 될 것입니다. 여러분의 성실한 응답이 청소년들의 문화생활 개선과 정치의식의 발전에 도움을 준다는 자긍심을 가지면 감사하겠습니다.

각 질문에는 맞거나 틀리는 답이 없으니 생각하는 그대로 솔직하게 답변해 주시면 됩니다. 이 설문지는 모두 익명으로 처리되어 여러분의 신상자료는 절대 공개되지 않으며, 조사 결과는 학술적인 목적 외에는 절대 사용하지 않음을 약속드립니다.

이 설문지는 모두 4쪽으로 구성되어 있습니다.

강일 중학교 교사 구민정 올림

Ⅰ. 다음의 각 문장들에 대해 귀하가 어떻게 생각하시는지 해당되는
곳에 표시해 주십시오.

		전혀 아니다	아닌 편이다	그런 편이다	매우 그렇다
1	어떤 경우에도 가장 중요한 것은 인간의 가치다.				
2	국가 전체의 이익을 위해 개인의 희생을 강요할 수 없다.				
3	개인의 자유만은 어떤 일이 있어도 보장되어야 한다.				
4	사람은 능력에 관계없이 동등한 대접을 받아야 한다.				
5	국가의 주인은 국민이므로 정부는 국민의 의견을 따라야 한다.				
6	중요한 문제를 결정할 때 유능한 한두 사람이 처리하는 것보다 여러 사람이 토론하는 것이 좋다.				
7	결과만 좋으면 과정이나 절차는 아무래도 상관없다.				
8	서로 경쟁하는 것은 마찰을 일으키기 쉬우므로 가능하면 피해야 한다.				
9	남과 다른 의견을 내세우는 것은 갈등의 원인이 되니 참는 것이 좋다.				
10	상대방에게 양보하고 타협하는 것보다는 자신의 소신을 밀고 나가야 한다.				
11	대다수 의견에 반대되는 견해를 말하는 것은 옳지 못하다.				
12	다수가 결정했으면 내 생각과 다르더라도 반드시 따라야 한다.				
13	국가의 문제나 사회문제에 대해 사람들의 의견이 서로 다른 것은 당연하다.				

		전혀 아니다	아닌 편이다	그런 편이다	매우 그렇다
14	나는 국회나 정부에서 일어나는 일이나 선거나 정치 등에 관심이 많다.				
15	나는 정치관련 신문기사나 뉴스를 자주 본다.				
16	선거와 관련된 TV토론회나 후보자 공청회를 시청한 적 있다.				
17	정부가 결정한 사항일지라도 시민들이 반대하면 바뀔 수 있다.				
18	나 같은 사람은 정부가 하는 일에 대해 말할 자격이 없다.				
19	좋은 지도자가 있다면 모든 것을 그에게 맡기는 것이 좋다.				
20	나는 다른 사람들과 우리나라의 여러 가지 사회문제에 대해 자주 토론한다.				
21	나는 내가 소속한 학급이나 단체에 일이 생기면 적극적으로 앞장서는 편이다.				
22	정부나 학교에 불만이 있을 때 관청에 문의하거나 진정서, 항의 메일 등을 작성한 적이 있다.				

〈부록3〉 의사결정표 및 평가지

Ⅰ. 민주정치와 시민 참여 (3) 정치과정과 시민 참여
　　연극(자료제작) - 논쟁수업을 마치고

1. '의사결정표'를 작성해 봅시다.

입장 \ 편익						합계
찬성(추진)						
반대(보존)						

　* +와 -를 이용해서 만드세요.

2. 소　감

　이 학습 활동을 하기 전과 마친 후, 여러분이 가지고 있는 국가 정책에 대한 관심과 시민의 참여의 의의, 새만금 간척 사업에 대한 생각의 변화를 중심으로 자유롭게 쓰세요.

　① Before

　② After

3. 학습 활동 중 자신의 역할과 기여도를 쓰세요.

　(예 - 연극 조 대본 작성과 아줌마 역, 기여도 - 100점)

• 저자 •

구민정 　•약 력•
이화여자대학교 사범대학을 졸업하고 1992년부터 중학교에서 사회를 가
르쳤다. 고등학교 때부터 연극 활동을 하였으며 단국대학교에서 뮤지컬,
연극 연출 전공으로 석사학위를 받았다. 연극을 사회과 수업에 접목하려
는 다양한 시도를 해 왔으며, 현재 강일중학교 교사로 있다.

권재원 　•약 력•
서울대학교 사범대학을 졸업하고 1992년부터 중학교에서 사회를 가르쳤
다. 2004년 서울대학교 사범대학에서 교육학 박사학위를 받고, 서울대, 방
송통신대 등에서 강의하였다. 청소년 문화에 관심이 많아 이 분야에서 많
은 논문을 발표했으며 현재 전교조 부설 참교육 연구소 부소장으로 있다.

한국 교실에 적합한
교육연극 모형의 개발과 적용

• 초판 인쇄 　2008년 2월 28일
• 초판 발행 　2008년 2월 28일

• 지 은 이 　구민정 · 권재원
• 펴 낸 이 　채종준
• 펴 낸 곳 　한국학술정보㈜
　　　　　　경기도 파주시 교하읍 문발리 513-5
　　　　　　파주출판문화정보산업단지
　　　　　　전화　031) 908-3181(대표) · 팩스　031) 908-3189
　　　　　　홈페이지　http://www.kstudy.com
　　　　　　e-mail(출판사업부)　publish@kstudy.com
• 등 　 록 　제일산-115호(2000. 6. 19)
• 가 　 격 　30,000원

ISBN　978-89-534-8201-2 98370 (Paper Book)
　　　　978-89-534-8202-9 98370 (e-Book)